古圣先王是如何平治天下的

群書治要心得

萧祥剑◎著

中国華僑出版社

图书在版编目（CIP）数据

《群书治要》心得/萧祥剑著. --北京：中国华侨出版社, 2012.6
ISBN 978-7-5113-2504-4

Ⅰ.①群… Ⅱ.①萧… Ⅲ.①政书－中国－唐代－研究 Ⅳ.①D691.5

中国版本图书馆CIP数据核字(2012)第118196号

● 《群书治要》心得

著　　者／萧祥剑
责任编辑／王　晖
责任校对／志　刚
经　　销／新华书店
开　　本／787×1092毫米　16开　印张/18.25　字数/200千
印　　刷／三河市祥达印装厂
版　　次／2012年9月第1版　2012年9月第1次印刷
书　　号／978-7-5113-2504-4
定　　价／32.00元

中国华侨出版社　北京市朝阳区静安里26号通成达大厦3层　邮　编：100028
法律顾问：陈鹰律师事务所
编辑部：（010）64443056　　传真：（010）64439708
发行部：（010）64443051
网　　址：www.oveaschin.com
E-mail：oveaschin@sina.com

领导干部读历史应当从读
《群书治要》开始

刘余莉

　　《群书治要》是唐太宗李世民（公元五九九年——六四九年）于贞观初年下令编辑。太宗十六岁随父从军，起义平定动乱的社会，戎马倥偬十余年。二十七岁即帝位后，偃武修文，特别留意于治乱之道，休生养民。太宗英武善辩，遗憾早年从军，读书不多。鉴于前隋灭亡之失，深知创业不易，守成维艰，在位期间，鼓励群臣进谏，批评其决策过失。于是令魏征、虞世南、萧德言等，整理历代帝王治国资政史料，编辑成书。它的内容是从一万四千多部、八万九千多卷古籍中节选而成，上始五帝、下迄晋代，撷取了六经、四史、诸子百家中有关修身、齐家、治国、平天下的精要内容，共五十卷，五十余万字。

　　书成之后，魏征在序文中称之是一部"用之当今，足以鉴览前古；传之来叶，可以贻厥孙谋"的治世宝典。唐太宗读《群书治要》后，在《答魏征上<群书治要>手诏》中感慨道："朕少尚威武，不精学业，先王之道，茫若涉海。观所撰书，见所未见，闻所未闻，使朕致治稽古。临事不惑。其为劳也，不亦大哉！"他认为此书广博而切要，特令缮写十余部，分赐太子及诸侯王以作从政龟鉴。他自己更是日日阅读，在总结阅读此书的感受时说："手不释卷，知风化之本，见政理之源"（见《贞观政要》）。可见，该书不仅是魏征向唐太宗进谏的重要理论依据，也是唐太宗创建"贞观之治"的思想源泉和施政参考。其中所记载的治国之道，特别是关于国家盛衰

的经验和规律，具有普遍的价值，因此也是历代为政者必读的经典

相对《资治通鉴》而言，这部更为广博切要的治世宝典之所以鲜为人知，是因为当时中国雕版印刷尚未发明，《群书治要》一书至宋朝初年就已经失传，《宋史》亦不见记载。幸运的是，《群书治要》一书被遣唐使带到了日本，从此它不仅成为日本历代天皇及皇子、大臣从政的准则，更成了日本人学习中华文化的一部重要典籍。公元13世纪，《群书治要》在日本被发现。日本金泽文库藏有镰仓时代（一一九二——一三三〇年）日本人手写《群书治要》的全帙，因此得以传世。并于清乾隆六十年，由日本人送回中国本土。上海商务印书馆四部丛刊和台湾分别以此版为底本影印出版。此书虽得以重返中国，但是由于之后的战乱频繁，很少有人深入研学。幸有通达并以承传中国传统文化为己任的当代大德在讲座中屡次谈及此书，才使得这一部治世宝典重为世人所关注。

《群书治要》作为一部资政巨著，其中既有明君治国的经验，也有昏庸败政的教训；既有忠良辅国的故事，也有奸臣欺主的实录，

从格物、致知一直到治国、平天下，可以说完全体现了中国传统的治国智慧，堪称治世宝典，是深入学习中国优秀传统文化、研究中国传统治国理念、汲取中华传统智慧的必读典籍。

孙中山先生曾在《三民主义》讲演中（《民族主义》第四讲）说："欧洲的科学发达、物质文明的进步，不过是近来二百多年的事。讲到政治哲学的真谛，欧洲人还要求之于中国。诸君都知道世界上学问最好的是德国，但是现在德国研究学问的人，还要研究中国的哲学，……去补救他们科学之偏。"英国著名历史哲学家汤恩比博士也说："能够真正解决二十一世纪社会问题的，唯有中国的传统文化。"今日世界乱象纷呈，冲突不断，归根结底是因为西方忽视了宗教教育，东方忽视了圣贤教育，因而人心堕落所致。而要建设中国特色社会主义民主政治和中国特色的文化，也必须重新认识自己的文化传统，避免"异体移植"的弊端。特别是古圣先贤留传至今的治国智慧、理念、方法、经验与成效，均是经过历史考验所累积的宝藏结晶，至今仍然具有重要的参考价值。

"以铜为镜，可以正衣冠；以古为镜，可以知兴替；以人为镜，可以明得失。"作为一部重要的历史文献，可以说，《群书治要》对于继承中国传统治国理政思想，借鉴历史上治理国家和社会的各种有益经验，对于如何修身、齐家、治国、平天下，都具有重要的意义。因此，2001年2月25日，杰出的无产阶级革命家、原全国人大常委会副委员长习仲勋为《〈群书治要〉考译》题了"古镜今鉴"四个字，勉励领导干部和后人重视学习此书。2009年，温家宝总理在出访西班牙时，特别引用了《群书治要·昌言》中的一句古诗来激励西班牙的海外学子："'安危不贰其志，险易不革其心。'只要我们一心一意，坚定意志，就没有战胜不了的困难。"从中可见温家宝总理对这一治世经典的熟悉。

领导干部从深入研读《群书治要》开始读点历史，了解古圣先贤修身、齐家、治国、平天下的思想精髓，可以使得各级领导干部借鉴历史上治理国家和社会的各种有益经验，学习中华民族优秀的传统文化和高尚的精神追求，从中获得精神鼓舞，升华思想境界，陶冶道德情操，完善优良品格，培养浩然正气，做到自重、自省、自警、自励，认真践行全心全意为人民服务的根本宗旨，经受住'四个考验'，防止'四个危险'，为党和人民事业不断做出自己的贡献。

但鉴于《群书治要》一书内容丰富，原文是文言文，对于现代日理万机的领导干部而言，很难深入把握其中的精髓。因此，本书作者在熟读《群书治要》的基础上，介绍了《群书治要》的编撰、流传历史、系统梳理了《群书治要》中的治国理念，并将其概括为天道、德治、仁义、礼治、乐治、教育、用人、治政、民本、经济、外交军事、纳谏、吏治、抗灾、因果、女德、忧患等十八个方面，并指出了学习《群书治要》的正确态度。相信这本书的出版和广泛传播，对于继承中国传统治国理政思想，对于理解《群书治要》的精髓、汲取中华圣贤教育的经验、培养高的文化自觉与文化自信都具有重要的意义。（本文作者为中共中央党校教授、博士生导师）

目 录

第一章　认识《群书治要》　　　　　　　　/1

第二章　效法天道、天人合一：
　　　　《群书治要》的天道思想　　　　　/9

第三章　修身为本、为政以德：
　　　　《群书治要》的德治思想　　　　　/19

第四章　仁者爱人、义者循理：
　　　　《群书治要》的仁义思想　　　　　/25

第五章　安上治民、莫善于礼：
　　　　《群书治要》的礼治思想　　　　　/35

第六章　移风易俗、莫善于乐：
　　　　《群书治要》的乐治思想　　　　　/45

第七章　建国君民、教学为先：
　　　　《群书治要》的教育思想　　　　　/57

第八章　任人唯贤、去邪远佞：
　　　　《群书治要》的用人思想　　　　　/69

第九章　德治为主、法治为辅：
　　　　《群书治要》的治政思想　　　　　/97

第十章　以民为本、注重民生：
　　　　《群书治要》的民本思想　　　　　/117

第十一章　重本轻末、去奢崇俭：
　　　　　《群书治要》的经济思想　　　　/131

第十二章　偃武修文、以德怀远：
　　　　　《群书治要》的军事外交思想　　/147

第十三章　虚心纳谏、忠言直谏：
　　　　　《群书治要》的纳谏思想　　　　/159

第十四章　考功按绩、励精图治：
　　　　　《群书治要》的吏治思想　　　　/181

第十五章　勤修政事、以德化灾：
　　　　　《群书治要》的抗灾思想　　　　/195

第十六章　崇善即昌、从恶必报：
　　　　　《群书治要》的因果思想　　　　/211

第十七章　齐家治国、女德为要：
　　　　　《群书治要》的女德思想　　　　/229

第十八章　居安思危、慎终如始：
　　　　　《群书治要》的忧患思想　　　　/253

第十九章　如何学习和落实《群书治要》/ 267

第一章

认识《群书治要》

中华民族拥有五千多年的文明史，中华文明是世界古代文明中始终没有中断、延续五千多年发展至今的文明，是人类智慧的瑰宝。在世界文明史上，先后出现过古巴比伦文明、古埃及文明、古罗马文明、古印度文明和中华文明等，这些古文明，有的衰落了，有的消亡了，有的融入了其他文明。而中华文明，以其顽强的凝聚力和隽永的魅力，历经沧桑而完整地延续了下来。

中华民族的文化之所以千古传承、不断丰富发展而没有中断，其中一个重要的原因就是古人给我们留下了大量的典籍，其数量举世罕见。这些经典，使得中国古圣先王的圣贤教育能够世世代代培养出圣贤君子，中华民族无论在何种境况下都后继有人，传统文化的薪火始终不灭。这些经典，不仅使中华民族的后世子孙蒙受福荫，也不断传播到世界各地，给世界人民带来和谐安定。

在我国历史上，曾经有这样一部书，它不仅开创了中国历史上著名的

《群书治要》（金泽文库本）书影

唐太宗李世民

"贞观盛世",而且还远渡重洋,被日本天皇和臣子奉为圭臬,创造了日本历史上的两朝盛世。然而这样一部伟大的著作,却在我国历史上因为失传了一千多年,而一直鲜为人知,这部书就是——《群书治要》。

《群书治要》是唐太宗李世民(公元599——649年)于贞观初年下令编辑的。太宗十八岁随父从军,起义平定动乱的社会,戎马倥偬十余年。二十八岁即帝位后,偃武修文,特别留心于治平之道,休生养民。

唐太宗李世民即位第二个月,便下令在弘文殿聚书20万卷,设立"弘文馆",即为国家藏书之所,亦为皇帝招纳文学之士之地,集聚了褚亮、姚思廉、蔡允恭、萧德言等英才,"听朝之际,引入殿内,讲论文义","或至夜分而罢"。每当朝廷议事之后,唐太宗便延请众人同入弘文馆,向众贤士请教治国良策,以为日后施政良方。

尽管诸贤士日夜在弘文馆轮值,但是也并不能时时随侍在太宗之侧,而且古代经典卷帙浩繁,一人很难遍览,即使是遍览群书,也恐有不得其精要的遗憾。太宗有感于此,故而产生编撰《群书治要》的想法,对此,《新唐书·萧德言传》记载如下:

"太宗欲知前世得失,诏魏徵、虞世南、褚亮及德言裒次经史百氏帝王所以兴衰者上之,帝爱其书博而要,曰:'使我稽古临事不惑者,公等力也!'赉赐尤渥。"

《群书治要》一书,整理历代帝王治国资政史料,撷取经、史、诸子百家中,有关修身、齐家、治国、平天下之精要,汇编而成。上始五帝,下迄晋代,自一万四千多部、八万九千多卷古籍中,博采典籍65种,共50余万

古圣先王是如何平治天下的

萧德言　　　　褚亮　　　　虞世南　　　　魏徵

言。书成，如魏徵于序文中所说，实为一部**"用之当今，足以鉴览前古；传之来叶，可以贻厥孙谋"** 的治世宝典。

唐太宗在读《群书治要》后，在《答魏徵上〈群书治要〉手诏》中感慨道：**"朕少尚威武，不精学业，先王之道，茫若涉海。观所撰书，见所未见，闻所未闻，使朕致治稽古，临事不惑。其为劳也，不亦大哉**（见《全唐文》）**！"** 唐太宗特令缮写十余部，分赐太子及诸侯王以作从政龟鉴。

贞观九年，唐太宗再次总结阅读《群书治要》的感受时说：**"手不释卷，知风化之本，见政理之源"**（见《贞观政要》）。由此可知，唐太宗及其群臣之所以将《群书治要》作为创建"贞观盛世"依据的道理了。

此外，按照宋代王应麟编撰的《玉海》引用《集贤注记》一书上记载，天宝十三年十月（公元754年），唐玄宗下令翰林院内部重新编写《群书政要》刊出，里面所引用皆是伦理道德之文。另外，在李繁《邺侯家传》里面也提到，皇上说：**"朕欲知有古政理之要，而史籍广博，卒难寻究，读何而可？"** 回

日本皇宫

北条实时

答说:"**昔魏徵为太子略群书之言理道者,撰成五十卷,谓之群书理要。**(注:根据史书记载《群书治要》,又名《群书理要》、《群书政要》)"可见,唐朝时人们对这本书一直都是非常重视的。

如此珍贵的一部典籍,然因当时中国雕版印刷尚未发达,又经过唐朝末年的战乱,此书至宋初已失传。所幸的是,此书经由日本遣唐使带到日本,一直被日本历代天皇及皇子、大臣奉为圭臬,成为他们学习研讨中华文化的一部重要经典。根据日本岛田翰着的《古文旧书考》称:"《续日本后记》载:'仁明天皇承和五年(唐开成三年,公元八三八年),**天皇御清凉殿,令助教**(日本官名)**直道宿称广公读《群书治要》**。'"日本《三代实录》云:"清和天皇贞观十七年("贞观"是日本第五十六代天皇年号,相当于唐乾符二年,即公元八七五年)**四月,天皇读《群书治要》**。"由此可知,《群书治要》在唐文宗时已传入日本。至唐僖宗时,日本清和天皇仍然"与大臣共研读之"。据考,日本嘉元(日本九十四代天皇年号)四年(相当于元大德九年,即公元一三零五年)二月十八日,《群书治要》"以右大办(日本官名)三位经雄卿本书写点校毕。"可见此书流传到日本后,一直受到日本天皇的高度重视。

此外,日本人林信敬在《群书治要》天明本的校正序里说道:"**我朝承和、贞观之间,致重雍袭熙之盛者,未必不因讲究此书之力。**"指出日本承和、贞观年间(约公元八三四年—八七六年),社会呈现出安定繁荣的盛世局面,未必不是借助这本书的力量所成就的。

据日本尾张国校督臣细井德民在天明五年刊印《群书治要》时写的考例中记叙,早在公元十三世纪日本镰仓幕府第五代武将军北条实时(亦称金泽实时),因其"好

德川家康

居书籍",故在发现《群书治要》后,请中秘书写"以藏其金泽文库",《群书治要》因此得以传世。后来,此书归德川家康,他在得到这个本子后,曾于公元1616年(日本元和二年)正月命令用活字排印。但此时的《群书治要》已经缺失卷第四、卷第十三和卷第二十,只残存四十七卷了。半年后,《群书治要》印成51部,每部凡47册。不幸的是,此时德川家康突然去世,印本只是分赠给了德川家康的后裔尾张、纪伊两家藩主。事实上等于没有公开发行,所以流传在外面的不多。公元1781年,也就是日本天明元年,尾张藩主家的大纳言宗睦,有感于《群书治要》未能流布,便从枫山官库中借得原"金泽文库"藏僧人抄本《群书治要》,重新校刊。公元1798年(日本天明六年)重印本告成,分赠诸藩主和各位亲臣。这就是今天流传于世的天明本《群书治要》。

日本宽政八年(公元1796年)尾张藩主家得知此书已经在中国失传,于是以五部移送长崎海关掌管近藤重藏,托其转达中华。近藤氏以一部存长崎圣堂,一部赠诹访社,三部赠唐商馆,由中国商人携带回国,《群书治要》重回中土。

可见,最初进入中国的天明本《群书治要》只有三部。根据王重民《中国善本书提要》的记载,此书原装本应该是二十五册,横18.2cm,纵31cm。清嘉庆七年(公元1802年),鲍廷博编撰《知不足斋丛书》,他在第二十一集《孝经郑注序》中提到了《群书治要》:"此书久佚,仅见日本天明刻本。"由此可知,天明本《群书治要》已经在中国藏书家之间流传。稍后,阮元编辑《宛委别藏》,也将《群书治要》编入其中。其题曰:"《群书治要》五十卷,原缺卷四、卷十三、卷二十。唐魏徵等撰,日本天明刊本。"后来,《连筠移丛书》、《粤雅堂丛书(三编)》等都从《宛委别藏》中辑入了《群书治要》,为清人校刊典籍起了不小的作用。天明本《群书治要》重回中土后,世人惊为秘笈,民国年间,上海商务印书馆四部丛刊以日本天明本为底本影印出版,涵芬楼还以《宛委别藏》本为底本影印出版了《群书治要》。

然而，由于近两百年来，中华传统圣哲教育走向衰落，《群书治要》仅仅作为学者校勘、辑逸古籍的参考，知者甚少，其经世治国之大用，一直未得以显现，实为遗憾。

直到二十世纪九十年代，我国原驻日本大使符浩先生通过日本皇室成员获得一套天明版《群书治要》，由吕效祖先生点校后于2004年出版了《群书治要》点校本。原中共中央书记处书记、国务院副总理习仲勋于2001年2月25日为该书题词："古镜今鉴"。2011年，又出版了吕效祖、赵宝玉等主编的，将原文翻译成白话文的《群书治要考译》，2012年，中国书店出版了全注全译的《群书治要》，并补录了原来亡佚的三卷，至此，《群书治要》再兴于世，受到上至领导干部、专家学者，下至普通读者的广泛关注。

《群书治要》共计五十卷（亡佚三卷，存四十七卷），共选录经典六十五种，基本依照经、史、子的次第排列。经的部分，共节录了《周易》《尚书》《毛诗》《春秋左氏传》《礼记》《周礼》《周书》《国语》《韩诗外传》《孝经》《论语》《孔子家语》等十二部经典的内容，选录内容均为与修身理政有关的嘉言懿行，从中也可以看出，魏徵等辑录者以儒家思想为主导的治国主张。史的部分，则节录了《史记》《汉书》《后汉书》《三国志》《晋书》等，主要节录的是体现朝代兴乱衰亡的历史史实和君臣言论，尤其是《晋书》，其节录的原本是房玄龄修《晋书》以前的十八家《晋书》史料，很有史料价值和版本价值。子的部分则从《六韬》《阴谋》《鬻子》《管子》《晏子》《司马法》《孙子兵法》《老子》《鹖冠子》《列子》《墨子》《文子》等四十多种典籍中摘录而成，涵盖了儒家、道家、墨家、法家、兵家、杂家等思想流派，核心内容仍为修身、齐家、治国、平天下的精萃。难能可贵的是，《群书治要》摘录的内容有少数原著在五代之后便已失传，唯有《群书治要》保留了其精华内容，实为珍宝，如《尸子》《崔寔政论》《昌言》《典论》《刘廙政论》《蒋子万机论》《政要论》《体论》《典语》《傅子》《袁子正书》等，这堪称《群书治要》又一无比重要的文化价值。

《群书治要》作为魏徵等人为唐太宗编撰的匡政巨著，对大唐盛世的开辟起到了理论指导的作用，是其治国的纲领，其节录的内容也深深地体现了贞观君臣智慧深远的治国理念，堪称古圣先王的治国经验的高度总结。对今人而言，此书虽为治国理政而编，但其中的思想对于领导干部如何为政、企业家如何治企，乃至个人如何修身齐家，都有着极大的借鉴意义。尤其是《群书治要》所体现出的古圣先王的治国思想，对于当前我国如何构建和谐社会、乃至化解世界冲突，都有着很高的借鉴价值。因此，这一部书可以说是每一个人都应该学习的中华文化精萃集成，是我们了解博大精深的中华文化的一把钥匙。

笔者在阅读《群书治要》后，深感此书实为修身、齐家、治国、平天下之至宝。然而，《群书治要》五十万文言，对繁忙的现代人来说，非一日之功可以得览此书要旨。为此，特将其主要思想进行了整理归纳，虽不能尽揽全书的精华，但对于快速领会此书的主旨，或许能够起到抛砖引玉的作用。

古圣先王的教诲，是心性自然流露的真实智慧，我们要想得到真实的受用，必须以诚敬之心去体会古人的存心，古人的心境，方能理解古人教诲的真实含义。并且通过真正落实古人的教诲，才能得到切实的受用。若以旁观者的角度来"研究"和"批判"，则徒劳无益也。因此，所学之人，必须将"儒学""道学"转为"学儒""学道"，于古圣先王的教诲生起正信，学而时习之，才能获得真正利益。否则只是徒增知识，对于我们在现实生活中修身、齐家、为政均无帮助，如此，则离古圣先王教育之指归远矣。

第二章

效法天道、天人合一：《群书治要》的天道思想

《群书治要》作为中国古圣先王治国理政的智慧结晶，其治国理政的思想，总结起来，我们可以将其称为"圣贤政治"。政是指主持政事；也有政策法令的意思；还有一个意思是正己，端正自己。"治"是指管理人民和教化人民，让社会实现安定的状态。因此，"政治"的核心在于正己而化人。

中国远古时期的帝王，都是深明宇宙人生真相的人，也就是古人所讲的圣人。他们治国平天下，其核心就是"正己化人"。这种"圣贤政治"，有五个不同的境界，分别是以道、德、仁、义、礼来治国。

在《群书治要·庄子》里面讲到：

"**圣人行不言之教**〔任其自行，斯不言之教也〕。**道不可致也**〔道在自然，非可言致也〕。**失道而后德，失德而后仁，失仁而后义，失义而后礼。**"

意思是：圣人施行的是不需言

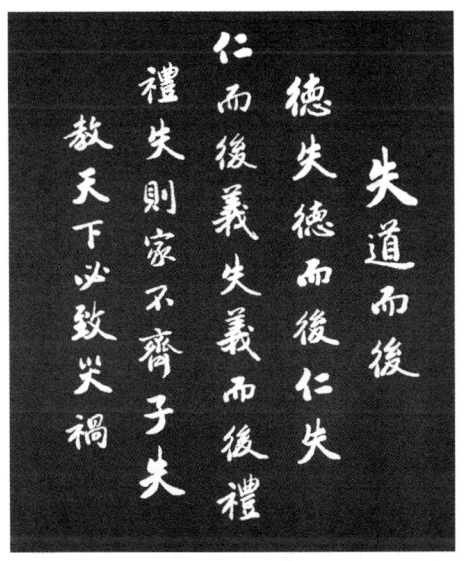

传之教化。"道"不可能靠言传来得到。由于失"道",后来才以"德"治天下;由于失"德",后来才以"仁"治天下;由于失"仁",后来才以"义"治天下;由于失"义",后来才以"礼"治天下。

道、德、仁、义、礼,这是中国古圣先贤治国的五个不同境界。最高层次的是道,最低层次的是礼。而这种"圣贤政治"的思想根源,就是《老子》上说的:**人法地、地法天、天法道、道法自然**。可见,古圣先王,他们治国平天下,完全是向天、地、自然学习,遵循自然规律,也就是以"道"治理天下。

什么是"道"?《中庸》讲到:**天命之谓性,率性之谓道,修道之谓教**。这句话的意思是很深的。台湾徐醒民教授在讲解《中庸》时讲到:

"天命之谓性",根据汉儒郑康成的注解,"天命"就是天所命生人者也,是谓性命。"生人"是人生这两个字把它倒过来讲。我们人从天命,所受这种命,称为性命。"性"是我们的本性,本性是空空洞洞的,它没有现象,它是我们宇宙人生的本体。

"率性之谓道",根据郑康成的注解,"率"当循字讲,循是顺的意思,顺乎本性。郑康成解释,率,循也。循性行之是谓道,他说根据我们本有这个性,顺乎我们自己本性,"行之"是什么?我们一切的言语、行为,日常生活中一切的活动,都要"率性",换句话说,都要顺乎我们自己的本性。这称谓道。道是什么?一般讲道是道路,道路是一个大路,我们要到一个地方去,你必得要走的这条大路,在陆地上你若不走这条道路,你走草地,或是其他没有开辟路的土地,你就走不通。所以必须要循着这条道路走。过海,海也有海路,也有水路;乘飞机,空中也有轨道的,也是有道路的。所以"道"当路字讲,是指我们想要到达某一个目的地,所必行之路,这是一般讲的道。在这里讲的"率性之谓道","道"是指性,意思是"天命之谓性",我们都本有这个性,那么它在哪里?那就得率性,一切顺乎性,这就是道。那时你就能够得到这个本性了。

怎样"率性"?"率性"是把自己一切的私心去掉,我们起心动念的时候，不要为自己，都要为天下苍生，替他们的利益，替他们的这些问题，来求其解决。所以过去的圣人，如尧、舜、禹、汤、文、武、周公、孔子，除了孔子没有做天子，没有位之外，其余都是有位的。他们做天子，有了圣人之位了，已经成圣人了，还是那样的为天下民众谋求福利，为天下民众的教育，没有一天休息，他们为什么这样？因为他们知道，自己已经开发出来这个本体，与天下所有人的性是一致的，自己已经成为圣人了，天下那些一般的人，还是有种种的痛苦、种种的问题。自古到现在，一个人生在世间，遭遇的问题有多少？现在不是天灾就是人祸，人与人之间也不相等，有的生活都不能维持的。那些在位的圣人，他是为了天下人这些问题，来谋求解决。最重要的是要一步一步地，要让天下人回归本性，往这个方向去寻求解决之道。

所以说"率性之谓道"，就是学古代那些圣人，起心动念不是为自己，完全为天下人。如果你能够这样用心的话，你就是率性了，率性就是理性，一切都是合乎道理的。若反过来，心里起了任何一个念头，那都是为了自己。虽然我们想率性，实际上那是率情，而不是率性！那就完全背道而驰。因此要讲"率性之谓道"，最重要的一个意义，就是要去掉我们自私自利的心思，必须要从这里来用功夫，你才能够率性。比如，你在家庭里面，家庭里的任何人，对你有意见的时候，起了冲突的时候，你不要情绪化。你要分析分析，他为什么这样对你，这些不同意见，你首先要替他来想想，这就是理性在起作用。中国讲五伦关系，在家庭里面，最基本的结构是夫妇，然后是父子、兄弟。在社会上，上下的关系是君臣，平等的关系是朋友。五伦之中的每一种关系，在有意见不同的时候，有利害不同的时候，你首先要放弃自己的情绪。从理智上来研究，把情绪转为理性，这就是修道。

"修道之谓教。"教是什么？我们学圣人，一方面是自己在学，自己在学也是学圣人之教；一方面也把这个道理告诉他人，这就是教。古时候那些在位的圣人，正如孟子所讲的，"作之君，作之师"。他们一方面是治国平天下的君主，一方面又是老师，老师教什么？教人怎样学圣人之道，教人怎样开发自己的本性。当然不是对于任何人都是这么直接讲的，要一步一步地按照每个人的学习能力、程度等的不同，一步一步地来教化。就是没有圣人、天子地位的时候，像孔夫子，他也是终生诲人不倦，那就是教啊！已经成为圣人，他就永久地在那里教化众生，孔子除了自己诲人不倦以外，同时也教他的学生，教什么？"汝为君子儒，无为小人儒。"你要做君子儒，不要学小人儒。小人儒是什么？你自己学道，学好了自己就了了，自己在享受了。孔子不赞成这个做法，孔子教他的学生要做君子儒，君子儒是什么？一方面自己在学，学到自己有相当的教人能力了，自己也懂了道了，修道也有相当的能力了，那么你就可以教化别人。当然教化别人，你还是根据圣人所讲的言论，圣人的言论，都是记载在经典里面，你根据经典来教化他人。

"天命之谓性，率性之谓道，修道之谓教"这三句话，可以说是中国圣贤教育的根本，也是古圣先王的"圣贤政治"的根本。所以，我们不论是学"圣贤政治"，还是学圣贤教育，其根本是学习圣人，自己在学圣人的同时，也教化他人。因此中国文化要求领导者，一定要做好三个角色——作之君，作之亲，作之师。

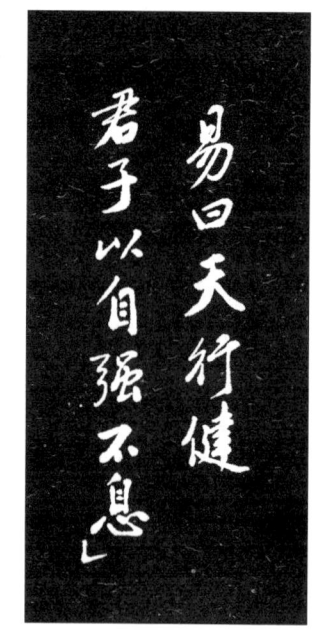

怎么样做呢？就是要学天道。就是《周易》里面讲的一句话："**天行健，君子以自强不息。**"

《周易》上说："**天行健，君子以自强不息。**"国学大师季羡林说：天，就是大自然；人，就是人类。遵循天道，是指人类的所有行为，都不能违背大自然的规律。我们效法天道，一是要效法天的"广而无私"，二是要效法天的刚健，永远不止息地去为大众服务，也就是学习圣人之道。

古圣先王的"圣贤政治"思想，实际上就是

教人遵循天地之道，也就是回归到人本有的性德中去。整个中华传统文化的核心就是让人回归到本有的性德中去，这是中国古圣先贤最重要的教诲。

早在远古时期，中国古代的圣人在明了宇宙人生的真相之后，为了向世人说明宇宙人生的真相，"上观天象，下察地理"，通过符号把世间一切事物产生、发展、变化的规律表达出来，这就形成了最早的八卦，进而推演出六十四卦，这也就是大道之源的《周易》。

在孔子以前，《周易》都是只有圣人才能够读得懂的，一直是圣圣相传，圣人依此来治理国家。因此，圣人治国，都是"则天而行"，完全效法大自然的规律来推于人事。儒家将自然界这种自然而然，不以人的意志为转移，而且是永远不变的，在古代是如此，在今天也是一样的规律称之为道。由于道无法言说，因此，中国古人提出了"天人合一"的思想，让人效法天地。中国自唐虞以来就有"天人合一"的思想，认为人应该取法于天，也就是要效法天道。

在《群书治要》中，节录了许多包含天道思想的经文，教导为政者要学习古圣先王这种"法天而行"的思想，要依照"天道"来治理国家。

一、则天而行，是为天子

《群书治要》认为，为君者治理天下，第一条就是要效法天道。

在《群书治要·典语》中讲道："**王所以称天子者，以其号令政治，法天而行故也。**"说明君王之所以称作"天子"，是因为他发布政令，都是效法天道而行事。

《群书治要·政要论》更指出："**天，万物之覆；君，万物之焘也。**怀生

之类,有不浸润于泽者,天以为负;员首之民,有不沾濡于惠者,君以为耻。"(卷四十七《政要论》)意思是:上天是万物的保护者,君主是万民的保护者。凡有生命的物种,若有得不到雨水浸润的,天把这看做有负众生;一国之中的庶民,若有得不到仁慈濡染的,君主把这看做自己的耻辱。

《群书治要·六韬》中也同样指出:"**所谓天子者,天下相爱如父子,此之谓天子。**"意思是:天子,就是要让天下人如同父子一样亲密友爱,这才称得上天子。中国古人认为,天子应该法天而行,法天而行的根本,在于没有私心,真正全心全意地为天下服务,如果一有了私心,即是违背天道,就一定会有不吉祥的后果。

二、履天之道,行天之德

在《周易》的乾卦中,讲到,乾卦有"元亨利贞"这四种德性。乾代表天,在人,即为君、为主、为男。"元亨利贞"作为天的性德,体现在人即是"仁礼义智"。因此,孔子在《周易·说卦传》里说:**立天之道曰阴与阳,立地之道曰柔与刚,立人之道曰仁与义**。说明仁义是人道的根本,是人人应该遵守的。"**天行健,君子以自强不息**",就是说,人应该效法天的德性,时刻不停地去努力修习自己的德行,像天一样完全平等、无私地去利益天下万物。也就是要时刻以仁义礼智信的常道来行事。

在《群书治要·六韬》中,更告诫为君者道:

"天下者非一人之天下,天下之天下也,与天下同利者,则得天下。擅天下之利者,失天下。天有时,地有财,能与人共之者,仁也。仁之所在,天下归之。免人之死,解人之难,救人之患,济人之急者,德也。德之所在,天下归之。与人同忧同乐,同好同恶者,义也。义之所在,天下归之。凡人恶死而乐生,好得而归利。能生利者,道也。道之所在,天下归之。"

> 太公曰：天有时，地有财，能与人共之者，仁也。仁之所在，天下归之。免人之死，解人之难，济人之急，救人之患者，德也。德之所在，天下归之。与人同忧同乐，同好同恶，义也。义之所在，天下归之。凡人恶死而好生，好得而归利，能生利者道也。道之所在，天下归之。

意思是：天下不是一个人的天下，而是天下人的天下。能和天下人同享天下利益的，就可以取得天下；独占天下利益的，就会失掉天下。天有四时，地有财富，能和人民共同享受的，就是仁爱。实施仁爱者，天下就归附他；使人民免遭死亡，解除人民的困难，救助人民的灾患，接济人民的急需，这些就是恩德。布施德政者，天下就归顺他。和人民同忧同乐，同好同恶的，就是道义。谁讲道义，天下就归同谁。人们都害怕死亡而更想生存，喜欢得到好处和利益，能使天下人都获得利益的，就是天道。谁实行天道谁就拥有天下。

三、顺天即吉，逆天则凶

在中国古人看来，天道是永恒的。人只要一违背天道，就会带来凶灾；而顺应天道，就会获得吉祥。

在《群书治要·管子》中，讲到："**失天之度，虽满必涸。**"意思是：如果人违背自然的法则，即使一时强盛，之后必定会衰弱灭亡。在《群书治要·三略》中也指出："**夫人之有道者，若鱼之有水，得水而生，失水而死。**

故君人者，畏惧而不敢失道。" 意思是：人能顺乎道，就好像鱼得到了水，鱼得水而生，离水便死，人得道而存，失道而亡。所以为君者治理百姓，要时刻敬畏、戒惧，而不敢背离道。道是宇宙万物运行的规律，遵循这个规律，就如同我们在路上行走需要遵守交通规则一样，如果人不遵守，必然会引发堵塞和事故。

在《群书治要·墨子》中，更是详细地讲到了人应该如何效法天道，其中说道："然则奚以为治法而可？莫若法天。天之行广而无私，其施厚而不德（德原作息），其明久而不衰，故圣王法之。既以天为法，动作有为，必度于天，天之所欲则为之，天所不欲则止。然而天何欲何恶也？天必欲人之相爱相利，而不欲人之相恶相贼也，以其兼而爱之、兼而利之也。奚以知天之兼而爱之、兼而利之也？今天下无小大国，皆天之邑也；人无幼长贵贱，皆天之臣也。故曰：爱人利人者，天必福之；恶人贼人者，天必祸之。是以天欲人相爱相利，而不欲人相恶相贼也。昔之圣王禹、汤、文、武，兼爱天下之百姓，率以尊天事鬼。其利人多，故天福之，使立为天子，天下诸侯，皆宾事之。暴王桀、纣、幽、厉，兼恶天下之百姓，率以诟天侮鬼。其贼人多，故天祸之，使遂失其国家，身死为戮于天下后世，子孙毁之，至今不息。"

伏羲氏　　　　　　神农氏　　　　　　黄帝

意思是：用什么作为治理的法则才可以呢？不如效法上天。天的品行博大无私，它施予恩惠厚重而不自居，它给予光明持久且永不衰减，所以圣明的君王都效法它。既然以天作为规范，那么所作所为就一定要以天意来衡量，上天希望做的事就做，上天不希望做的事就不做。那么上天希望做什么、厌恶做什么呢？天意肯定希望人们相互友爱、相互帮助，而不希望人们相互憎恨、相互残害，因为苍天对所有人都很爱护、都给予好处。怎么知道苍天对所有人都如此呢？如今，天下无论大国小国，都是天的属国；人无论老幼贵贱，都是天的臣民。人们常说："爱护人、利于人者，天必定赐福给他；憎恨人、残害人者，天必定降祸于他。"以此可见天希望人们相互友爱、相互帮助，而不希望人们相互憎恨、相互残害。以前的圣君，禹、汤、文王及武王，爱天下所有的百姓，率先来尊崇上天、敬重鬼神，他们给予世人的好处很多，所以天佑护他们，使他们被立为天子，天下的诸侯都归顺侍奉他们。暴君桀、纣、幽王及厉王，厌恶天下所有的百姓，率先咒骂上天，侮慢鬼神，残害百姓极多，所以上天降祸给他们，使他们丧失自己的国家，身遭杀戮，并受到天下人的羞辱，后代子孙咒骂他们，直到现在仍不停止。

四、太上治民，下知有之

当代一位大德曾经指出，在中国历史上，最早的三皇——伏羲、神农、黄帝，是以"道"治天下，无为而治，这是治国的最高境界。可以说，自尧帝以前的帝王都是如此而治国的，他们的治国境界，在《群书治要·老子》里如此说道："**太上，下知有之。**"在《群书治要》辑录的河上公注解说道："**太上，谓太古无名之君也。下知有之者，下知上有君，而不臣事，质朴淳也。**"意思是：上古的圣王，人们仅仅知道他的存在而已。"太上"，是指上古时期没有姓名的君王。"下知有之"，是说百姓虽然知道上面有君王的存在，但不以臣道侍奉，内心质朴淳厚。这时的天下，人人都质朴淳厚，天下不治而治，因此是最好的治理方式。

在《群书治要·文子》里也讲到:"**以道治天下,非易民性也,因其有而条畅之。故渎水者,因水之流;产稼者,因地之宜;征伐者,因民之欲,能因即无敌于天下矣。**"意思是:用道来治理天下,并不是要改变百姓内在的性情,而是要根据其本性加以正确引导。所以,开渠引水的人是根据水的流势方向来进行的;种庄稼的人是根据土质等情况来安排种植的东西;征伐者,要对百姓的欲望因势利导,能顺民心就可以无敌于天下了。

在《群书治要·文子》里还讲到:"**王道者,处无为之事,行不言之教,因循任下,责成不劳,谋无失策,举无过事,进退应时,动静循理,美丑弗好憎,赏罚不喜怒。**"意思是:用王道来治理天下的君王,崇尚无为而治,推行无言的教化,因循事物的规律来引导百姓,责求其成功而不会使其劳累,谋划政事不会失策,行动不会有过错,进退都合乎时宜,动静都合乎理义,赞美与憎恶都不因个人的好恶,奖赏与惩罚也不因自己的喜怒。

在《群书治要》里,我们看到,魏徵等人几乎反复地提醒为君者要时刻效法天道,依天行事。天即是宇宙自然,天道即是宇宙自然间的规律。中国古人讲,"逆天者亡,顺天者存",凡是符合自然规律的,就能生存下来,凡是违背自然规律的,就会被淘汰。中国历史上朝代的不断更替,无一不是这一思想的最好诠释。

《群书治要》中的"天道"思想,可以说是其治国思想的核心,只有明了"天道",方能"推天道以明人事",通过学习天道变化的规律,来明白修身、治国、理政的道理。

第三章

修身为本、为政以德：《群书治要》的德治思想

在中华文化中，"道德"二字是至为重要的。中国古人将宇宙自然间的规律称为"道"，道是一切万物的本体，因此老子说：**大道无名，长养万物。吾不知其名，强名曰道。**而依照道的规律去做事情就称为"德"。老子说：**失道而后德，失德而后仁，失仁而后义，失义而后礼。**上古时期，圣人施行的是不需要言传的教化，以"道"来治理天下。因此，"道"是不可能靠言传来得到的。由于失了"道"，后来才以"德"治天下。所谓失"道"，是指人们迷失了本有的本性本善。圣人为了让人们能够回归本有的本善而教人修"德"。在《老子》里，认为这是次一等的治理方式："**其次，亲之誉之**"，河上公在注解里说道："**其德可见，恩惠可称，故亲爱而誉之。**"意思是：次一等的君王，人们爱戴他、称誉他，他的德行可以看见，他的恩惠值得称道，所以百姓亲近他、爱戴他、赞誉他。老子这里说的，就是以"德"来治国所达到的效果。

实际上，中华传统文化的核心思想是教导人们修"德"。例如，在许多古德看来，作为大道之源的《易经》，处处皆是教人修"德"。如唐时的孔颖达在《周易正义》中讲到："**六十四卦悉为修德防患之事**"，纪晓岚在《四库全书总目提要·易类》中说："**易之为书，推天道以明人事者也。**"意思是：易学这类书是干什么的呢？一言以蔽之，都是通过推演大自然

运行变化的客观规律,从而让人明白人类社会发展和个人生存变化的规律。而近代大德印光大师更直接地讲到:**"一部《易经》,无非示人趋吉避凶、战兢惕励、克念修持之道"**。可见,《易经》的主旨,在于让人明了天道、修德防患、趋吉避凶。实际上,这同样也是《群书治要》的主旨所在,更是整个中华文化的核心所在。在《群书治要》一书里,处处都在彰显,不管是个人、团体还是国家,无一不是"崇德则昌、败德则亡";并以大量的经论和史实说明了治国平天下要以修身为本,要为政以德。

一、皇天无亲,惟德是辅

在《群书治要·尚书》中讲到**"皇天无亲,惟德是辅。"**《群书治要·老子》中也讲到:**"天道无亲,常与善人。"**意思是说:皇天不会偏私任何人,只佑助有德行的人。天道对人没有亲疏,永远只帮助有德的善人。在《群书治要·周易》上说:**"夫大人者,与天地合其德"**。意思是:真正的圣人,他们的德行能和

《尚书》石刻

天地相合。这些都是告诉我们,唯有通过修德方能与道相应;圣人能够与天地合其德,以德治理天下,天下自然就太平。

《群书治要》节录了大量的关于"德"的内容,如《群书治要·尚书》中说道:**"德惟治,否德乱"**,**"惟德动天,无远弗届"**,**"德惟善政,政在养民"**,这是告诫君主:实行德政才会太平,不实行德政就会产生动乱;只有德能够感动上天,无论多远,其感召力都可到达;为君之德在于实施善政,善政重在养育百姓。

《群书治要·毛诗》中说道:**"有觉德行,四国顺之"**,说明有大德行的人,天下人都会顺从他。

在《群书治要·论语》当中,孔老夫子指出:**"为政以德,譬如北辰,居**

其所而众星共之。"说明治理国家若能以德为本，那就会像北极星一样，处在固定的地方，众星都环绕在它的周围。

这些都是说明"德"是治国之本，也是立身之本。以"德"来治国，其核心就是领导者通过修养自己的德行，来为天下人做一个榜样。例如我们看到历史上舜帝的孝行，周文王的孝行，汉文帝的孝行，都是为天下人做出的最好的榜样。为君者能够为天下人做出道德的榜样，天下自然就会得到治理。这就是《群书治要·尚书》里说的：**"一人元良，万邦以贞"**，意思是天子一人有大善，天下各诸侯国就会风气纯正，天子有大善在身，全天下都会走在正道上。

二、非有所作，上德之道

正如一位长者说道：在中国历史上，尧、舜、禹是五帝的时代，五帝是以德来治理天下，道没有了，以德。以德治理天下，能得到什么样的效果呢？

我们看到在《群书治要·文子》里面，讲到尧帝治理天下的情形，说道："昔者尧之治天下，其导民也。水处者渔，林处者采（林处者采原作山处者木），谷处者牧，陆处者田，地宜其事，事宜其械，械便其人，如是则民得以所有易所无，以所巧易所拙也。是以离叛者寡，听从者众，若风之过萧（萧原作箭），忽然感之，各以清浊应矣，物莫不就其所利，避其所害。是以邻国相望，鸡狗之音相闻，而足迹不接于诸侯之境，车轨不结于千里之外，皆安其居也。夫乱国若盛，治国若虚，亡国若不足，存国若有余。虚者非无人，各守其职也；盛者非多人，皆徼于末也。有余者非多财，欲节事寡也；不足者非无货，民鲜（鲜原作躁）而费多也。故先王之法，非所作也，所因也；其禁诛，非所为也，所守也，上德之道也。"意思是：从前

尧帝像

帝尧治理天下的时候，他引导人民的原则是：居住在江河湖海边的人从事渔业，居住在山林地区的人从事林业，居住在山涧谷地的人从事牧业，居住在平川地区的人从事农业。各类地区有其适宜的事业，做事各有其适宜的工具，工具要便利于使用它的人。这样，百姓就能够用自己所拥有的东西去交换自己需要却没有的东西；用其善于制作的产品交换其所不善于制作的产品。因此，离乡叛逃的人少；跟随、服从的人多。好像风吹箫管一样，忽然之间感受到风的吹拂，各孔能以不同的清浊之音来作出回应。万物没有哪一种不是趋利而避害的。所以邻国相望，鸡鸣狗叫的声音都能听到，但人们互不往来，车马也不去千里之外，都是因为安于自己的生活。那些混乱的国家貌似强大，稳定的国家貌似虚弱，将灭亡的国家好像总是财不足用，安定的国家好像总是东西富余。所谓虚并不是没有人，而是各司其职的缘故；所谓的盛并不是人口太多，而是人都舍本逐末；所谓的余不是财富很多，而是节制欲望，不铺张浪费；所谓的缺乏并不是没有物产，而是民心浮躁，铺张浪费。因此，古代帝王的做法并不是想创造什么，而是因势利导；他们的禁止和责罚，也不是想有什么作为，而是要保持好的风气，遵守客观规律。这就是至德之君的治国之道。

三、为政以德，孝为德本

德不仅是立身之本，更是立国之本。在《群书治要·文子》中，则说道：**"故善为政者，积其德。德积而民可用也。"** 告诉为政者要积累德行，为政者能够积累德行，民众就会愿意为其效力。所有这些，都是说明，治国要以德为本。因此，先王之教告诉我们，国以人为本，人以德为本，本立而道行，本伤而道废。

那么，"德"的根本是什么呢？孔老夫子在《群书治要·孝经》中给了我们答案。在《群书治要·孝经》的开篇就说道：**"夫孝，德之本也，教之所由生也。"** 孝，是德行的根本、是一切教化的出发点。因此，古圣先王之修德，皆是从孝开始，自己行孝，进而以孝治理天下。

在《群书治要·孝经》中，孔老夫子说道："**昔者明王，事父孝，故事天明；事母孝，故事地察；长幼顺，故上下治；天地明察，神明彰矣。**"意思是上古圣明之君，因其侍奉父亲很孝顺，所以就能够明察天道，顺应天时；因其侍奉母亲很孝顺，所以就能够明察地道，不失地利；因为长幼秩序都合礼义，所以上下安定。能够对父母尽孝，对兄长行悌道，就能对天地万物清楚明白，通达宇宙人生真相，并感动天地鬼神降临护佑。

我们看到，古代许多的帝王，都是行孝的模范。在《二十四孝》中，第一个便是大舜"孝感动天"的故事，在《群书治要·史记》中，也节录了舜帝的孝行：

虞舜名叫重华。他的父亲瞽叟凶暴，继母愚蠢顽固，弟弟象骄纵傲慢，他们都想杀舜。舜总是很恭顺，不去弃做儿子的道义，因为孝顺而闻名。于是，尧便把两个女儿嫁给舜，来观察他在家庭里的表现；派了他的九个儿子跟舜相处，来观察他在家庭外的表现。结果尧的两个女儿不敢凭身份的显贵而自高自大，派去的九个儿子都更加诚实厚道。舜在历山耕种，历山的人都互让田地边界；在雷泽捕鱼，雷泽四周的人都互让捕鱼的地方；在黄河边

舜帝像

制作陶器，生产的陶器没有粗糙破损的。一年时间，舜住的地方便成了村庄，两年便成了集镇，三年便成了都市。于是尧便试用舜，让他推行五教，到各个部门去工作，舜都做得很好。让他总管百事，没有不顺利治理的。舜流放了四个凶恶的家族，把他们迁到四方遥远的边境，让他们去抵御远方的其他部落。于是尧便叫舜代替他行使天子的政务，尧逝世后，天下都归顺于舜。

古人在选择官员的时候，都将"德"作为择人的首要条件。在汉朝时，更是将"举孝廉"作为选拔官员的一种方法，没有"孝廉"品德者不能

为官。中国文化以孝治天下,所以称孝廉。到清朝时,考取的举人,还是用孝廉公这个名称,仍沿用汉朝的做法。

四、德不称位,不祥莫大焉

中国古人特别重视一个人的德行,尤其指出,如果一个人的德行和他所处的地位不相称,往往就会给他带来灾殃。也就是人们常讲的"德不配位,必有灾殃"。

在《群书治要·汉书》中,曾这样说道:**"德不称位,能不称官,赏不当功,刑不当罪,不祥莫大焉。"** 意思是:德行和官位不相称、才能和官职不相合、赏赐与功劳不相符、处罚与罪行不相当,没有比这更不吉祥的了。我们的地位、我们的财富,如果没有德行作为基础,不仅不会带来福运,反而会带来灾殃。因此,在《周易》坤卦中,告诉我们要"厚德载物",要增厚我们的德行,才能承载万物,这个物,也包括我们的地位、财富、名誉等等。在《群书治要·周易·系辞》中,孔子说:**"德薄而位尊,知小而谋大,力少而任重,鲜不及矣。"** 告诉我们,德行浅薄而身居尊位,智慧狭小而图谋大事,力量薄弱却担当重任,很少没有灾祸的。因此,修身、齐家、治国、平天下,无一不是要从修德做起。

在《群书治要》中,"德"是出现次数非常多的一个字,《群书治要》一书,可以说,处处皆是教人修德。为君者要恒久地修习自己的德行,国家才能长治久安;为臣者要恒久地修习自己的德行,才不会遭遇灾祸。如《群书治要·周易》中指出:**"不恒其德,或承之羞。不恒其德,无所容也。"** 告诉为君为臣者,如果不能长久地保持自己的德行,就有可能会招致别人的羞辱;如果不能长久地保持自己的德行,就会连容身之地也会失去。

然而,天地最大的德行是什么呢?《群书治要·周易》上讲道,"天地之大德曰生",意即天地最大的功德在于生养万物。人在天地之间,效法天地之道,行天地之德,最重要的就是"仁",因此,老子讲"失德而后仁"。

第四章

仁者爱人、义者循理：《群书治要》的仁义思想

"失德而后仁，失仁而后义"，老子说：**"大道废，有仁义"**。在"道"和"德"没有了之后，"仁""义"开始显现出来。在中国历史上，夏商周三王的时代，"德"也没有了，就用"仁"，夏商周三代是以"仁"治天下。"失仁而后义"，而到了东周时期，春秋战国的时代，"仁"没有了，则是以"义"来治理天下。在没有了"仁"之后，"义"显现出来。我们看到，在春秋战国时代，涌现出很多的"义"士。"仁""义"，是中国传统文化的根本，在儒家五常中是极为重要的，是修身、齐家、治国之本。

一、仁者爱人，义者循理

什么是仁和义？在《群书治要·周易》上说：**"立人之道曰仁与义"**，也就是说仁义是做人之本，"不仁不义"的人，就算不上是一个合格的人。而古圣先王的教化，其核心也在"仁义"二字，如《群书治要·列子》上说：**"圣人之教，非仁则义"**，说明圣人教化天下，不是仁，就是义。

仁义是什么意思？在《群书治要·荀子》中讲到：**"仁者爱人，义者循理。"** "仁"的意思是爱人，想到自己，就想到别人。"义"的意思是循理，做事要符合道理和规律。圣人用仁和义来阐明人道，所教导人们的无非是行仁义而已。

在《群书治要·孟子》中，开篇即说道：**孟子见于梁惠王。王曰："叟不远千里而来，亦将有以利吾国乎？"孟子对曰："王何必曰利？亦曰仁义而已矣。"** 孟子拜见梁惠王。惠王说："您不远千里而来，将会把利益带给我的国家吧？"孟子答道："大王！为何一定要谈利益呢？只要讲求仁义就足够了。"我们读圣人的经典，往往未

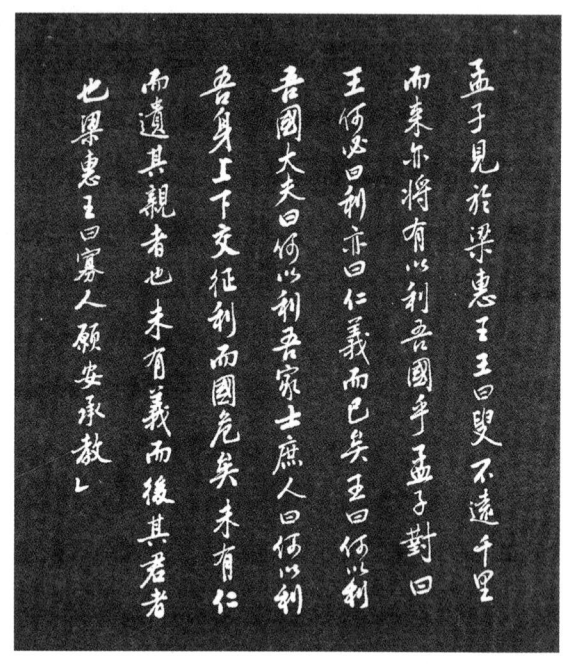

能明了经典的深意，孟子教我们讲仁义，并不是说讲仁义就没有利益，相反，讲仁义必定会有大利。这个大利，我们看周朝，周文王、周武王，他们以仁义立国，开创了周朝八百年的基业。所以，《大学》上说：**"国不以利为利，以义为利"**。实际上，有仁义必定会有大利。只讲利而不讲仁义，反而会失去利益。

在《群书治要·新语》中，陆贾讲到，**"治以道德为上，行以仁义为本"**，说明治理国家要以道德为上策，处理事情要以仁义为根本。在《群书治要·淮南子》中，更是指出：**"乱国之君，务广其地而不务仁义，务高其位而不务道德，是释其所以存而就其所以亡也。"** 说明乱国的君王，只图扩大其领地而不行仁义，追求地位尊贵而不修道德，这是抛弃所以存在的理由，而趋向所以灭亡的途径。

二、修身以道，修道以仁

仁是众善之首，仁爱思想是儒家的主要思想，也是贯穿《群书治要》始终、最重要的主体思想。魏徵等人在节录经典时，节取了大量关于

"仁"的嘉言和故事，强调治国者要修习仁德，推行仁政。

如在《群书治要·孔子家语》中说道："**故为政在于得人。取人以身，修身以道，修道以仁。仁者，人也，亲亲为大；义者，宜也，尊贤为大。**"说明为政之道，在于得到人，而得人的方法，在于为政者能修养自身，以德行感召人。修身必须依据"道"，修道要依据"仁"。所谓仁，是指人性以爱自己的亲人为最重要。所谓义，是指事事合宜，以尊敬贤德的人为最重要。

在《群书治要·傅子》中，对仁说得更为详细："**昔者圣人之崇仁也，将以兴天下之利也。利或不兴，须仁以济天下，有不得其所，若己推而委之于沟壑然。夫仁者，盖推己以及人也。故己所不欲，无施于人；推己所欲，以及天下。推己心孝于父母，以及天下，则天下之为人子者，不失其事亲之道矣；推己心有乐于妻子，以及天下，则天下之为人父者，不失其室家之欢矣；推己之不忍于饥寒，以及天下之心，含生无冻馁之忧矣。此三者，非难见之理，非难行之事，唯不内推其心，以恕乎人，未之思耳，夫何远之有哉！**"这一段话告诉我们：从前，圣人崇尚仁政，是用以来为天下人兴利，利民之事如果尚未兴办，就必须以仁政普济天下。若有不得其所的人，应看作是自己把他们丢弃到沟壑一般。仁爱的人，都将心比心以待人，所以己所不欲，不施于人；推想自己之所求，延及天下之人。推究己心之好恶来尽孝于父母，并延及天下的父母，那么，天下的子女就不会丧失侍奉双亲的准则；把自己对妻子、儿女的爱护推广到天下，天下做丈夫、做父亲的人就不会失去家庭的欢乐；用自己忍受不了饥寒的心情去想天下人之心，天下生灵就不会有冻馁之忧。这三点不是难懂的道理，也不是难办到的事情，只是不能推己之心以宽诚待人。连这些切近的事都不去思考，哪里还会有什么远虑呢？《群书治要·傅子》的这段话，可以说把仁的含义阐发得淋漓尽致。

所以，古圣先王治理天下，最重要的，就是他们有一颗仁爱之心。在《群书治要·说苑》中说道："**尧存心于天下，加志于穷民，痛万姓之罹罪，忧众生之不遂也。有一民饥，则曰：'此我饥之也。'有一民寒，则曰：'此我寒之也。'一民有罪,则曰:'此我陷之也。'仁昭而义立,德博而化广,故不赏而民劝,不罚而民治。先恕而后教,是尧道也。"意思是:"唐尧心怀天下,用心去周济贫民,痛心于百姓的苦难,忧心于众生不能顺利生长。有一人挨饿,他就说:'这是我使他挨饿的。'有一人寒冷,他就说:'这是我使他受冻的。'有人犯了罪,他就说:'这都是我造成的。'他仁爱昭着而正义树立,施恩众多而教化深广。所以即使不加奖赏,百姓也会努力;不施刑罚,民众也会安定。先推己及人,然后施以教导,这是唐尧治理天下的方法啊!"

三、治国之道,贵在仁义

大到一个国家、政权,小到一个企业、一个家庭,其兴盛衰亡,都和其是否能够行仁义有关。《群书治要·汉书》中节录贡禹在其奏疏中讲到:**"自成、康以来,几且千岁,欲为治者甚众,然而太平不复兴者,何也?以其舍法度而任私意,奢侈行而仁义废也。"**从周代成王、康王以来,几乎将近一千年了,想治理好天下的君主非常之多,可是太平盛世却不能复兴,原因是什么?是因为他们抛开古圣先王治国的法度,而听凭自己的心意去做,才使得奢侈畅行而仁义荒废啊。在《群书治要·六韬》中,姜太公还说道:**"义胜欲则昌,欲胜义则亡。"**即道义胜过私欲,国家就昌盛;私欲胜过道义,国家就衰亡。

在《群书治要·孟子》中说道:**"三代之得天下也以仁,其失天下也以不仁;国家**(原注无家字)**之所以废兴存亡者亦然。天子不仁,不保四海之内**(原注无之内二字)**;诸侯不仁,不保社稷;卿大夫不仁,不保宗庙;士庶人不仁,不保四体。"**说明夏、商、周三代能够得到天下,是因为施行仁政;他们丧失天下,是因为不行仁政。诸侯各国的衰落与兴盛、生存与覆灭亦是同样道理。天子如果不仁,就保不住天下;诸侯如果不仁,就保不住国家;卿大夫如果不仁,就保不住宗庙;士人和百姓如果不仁,就保不住自己身体。

《群书治要》中多次提出，为君者能够行"仁"，百姓自然就能"行仁"，在《群书治要·礼记》中孔子说："**上好仁，则下之为仁争先人。**"告诉为君者，如果他能够崇尚仁德，那么下属就会争先恐后地去做仁德之事。在《群书治要·礼记·大学》中说道："**尧舜率天下以仁，而民从之；桀纣率天下以暴，而民从之。**"尧舜用仁爱统治天下，民众就随之实行仁爱；桀纣用凶暴统治天下，民众就随之逞凶施暴。

在《群书治要·新语》中，还记载了一个周文王行仁的故事：

周文王作灵台，及为池沼，掘地得死人之骨，吏以闻于文王。文王曰："更葬之。"吏曰："此无主矣。"文王曰："有天下者，天下之主也；有一国者，一国之主也。寡人固其主，又安求主。"遂令吏以衣棺更葬之。天下闻之，皆曰："文王贤矣，泽及朽骨，又况于人乎？"或得宝以危国，文王得朽骨以喻其意，而天下归心焉。

周文王像

这个故事讲的是，周文王建造灵台，修建池沼的时候，挖地挖出了一具死人骨头，管理修建的官员把这事报告文王。文王说："给他改葬。"官员说："那是无主的尸骨。"文王说："拥有天下的人，就是天下人的主人；拥有一国的人，就是一国的主人。寡人本来就是他的主人，你还到哪儿去找他的主人？"于是叫那位官员备办寿衣棺木给他改葬。天下的人听到这件事，都说："文王真是贤君啊，连朽骨都受到他的恩泽，又何况是活着的人呢！"有人得到珍宝但给国家带来灾难，文王得到枯骨，以此表明他仁爱的诚心，因此天下人心归向啊！

因此，《群书治要·孟子》讲到，"**是以惟仁者宜在高位，不仁而在高位，是播恶于众也。**"说明只有仁德的人应该处于统治地位，没有仁德的人如果处于统治地位，就会将其不良行为传播给民众。

四、失仁后义,义者循理

夏商周三代,是以"仁"治理天下,到了春秋战国的时代,大部分人都不讲"仁"了。"失仁然后义",义就是循理,依照道理和规律来办事情,在春秋战国时代,王道不行,但是人们还讲道义。虽然出现了臣弑君的事情,但是,大多数人还是讲"义"的。

什么是义?《群书治要·荀子》中讲道,**"义者循理"**,也就是说,一个人的思想、言行合情、合理、合法,这称为义。《吕氏春秋》中说道:**"义也者,万事之纪也,君臣上下亲疏之所由起也,治乱安危之所在也。"**意思是:义是万事的准则。君臣、上下、亲疏都是因它而起,它是治乱、安危的关键所在。

在《群书治要·左传》中,记载了这样一个故事:

鲁昭公十五年,晋国荀吴率领军队攻打鲜虞,先包围鼓城。鼓城人请求举城背叛鲜虞投降(晋国),可是荀吴不答应。这时,左右部将就说:"不费一兵之力,就能得到一座城池,将军为何不同意呢?"荀吴说:"我听叔向这样说过:'如果你的喜好与厌恶没有错失,民众就知道他们该向何处去,这样,事情就没有不成功的。'若有人带着我们的城邑叛变投降,这是我们极其憎恶的;别人带着城邑背主来降,我们自己却为什么喜欢呢?如果赞赏我们很憎恶的,对所喜欢的该怎么办呢?如果不加赏赐,这就是我们失信,用什么来庇护民众?力量可以就进攻,否则就撤退,总之必须量力而行。我们不可因为想得到城邑便趋近于奸诈,那样所失去的更多。"于是荀吴就派使通知鼓国人,先杀死谋反的人,然后加强守备。晋军一连包围鼓城达三月之久,鼓城人又准备开城投降,并且派投降代表拜见荀吴。荀吴说:"看鼓城人的面色,就知道城内还有食粮,你们暂且加固、守卫你们的城池!"这时,一位晋国军官(很不理解地)说:"能获得城池却不接受,偏偏在这里劳民伤财而按兵不动,如此又怎样奉事君王呢?"荀吴说:"我正是以此奉事君王。假如得到一座城池,却使百姓变得怠惰,那要这座城池又有什么用呢?如果得到城邑招来怠惰,还不如保持原本的状态。招来怠惰不会有好结果,抛弃原来的状态就会不吉祥。鼓国人能事奉他们的国君,我也能事奉我们的君主。遵循正义而不违背,端正好恶而无差失,城池既可得到,又能使民众明白正义之所在,从而拼死效命于晋国而没有异心,这不是很合适吗?"后来鼓城人告知晋军说,城内粮食已吃完,百姓力气已用尽,晋军才占领该城。荀吴攻取鼓城后率军凯旋而归,没有杀死一个鼓城人。

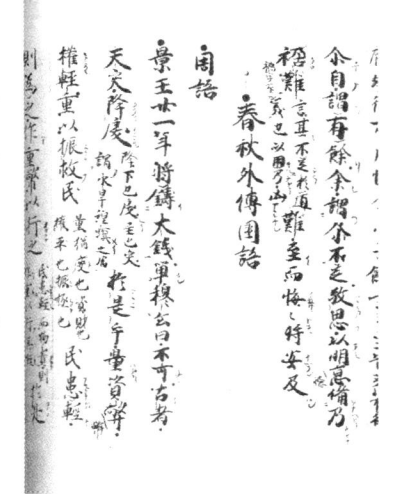

金泽文库《群书治要 国语》书影

我们从这里可见,当时虽然处于乱世,但是仁义之道并没有失掉。在《群书治要·国语》里面,还讲到一个故事:

晋武公攻打翼国,杀死哀侯,劝阻栾共子(不要抵抗),说道:"如果你不死战,我把你封为上卿,执掌晋国政务。"栾共子辞谢说:"我听说:'人为三个人而活着,侍奉他们始终如一。'父母生育他,老师教诲他,君王给予他爵禄。只要是这几件事,就应以死相报,这是做人的原则。臣岂敢为了私利而抛弃做人的原则呢?您又用什么来教导人呢?如果我跟随君主却有二心,您怎么会任用我呢?"于是战斗至死。

在《群书治要·论语》中,夫子曾说:**"志士仁人,无求生以害仁,有杀身以成仁。"**也就是说,志士仁人,不为保全生命而损害仁义,宁肯牺牲生命以成全仁义。

实际上,像栾共子这样的义士,春秋时期有很多。在中国历史上,这样的仁人志士,更是层出不穷,如南宋时期的文天祥,就用生命为仁义做了最好的注解。他的绝笔文写到:**"孔曰成仁,孟曰取义,唯其义尽,所以仁至。读圣贤书,所学何事?而今而后,庶几无愧。"**

正是有无数这样的仁人志士,中国文化才能够传承几千年来,薪火不断。

五、以仁为本，以义治之

魏徵等人认为，治理国家，最根本的是仁义，其次才是法律制度。

在《群书治要·司马法》中讲到："**古者以仁为本，以义治之。**"古圣先王治理天下，真正以仁爱为怀，以道义来治理天下，因此天下太平。

在《群书治要·文子》中也讲到："**凡学者，能明于天人之分，通于治乱之本，见其终始，可谓达矣。治之本，仁义也；其末，法度也。先本后末，谓之君子；先末后本，谓之小人。法之生也，以辅义；重法弃义，是贵其冠履而忘其头足也。仁义者广崇也，不益其厚而张其广者毁，不广其基而增其高者覆。**"意思是：有学问的人，能够明白天和人的职分，知道治和乱的根本，能预见事物的发展和结果，这就可以说是通达了。治国的根本是仁义，其次才是法律制度。先根本后其次的人，称为君子；先其次后根本的人，称为小人。法律的产生，是为了辅助道义推行的；如果重视法律而抛弃仁义，这是重视帽子和鞋，却忘记了自己的头和脚。仁义宽广高大，不增加仁义的厚重，却只扩张其广度的做法，会毁坏仁义；不扩张仁义的基础，却仅增加其高度的做法，会使仁义倾覆，所以没有大的栋梁，就不能承担重负。

《群书治要·文子》里面还说道："**有功离仁义者，即见疑；有罪有仁义（有仁义原作不失仁心）者，必见信。故仁义者，事之常顺也，天下之尊爵也。虽谋得计当，虑患而患解，图国而国存，其事有离仁义者，其功必不遂矣；言虽无中于策，其计无益于国，而心周于君，合于仁义者，身必存矣。故曰：百言百当，不若舍趣而审仁义也。**"

意思是：有功但却丧失了仁义的人，就会被怀疑；有罪却不丧失仁义之心的人，一定被人信任。所以仁义，是事物的自然之性，是天下最为尊贵的品德。即使计谋得当，事先考虑如何预防祸患而祸患也得以消除，想使国家得到发展时就能实现发展，但如果所从事的事有违背仁义的地方，其功业是一定不会圆满实现的；出言虽不能提出好的策略，计谋也对国家没有什么帮助，但是一心为君主着想，而且符合仁义，他就一定能有安身之处。所以说，与其要求每次言语都得当，不如根据仁义来选择自己的做法。

同样是行仁，不同的人动机却不一样。在《群书治要·礼记》中就讲到："**子曰：仁有三，与仁同功而异情**〔利仁强仁，功虽与安仁者同，本情则异也〕。**与仁同功，其仁未可知也；与仁同过，然后其仁可知也。仁者安仁，智者利仁，畏罪者强仁**〔功者，人所贪。过者，人所避〕。"意思是：孔子说："仁爱有三种情况（指安仁、利仁、强仁），三种仁爱之举的外在

戴圣图

功效虽可能相同，但其内在心情（动机）却各不相同。即使与仁爱者有同样的外在功效，其施行仁爱的内在心情（动机）却难以知道。等到与仁爱者出现同样的过失之后，其施行仁爱的动机便可以知道了。真正的仁爱者是安适自然地去施行仁爱；聪明的人是知道施行仁爱对自己有利而去施行仁爱；畏罪的人心存畏惧，也会勉强地去施行仁爱。"

因此，在《群书治要·论语》中，孔老夫子多次提到"仁"，说道："**仁远乎哉？我欲仁，斯仁至矣。**"意思是：仁德难道离我们很远吗？只要自己想要仁德，仁德就会到来。又**颜渊问仁。子曰："克己复礼为仁**〔克己，约身〕。**一日克己复礼，天下归仁焉**〔一日犹见归，况终身乎〕。**为仁由己，而由人乎哉**〔行善在己，不在人〕？"意思是颜渊问怎样实践仁德，孔子说："克制自己的私欲，使言行合于礼，这就是仁，一旦自己能在一天中克己复礼，整个天下就会回归到仁的境界。实践仁德完全在自己，难道还靠别人吗？"

中华文化之所以几千年绵延不息，正是因为有无数的仁义志士前赴后继、为之献身的结果。在《群书治要》中，许多明君忠臣都堪称"仁义"的模范。《群书治要》一书处处散发着仁爱思想的光辉，尤其对于明君贤臣的仁义之举和古人阐发仁义的言论，节录很多，深刻体现了魏徵等人以"仁义"治国的政治主张。

第五章

安上治民、莫善于礼：《群书治要》的礼治思想

老子讲，"失义然后礼"，道德仁义都没有了，就只有靠礼来维系社会。

我们看到，在战国时期，秦朝采取的是以法治国，秦国通过商鞅变法，迅速变得强大起来，统一了六国。秦朝统一六国之后，施行严苛的法令，结果导致民众叛乱，十五年的时间，秦朝的政权就覆灭了。汉朝兴起以后，废除了秦朝的严苛法令。汉朝，实际上是中国历史上一个非常重要的王朝，我们的民族，称为汉族；我们的文字，称为汉字；我们的服饰，称为汉服。可见汉朝影响的深远。尤其是在汉朝时期，儒家思想成为治国的主流思想，影响了中国两千多年，这两千多年，一直到清朝灭亡，维系中国社会安定的核心就是一个"礼"字。

礼是维系社会发展的最后一道防线，一旦礼崩乐坏，私欲横行，社会就会走向混乱。

一、人而无礼，胡不遄死

"礼"是什么？简单来讲，就是一个人为人处事的根本，也是人之所以为人的一个标准。故《论语》曰："**不学礼，无以立。**"《群书治要·诗经》上讲："**人而无礼，胡不遄死？**"意思是：人假如要是连礼都不讲了，那

活着还有什么意义呢？没有了礼，人和禽兽就没有区别了。

在《群书治要·晏子》里讲了这样一个故事：景公嗜好饮酒，有时连续几天，天天饮酒。一次酒酣之时，他竟脱衣摘帽，亲自敲击瓦盆奏乐，问身边各位近臣："仁德之人也喜好以此为乐吗？"梁丘据回答说："仁德之人的耳朵眼睛，同别人一样，他们为何偏偏不喜好以此为乐呢？"于是景公派人驾车去请晏子，晏子身穿朝服而来。景公说："我今天很高兴，愿与先生共同饮酒作乐，请你免去君臣之礼。"晏子答道："假如群臣都想免去礼节来侍奉您，我怕君主您就不愿意了。现在齐国的孩童，凡身高中等以上者，力气都超过我，也能胜过您，然而却不敢作乱，是因为惧怕礼仪啊！君主假如不讲礼仪，就无法役使下属；下属如果不讲礼仪，就无法侍奉君主。人之所以比禽兽尊贵，就是因为有礼仪啊！我听说，君主如果不是因为礼仪，就无法正常地治理国家；大夫如果不是因为礼仪，底下官吏就会不恭不敬；父子之间如果没有礼仪，家庭就必有灾殃。可见礼仪不可免除啊！"景公说："我自己不聪敏，也没有好作风，加之身边近臣迷惑、引诱我，以至于如此，请处死他们！"晏子说："身边的近臣没有罪。如果君主不讲礼仪，那么讲究礼仪之人便会悄然离去，不讲礼仪之人就会纷至沓来；君主如果讲究礼仪，那么讲究礼仪之人就会纷至沓来，不讲礼仪之人便会悄然离去。"景公听后说道："先生说得好啊！"于是景公让人换了衣冠，令下人洒扫庭院，更换坐席，然后重新请晏子。晏子进入宫门，经过三次谦让，才登上台阶，采用的是"三献之礼"。随即，晏子再行拜别之礼，准备离去，景公以礼拜别，然后命令下人撤掉酒宴，停止音乐，并对身边臣子说："请让我以此表示接受晏子对我的教诲。"

在中国古代社会中，"礼"是维系社会稳定的重要工具，正是因为有了礼，才有了父子有亲、君臣有义、夫妇有别、长幼有序、朋友有信的伦理道德的落实，因此我们才被人们称为"礼仪之邦"。

二、礼之来由，取法于天

礼是怎么来的？《周易·系辞传》里说道："**天尊地卑，乾坤定矣。卑高以陈，贵贱位矣。**"意思是：天尊贵而高高在上，地卑微而在人们脚下。《周易》中，乾为天、为高、为阳，坤为地、为低、为阴，的象征就确定了。天下的万事万物都是由卑贱到高大而排列，因为万事万物都有尊卑和贵贱。圣人依此而制定了"礼"。

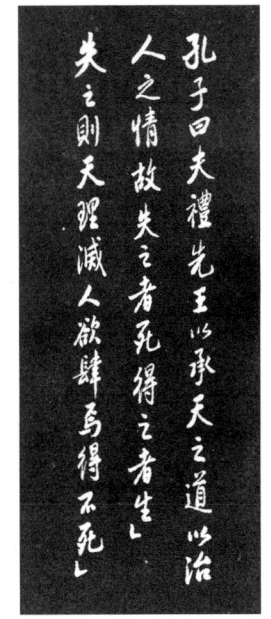

在《群书治要·左传》里面，有这样一段对话：

"二十五年，会于黄父，郑子太叔见赵简子，简子问揖让周旋之礼焉。对曰：是仪也，非礼也。简子曰：敢问何谓礼。对曰：吉也闻诸先大夫子产曰：夫礼，天之经。经者。道之常也。地之义。义者。利之宜也。民之行。行者。人所履行。

天地之经，而民实则之。则天之明。日月星辰。天之明也。**因地之性。**高下刚柔。地之性也。**生其六气。**阴阳风雨晦明。**用其五行。**金木水火土也。**气为五味。**酸咸辛苦甘。**发为五色。**青黄赤白黑发见也。**章为五声。**宫商角徵羽。**淫则昏乱。民失其性。**滋味声色。过则伤性也。**是故为礼以奉之。**制礼以奉其性。**民有好恶喜怒哀乐。生于六气。**此六者皆禀阴阳风雨晦明之气。**是故审则宜类。以制六志。**为礼以制好恶喜怒哀乐六志。使不过节。**哀有哭泣。乐有歌舞。喜有施舍。怒有战斗。哀乐不失。乃能协于天地之性。是以长久。**协。和也。

简子曰："甚哉！礼之大也。"对曰："礼，上下之纪，天地之经纬也。经纬。错居以相成也。**民之所以生也，是以先王尚之，故人之能自曲直以赴礼者，谓之成人。**"

意思是：鲁昭公二十五年，诸侯在晋地的黄父会盟，郑国的子太叔（游吉）谒见赵简子，简子向他询问揖让进退之礼。子太叔回答说："这是仪式，不是礼。"

赵简子说:"敢问什么叫礼?"子太叔回答说:"我曾听先大夫子产说:'礼,是上天的常道,大地的法则,民众行动的依据。'天地的常道,民众实际上都在效法。(圣人)效法上天日月星辰运行的规律,因循大地高低刚柔的本性(而制礼)。滋生了上天的六种气象,运用'五行'来说明宇宙的起源与变化。五行之气入人之口为五种味道,显露于眼为五种颜色,显示在耳为五种声调。(滋味声色)过分则会使人迷惑混乱,人们就会因此而迷失本性。所以要制定礼来帮助人们守持本性。人民会有好、恶、喜、怒、哀、乐这六种情绪,都是生自于六种气象。因此(人君为政)应审慎地权衡所处时代适宜的法度,因应时代而施治,以此来节制这六种情绪。悲哀时会有哭泣,快乐时会有歌舞,高兴时会有施舍,愤怒时会有打斗。悲哀、快乐的情绪不失常规,才能与天地的本性相符合,因此才会长久。"

赵简子说:"好极了,礼的学问真是宏大深奥呀!"子太叔回答说:"礼,是上下的纲纪,天地的秩序,也是民众得以生存的依靠,因此先王特别尊崇它。人们能够自我调整其情志以达到'礼'的要求,就叫做'成人'"。

"礼"是圣人效法天地之道而创制的,是从性德里面流露出来的,并不是古圣先王制作出来束缚人的,而是让人回归到道德仁义,回归到本性本善。

在《群书治要·左传》中,就说道:**"礼之可以为国也久矣,与天地并。君令臣恭,父慈子孝,兄爱弟敬,夫和妻柔,姑慈妇听,礼也。君令而不违,臣恭而不贰,父慈而教,子孝而箴**〔箴,谏也〕**,兄爱而友,弟敬而顺,夫和而义,妻柔而正,姑慈而从**〔从,不自专也〕**,妇听而婉**〔婉,顺也〕**,礼之善物也。"**

意思是:礼可以用来治理国家已经很久了,可以和天地并列。君王美善,臣下恭敬;父亲慈祥,儿子孝顺;兄长仁爱,弟弟恭顺;丈夫和蔼,妻子温柔;婆婆慈爱,媳妇顺从。这些都是"礼制"的内容。君王美善而不违礼,臣下恭敬而无二心,父亲慈爱而善于教子,子女孝顺而能规劝,兄长爱护弟弟而相互亲近,弟弟尊敬兄长而能够顺从,丈夫温和而合乎义理,妻子温柔而端庄正派,婆婆慈祥而又开明,媳妇顺从而又能委婉陈辞,所有这些都是"礼"的好的表现。

三、道德仁义,非礼不成

中国古圣先贤治国的五个境界,即"道德仁义礼",它们之间的关系是前者包含后者。有道,自然有德仁义礼;有德,必然有仁义礼;仁爱的人,必然讲义守礼。可见,无论任何时候,"礼"都是必不可少的。

在《群书治要·礼记》里讲到:"**道德仁义,非礼不成;教训正俗,非礼不备;分争辨讼,非礼不决;君臣上下,父子兄弟,非礼不定;宦学事师,非礼不亲;班朝治军,涖官行法,非礼威严不行;祷祠祭祀,供给鬼神,非礼不诚不庄。**"这一段告诉我们:弘扬道德,昌行仁义,没有礼就不能成就;教育训导,端正风俗,没有礼就难以完备;分歧争执,申辩诉讼,没有礼就不能判决;君臣上下,父子兄弟,没有礼就难定名分;宦游求学、奉事老师,没有礼就不能亲近;朝臣排列,军队治理,官吏任命,执行法令,没有礼则难表诚意,难显恭肃;向神明求福,祭祀祖先,给鬼神献祭,没有礼就不虔诚庄重。

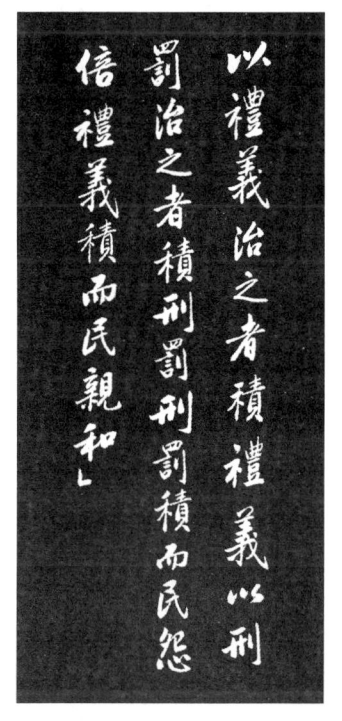

在《群书治要·汉书》上也说:"**以礼义治之者,积礼义;以刑罚治之者,积刑罚。刑罚积而民怨背,礼义积而民和亲。故世主欲民之善同,而所以使民善者或异。或导之以德教,或驱之以法令。导之以德教,德教洽而民气乐;驱之以法令者,法令极而民风哀。**"意思是:用礼义治国者,积累的是礼义;用刑罚治理国家者,积累的就是刑罚。刑罚用多了人民怨恨背叛，礼义积多了人民和睦亲爱。本来世代君主都想让人民德行美好的意愿是相同的，但用以使人民德行美好的办法却不同。有的是用道德教化来引导，有的是用法令来驱使。用道德教化引导，德教和谐时人民的精神状态就表现出欢乐；用法令来驱使的，法令严酷而民风就呈现出哀怨。

我们今天要构建和谐社会、和谐世界，最为重要的，就是要把"礼"恢复起来，人人守"礼"，人心就会安定，社会就会太平。

四、为国失礼，荒乱及之

魏徵等人引用《汉书》中的话：**"治身者斯须忘礼，则暴嫚入之矣；为国者一朝失礼，则荒乱及之矣。"** 意思是：修养身心如果片刻遗忘礼义，则暴躁、倨傲情绪就会乘虚而入；治理国家的人一旦失掉礼制，则迷惑混乱之事就会发生。以此提醒为君为臣者，在日常生活中，要处处依礼而行。

在《群书治要·礼记》中则进而指出：**夫礼之于国也，犹衡**

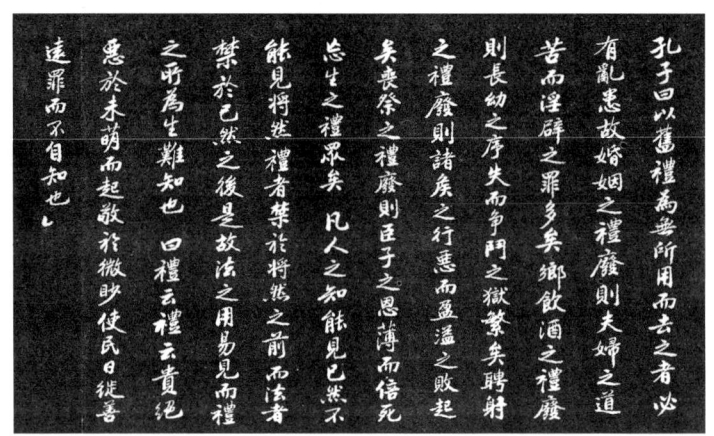

之于轻重也，绳墨之于曲直也，规矩之于方圆也。故衡诚悬，不可欺以轻重；绳墨诚陈，不可欺以曲直；规矩诚设，不可欺以方圆；君子审礼，不可诬以奸诈〔衡，称也。悬，锤也。陈，设也〕。**孔子曰："安上治民，莫善于礼。"此之谓也。故朝觐之礼，所以明君臣之义也；聘问之礼，所以使诸侯相尊敬也；丧祭之礼，所以明臣子之恩也；乡饮酒之礼，所以明长幼之序也；婚姻之礼，所以明男女之别也。夫礼，禁乱之所由生，犹防止水之所自来也。**

故以旧防为无所用而坏之者,必有水败;以旧礼为无所用而去之者,必有乱患。故婚姻之礼废,则夫妇之道苦,而淫僻之罪多矣;乡饮酒之礼废,则长幼之序失,而斗争之狱繁矣;丧祭之礼废,则臣子之恩薄,而背死忘生者众矣;聘觐之礼废,则君臣之位失,而背叛侵陵之败起矣〔苦,谓不至不答之属〕。故礼之教化也微,其正邪于未形,使人日徙善远罪而不自知也,是以先王隆之也。《易》曰:"君子慎始,差若毫厘,谬以千里。"此之谓也〔隆,谓尊盛之也。始,谓其微时也〕。

意思是:礼对于国家来说,就像秤对于轻重、绳墨对于曲直、规矩对于方圆一样。所以,秤杆如果悬吊在那儿,就不能在轻重问题上欺骗人;绳墨如果摆放在那儿,就不可能在曲直问题上欺骗人;规矩如果摆设在那儿,就不可能在方圆问题上欺骗人;君子明悉礼仪,就不可能以虚伪诡诈来欺骗他。孔子说:"让在位的得到平安,社会安定,民众和睦,没有比施行礼仪更好的办法了。"说的就是这个意思。朝觐之礼是用来表明君臣之间的义理,聘问之礼是用来使诸侯互相尊敬,丧祭之礼是用来表达作为臣下或儿子的感恩之情,乡间饮酒之礼是用来明确长辈晚辈的次序,婚姻之礼是用来分辨男女地位责任的区别。礼节,能制止混乱发生的源头,就像堤防能阻止洪水泛滥的道理一样。所以,认为旧的堤防没有用处就毁坏它,一定会有水患发生;认为旧的礼仪没有用处而丢弃它,一定会有祸乱发生。婚姻之礼废弃,则夫妇之道忧苦,从而淫乱不正之罪增多;乡人饮酒之礼废弃,则长幼次序丧失,从而争斗案件频繁发生;丧祭之礼废弃,为臣为子的情义就会淡薄,从而违背死者遗愿、忘记生养之恩者众多;访问朝觐之礼废弃,则君臣的位次就会失当,从而诸侯互相背叛、侵吞的混乱局面就会出现。所以用礼实施教化是防微杜渐。它能在邪恶尚未形成时就加以纠正,让人每天在不知不觉中转向善良、远离罪恶,因此先王非常重视礼教。《易经》说:"君子在开始做事时就要特别慎重,若开始时差误一毫一厘,最后的差错则可达千里。"说的正是这个意思。

因此，古人齐家、治国，都把"礼"放在最重要的位置。在周朝初年时候，周公的儿子伯禽，跟周公的弟弟康叔去见周公三次，结果被他的父亲痛打了三次。伯禽就去问商子，这是什么缘故。商子道：南山的阳面有一种树叫做桥木，北山的阴面有一种树叫做梓木，你何不去看一看呢？伯禽听了商子的话，就去看了。只见桥木生得很高，树是仰着的，梓木长得很低，树是俯着的。就回来告诉商子，商子就对伯禽说道：桥木仰。，就是做父亲的道理。梓木俯着，就是做儿子的道理。第二天，伯禽去见周公，一进门就很快地走上前去，一登堂就跪下去，周公称许他受了君子的教训。

对于礼，现代人常常认为其过于繁冗，其实，这不是不了解古人制礼的实质。古人深知，如果没有了礼，人们就会失去约束，从而迷性妄为。因此，《群书治要·淮南子》中讲到：**"家老异粮而食之，殊器而烹之，子妇跣而上堂，跪而酳羹，非不费也，然而不可省者，为其害义也；待媒而结言，聘纳而取妇，绂冕而亲迎，非不烦也，然而不可易者，可以防淫也。"** 意思是：家中长者吃不同的饭，用不同的餐具烹调，儿媳光着脚走上堂去，跪着给长辈盛好羹汤，这种礼法不是不费事，然而却不能省略，因为省略了会损害礼义。等有媒人才订婚约、下聘礼迎娶新妇，穿上盛服迎亲，这样做不是不麻烦，然而却不能改变，是因为这样可以防止淫乱。古人的用心，由此可见一斑。

因此，在《群书治要·礼记》中，孔老夫子说道：**"治国而无礼，譬犹瞽之无相与，伥伥乎其何之？譬如终夜有求幽室之中，非烛何以见之？若无礼，则手足无所措，耳目无所加，进退揖让无所制。是故以之居处，长幼失其别，闺门三族失其和，朝廷官爵失其序，军旅武功失其制，宫室失其度量，丧纪失其哀，政事失其施，凡众之动失其宜。"** 意思是：治理国家而缺少"礼"，就像盲人失去了同伴，茫茫然不知向何处走；又好像终夜在暗室中寻找东西，没有灯烛能看见什么呢？如果没有了礼，就会不知手脚怎么摆放、耳目该听什么、看什么，前进、后退、作揖、谦让都没有了尺度。

所以，居住、相处没有了礼，长辈晚辈失去其差别，家室和宗族失去其和睦，朝廷的官职爵位失去其秩序，军队攻防失去其控制，宫室的高低大小失去其标准，丧制失去其悲哀，国家政事失去其施行方法，各种举动都会失当。

在《群书治要》中，以礼治国、以礼修身的思想，可以说是贯穿始终。认真研读此书，汲取其中"礼治兴邦、礼乱败国"等历史经验教训，对今人有着非常重要、积极的借鉴意义。

第六章

移风易俗、莫善于乐：《群书治要》的乐治思想

中国古人讲："礼以修外，乐以治内。"礼规范人的外在行为，而乐则是调养人的内心。礼乐通常是分不开的：无礼不成乐，无乐不成礼。礼与乐同时产生，常并行并用。在中国历史上，历朝历代都极为重视礼乐教化。早在周朝时期，周公就制礼作乐，隋朝时期开始设立"三省六部"制，其中的礼部是专门掌管礼乐教化的。因此我们中国历来被誉为"礼仪之邦"。

一、移风易俗，莫善于乐

孔老夫子曾在《群书治要·孝经》上讲到："**教民亲爱，莫善于孝。教民礼顺，莫善于悌。移风易俗，莫善于乐。安上治民，莫善于礼。**"孔子对于音乐的教化功能非常的赞叹，认为音乐教化是改变社会风气的最佳途径。

中国古人把这种以乐治国的方式称为"乐治"，中国很早就有"乐治"的传统，早在五千多年以前，舜帝就制作《韶乐》来教化天下。

在《群书治要·论语》中，颜渊向夫子请教治国之道，夫子就说道："**乐则韶舞。放郑声。**"韶舞，《何晏集解》上说道："《韶》，舜乐也。尽善尽美，故取之。"

相传，孔子访问东周洛邑的时候，曾向著名乐师苌弘学习音乐，并请教过有关韶乐的问题。孔子说：我喜爱音乐，却似通非通。韶乐和武乐都很高雅，都流行于各诸侯国的宫廷之间，二者的区别在哪里呢？苌弘缓缓地回答说：韶乐，是虞舜太平和谐之乐，曲调优雅宏盛。武乐，是武王伐纣一统天下之乐，音韵壮阔豪放。就音乐形式来看，二者虽然风格不同，却是同样美好的。孔子进一步请教：那么，二者在内容上有什么差别吗？苌弘回答说：从内容上看，韶乐侧重于安泰祥和，礼仪教化；武乐侧重于大乱大治，述功正名，这就是二者内容上的根本区别。孔子听后，若有所思，说：如此看来，武乐尽美而不尽善，韶乐则尽善尽美啊！后来，孔子到了齐国，欣赏韶乐。《论语·述而》篇曾记载："**子在齐闻韶，三月不知肉味。**"

可见，"乐治"是古圣先王教化民众的重要手段，能够达到安定人心、移风易俗、和谐社会的效果。

具体来讲，乐治是指用"良乐"作用于人，使人心理、生理发生相应的良性变化，从而促使人们行为规范、有序、和谐；使天、地、人合为一体，达到安人宁国，顺应自然的境界。以乐治国，在今人看来是不可思议之事。因为，依现代观念，能用

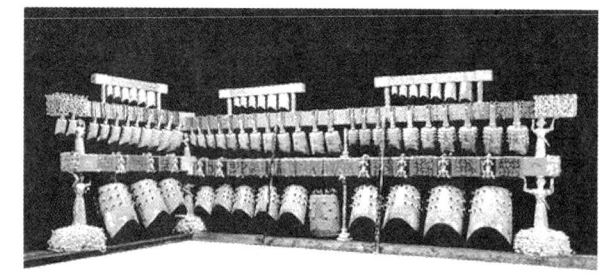

编　钟

来治国者须具国家强制力，而音乐只属娱乐人、教育、感化人的艺术门类，不具法律那样的效力，自然不能与法律并为治国工具。然而，在古代中国，乐确实曾与礼、刑、法一样具有国家强制力，被作为特殊的法用于治国平天下。

我们知道，治国须先治人，治人须先治心。司马迁在《史记》中讲到：五调可使人产生相应的五种感觉，进而会产生相应的五种美德，具此

五种美德者，始为君子。人既为君子，国则自治。司马迁说：**"闻宫音，使人温舒而广大；闻商音，使人方正而好义；闻角音，使人恻隐而爱人；闻徵音，使人乐善而好施；闻羽音，使人整齐而好礼。夫礼由外作，乐由内出。故君子不可须臾离礼，须臾离礼则暴慢之行穷外；不可须臾离乐，须臾离乐则奸邪之行穷内。故乐音者，君子之所养义也。"**

意思是：听到宫音，会使得人性情温和舒畅、胸怀变得广大；听到商音，就会使人品格方正而追求道义；听到角音，就会使人产生同情之心而去关爱别人，听到徵音，就会使人乐于行善慷慨助人；听到羽音，就会使人立刻表情端庄而注重礼仪。礼从外部规定人的行为举止，乐从内心让人不产生邪思邪念。因此君子片刻也不能离开礼乐，片刻离开礼，就会有傲慢的行为表现出来；片刻离开乐，就会有奸邪的欲念在内心生起。所以，音乐是君子用来修养道义的。

中国古人作乐，并不是为了自己享乐，而是为了教化天下，核心是为了推行伦理道德的教化。例如五音，就和儒家的五常是相对应的。

宫	土	君	信
商	金	臣	义
角	木	民	仁
徵	火	事	礼
羽	水	物	智

《汉书》里面讲到：

声者，宫、商、角、徵、羽也。所以作乐者、谐八音、荡涤人之邪意，全其正性，移风易俗也。协之五行，则角为木，五常为仁，五事为貌；商为金，为义，为言；徵为火，为礼，为视；羽为水，为智，为听；宫为土，为信，为思。以君、臣、民、事、物言之，则宫为君，商为臣，角为民，徵为事，羽为物，唱和有象，故言君臣位事之体也。

意思是：音声，共有宫、商、角、徵、羽五音。之所以制作音乐，调谐八音，是为了净化人们心里的邪思邪念，保全人们纯正的禀性，改变风气转换习俗。用五行来和五音配，那么角是木，在五常中是仁，在五事中是貌；商是金，在五常中是义，在五事中是言；徵是火，在五常中是礼，在五事中是视；羽是水，在五常中是智，在五事中是听；宫是土、在五常中是信，在五事中是思。如果从君、臣、民、事、物五方面来说，那么宫是君，商是臣，角是民，徵是事，羽是物。音乐唱和有了一定的象征，就可以借用来说明君臣位分和职事的体统。

我们知道，法治只能治身，不能治心，而乐治是通过音乐实现的。音乐是人们喜闻乐见，发乎心灵，自觉追求之物，故可心身兼治。乐治的过程是学乐、听乐、享受乐、守乐制。在这种看似娱乐的过程中，人们不知不觉地被化作"规范之人"。这种平和、温暖，最少强制性的特殊的治国安民方略对人的教育、感化是潜移默化的，往往能够达到最好的结果。

在中国历史上，有一个"鸣琴而治"的典故：

孔子的学生宓子贱在山东单父县任知县时，把单父县治理得很好，后来他的继任者巫马期也在那儿治理这个县，治理得也很好，但巫马期不大明白，宓子贱治理时没他这么忙，也治理得很好。他则老是跑来跑去的，很忙。有人说宓子贱在二堂里摆了一个古琴，当事人来了之后，先弹琴，营造一个和谐的气氛，首先让其平静下来，理智之后就化解了许多问题，后来人们说宓子贱审案"身不下堂""鸣琴而治"，所以就把二堂叫"琴治堂"。

二堂是知县的日常办公室，知县每天除上午升大堂理事外，多在二堂办公，处理日常公务，个别召见下级，小范围研究工作。除此之外，多数的民事案件也常在这里审理。

通过这个故事，我们看到，宓子贱能够通过音乐改变一个地方的风气。这使我们相信，通过"乐治"，同样可以转化一个企业、一个单位，甚至一个国家的社会风气，因此孔子说："移风易俗，莫善于乐。"乐对于转化社会风气有着巨大的作用。

二、音声之道，与政通矣

在中国古人看来，音乐和国家的兴衰有着密切的联系，不同的音乐，体现的是不同的社会风气，也反映了社会的治与乱、兴与衰。《礼记》上讲到："世乱则礼慝而乐淫。"世道混乱，则礼乐就会邪恶、放荡。

古人认为，不同的音乐产生不同的效果。不是什么音乐都能唱的。《论语》里说**"兴于诗，立于礼，成于乐"**。音乐选得不好，能把国家唱灭亡了，这是古代乐治理念的一部分。诗歌《夜泊秦淮》说：**"商女不知亡国恨，隔江犹唱后庭花"**。《后庭花》是衰歌，国家就是因为唱这样的歌，被唱灭亡了。

古人通过音乐能看出一个国家的兴衰盛亡。在《群书治要·礼记》中讲到：

"凡音者，生人心者也。情动于中，故形于声。声成文，谓之音。是故治世之音安以乐，其政和；乱世之音怨以怒，其政乖；亡国之音哀以思，其民困。音声之道，与政通矣〔言八音和否随政〕。**宫为君，商为臣，角为民，徵为事，羽为物。五者不乱，则无怗懘之音矣**〔五者，君、臣、民、事、物也。凡声浊者尊，清者卑。怠滞，弊败不和之貌也〕。**宫乱则荒，其君骄；商乱则陂，其臣坏；角乱则忧，其民怨；徵乱则哀，其事勤；羽乱则危，其财匮。五者皆乱，迭相陵，谓之慢。如此则国之灭亡无日矣**〔君、臣、民、事、物，其道乱则其音应而乱也。荒，犹散也。陂，倾也〕。"

这一段话的意思是：声音是从人的内心产生出来的。情动于内心，就表现为声音。声音节奏和谐，这就是音乐。太平盛世的音乐，安详而愉快，是因为政治和谐；乱世的音乐哀怨而愤怒，是因为政治不和谐；亡国的音乐凄怜而悲伤，是因为人民流离困苦。音乐声韵的道理是和政治相通的。宫、商、角、徵、羽五种音调代表君、臣、民、事、物。五音不乱，就没有不和谐的声音了。宫音乱则旋律显得放纵，其国君必骄逸；商音乱则旋律显得倾颓，其官风必败坏；角音乱则旋律显得忧伤，其人民多怨恨；徵音乱则旋律显得哀苦，其徭役必频繁；羽音乱则旋律显得忧惧，其财用必匮乏。五音混乱，交相侵凌，称做"慢音"，是亡国之音。照这样下去，国家的灭亡就没有几天了。

所以，一个人，一个企业，一个团队，听什么音乐，非常重要。要听德音雅乐，让人明白孝悌、伦理、道德的音乐。

三、制乐之本，引人向善

由于音乐的好坏，对社会的风气有着巨大的影响，因此，古圣先王制乐的原则，在于引导人向善，达到"乐行伦清"的效果。

在《群书治要·礼记》中讲到：**"先王之制礼乐，非以极口腹耳目之欲，将以教民平好恶而反人道之正。"** 告诉我们，制定礼乐不在于满足口腹、耳目的欲望，而在于教育人们懂得爱好什么、憎恶什么，从而回到做人的正道上来。最终达到"乐行而伦清，耳目聪明，血气和平，移风易俗，天下皆宁"的效果。

在《群书治要·礼记》中还讲到：**"是故乐在宗庙之中，君臣上下同听之，则莫不和敬；在族长乡里之中，长幼同听之，则莫不和顺；在闺门之内，父子、兄弟同听之，则莫不和亲。故乐者，所以合和父子、君臣，附亲万民。是先王立乐之方也。"**

意思是：先王之乐在宗庙中奏响，君臣上下一同聆听，就会感情融洽而互相尊敬；在宗族乡里之中奏乐，长幼一同聆听，就会感情和谐而互相依顺；在家门之内奏乐，父子、兄弟一同聆听，就会感情和睦而互相亲爱。所以音乐能够融洽父子、君臣的感情，而使万民归附亲顺，这是古圣先王立乐的宗旨之所在。

因此，古圣先王之所以重视音乐，是因为音乐可以净化社会人心，给人带来欢乐。而那些乱世的君主，因为不懂得音乐的意义，务求骄纵，因此而导致灭国。

在《群书治要·吕氏春秋》上也讲到：

"乱世之乐，为木革之声，则若雷；为金石之声，则若霆；为丝竹歌舞之声，则若噪〔噪，叫〕**。以此骇心气，动耳目，摇荡生则可矣**〔生，性〕**，以此为乐则不乐**〔不乐，不和〕**。故乐愈侈，而民愈郁**〔侈，淫也；郁，怨也〕**、国愈**

乱、主愈卑，则亦失乐之情矣。凡古圣王之所为贵乐者，为其乐也。夏桀、殷纣作为侈乐大鼓，钟磬管箫之音，以巨为美〔巨，大〕，叔诡殊瑰，耳所未尝闻，目所未尝见〔俶，始也。始作诡异瑰奇之乐，故耳未尝闻，目未尝见〕，务以相过，不用度量〔不用乐之法制〕。侈则侈矣，失乐之情。失乐之情，其乐不乐〔非正乐也，故曰不乐〕。乐不乐者，其民必怨，其主必伤〔怨，悲也；伤，病也〕。此生（生原作主）乎不知乐之情，而以侈为务故也。"

意思是：乱世的音乐，若奏响木制、革制的乐器（如柷、鼓），声音就像闷雷；奏响金属、石料制成的乐器（如钟、磬），声音就像炸雷；奏响丝弦、竹制类乐器（如琴、瑟、管龠），其声音和相伴的歌舞之声就像群起喧嚷。凭这些惊心动气、震耳发聩、摇荡人的心性还可以，但以此为乐却不会和谐快乐。所以音乐愈骄纵，则百姓愈怨愤、国家愈混乱、君主愈卑微，那么就失去音乐的本性了。大凡古代圣王之所以重视音乐，是因为它给人快

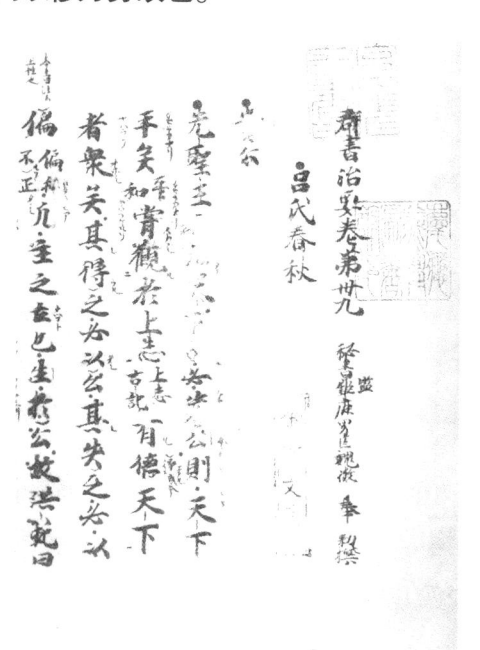

金泽文库《群书治要·吕氏春秋》书影

乐。夏桀、殷纣制作奢侈骄纵的音乐，增大鼓、钟、磬、管、箫等乐器的声响，以声音宏大为美；追求诡异奇丽，以求人们耳不曾闻、眼不曾见，追求超过规矩，不守乐法。骄纵是骄纵了，但失去音乐的真实意义，这样的音乐不会使人快乐。音乐不使人快乐，百姓必定怨愤，君主必定受到怨恨。这是由于不懂得音乐的意义而务求骄纵造成的。

四、修身教民，慎所好乐

在中国古人看来，音乐和一个国家的政事是完全相通的。在《群书治

要·吕氏春秋》中讲到：

"凡音乐，通乎政，而风乎俗者也〔风，犹化也〕，俗定而乐化之矣。故有道之世，观其音而知其俗，观其俗而知其政矣，观其政而知其主矣。"

意思是：大凡音乐，都是为使政令通畅和转化民俗的。民俗的稳定，是音乐教化的结果。所以有道之世，观听其音乐就知道其社会风气的情况，看它的风俗就知道它的政治情况，看它的政治情况就知道君主的情况。

反过来，无道之世，通过音乐和风俗也能知道其政事情况和君主的情况。在《群书治要·礼记》中，就说道：

"郑卫之音，乱世之音，比于慢矣〔比，犹同也〕。桑间濮上之音，亡国之音。其政散，其民流，诬上行私而不可止也〔濮水之上地有桑间者，亡国之音于此水出也〕。"

意思是：郑国、卫国的音乐，是乱世的音乐，等同于"慢音"。桑间濮上的音乐，是亡国之音。其政令散乱，其人民流亡，官吏欺骗上司，各谋其私而无法制止。

所以，不论是治国还是修身，都不可不慎重其所喜好的音乐。在《群书治要·礼记》中，记载了魏文侯和子夏的一段对话：

魏文侯问于子夏曰："吾端冕而听古乐，则唯恐卧；听郑、卫之音，则不知倦。敢问古乐之如彼，何也？新乐之如此，何也〔古乐，先王之正乐也〕？"对曰："今君之所问者乐也，所好者音也，相近而不同〔铿锵之类皆为音，应律乃为乐〕。"文公曰："敢问何如〔欲知音乐异意〕？"对曰："夫古者天地顺，而四时当，民有德而五谷昌，疾疫不作而无妖祥，此之谓大当。然后圣人作，为父子君臣，以为纲纪。纲纪既正，天下大定。天下大定，然后正六律，和五声，弦歌《诗》《颂》。此之谓德音，德音之谓乐〔当，谓乐不失其所也〕。今君之所好者，其溺音乎？郑音好滥淫志，宋音燕女溺志，卫音趋数烦志，齐音敖辟骄志。四者淫于色而害于德，是以祭祀弗用也〔言四国出此溺音也〕。为人君者，谨其所好恶而已矣。君好之，则臣为之；上行之，则民从之。《诗》云：'诱民孔易。'此之谓也〔诱，进也。孔，甚也。民从君之所好恶，进之于善，无难也〕。"

这段话的意思是：魏文侯问子夏说："我穿着朝服听古乐，就担心躺下睡着了，可是听郑卫的音乐，就不知道疲倦。请问，听古乐能够那样，这是为什么？听新乐能够如此，又是为什么？"子夏回答说："现在您问的是乐，可您爱好的是音。乐和音相似，但不是一回事。"文侯说："请问这是怎么回事？"子夏回答说："古时候，天地顺遂而四季合宜，民有德行而五谷丰登，虫灾瘟疫不生而不出现吉凶之兆，这是最大的合宜。然后圣人兴起，有了父子君臣名分，并成为国家纲纪。纲纪端正之后，天下大为安定。天下大为安定，然后修正六律，调和五音，用乐器伴奏来歌唱《诗》《颂》。这就是德音，德音才称其为乐。现在您所喜好的，大概是沉湎而无节制的溺音吧！郑国的音乐滥而无制，使人心志放荡；宋国的音乐安闲柔弱，使人心志沉溺；卫国的音乐旨趣繁杂，使人心志烦乱；齐国的音乐傲慢邪僻，使人心志骄逸。这四种音乐都过于沉溺女色，而有害于人们的品德，因此祭祀不用这类音乐。做国君者，要谨慎对待自己的好恶呀！国君喜好什么，臣下就会做什么；上层干什么，百姓就跟着干什么。《诗经》说：'诱导百姓很容易。'说的就是这个意思。"

此外，中国古人还规定在一些特殊的时候，国家要停止奏乐享乐。

在《群书治要·周礼》里面就讲到："**凡日月食，四镇五岳崩，大傀异灾，诸侯薨，令去乐**〔四镇，山之重大者也。谓会稽、沂山、医无闾、霍山也。五岳：岱、衡、华、嵩、恒也。傀，犹怪也。大怪异灾，谓天地奇变，若星辰奔雷及震裂为害者也。去乐，藏之也〕。**大札、大凶、大灾、大荒、大臣死，凡国之大忧，令弛县**〔札，疫疠。凶，凶年也。灾，水火也。弛，释下之也〕；**凡建国，禁其淫声、过声、凶声、慢声**〔淫声，若郑卫也。过声，失哀乐节也。凶声，亡国之声，若桑间濮上也。慢声，惰慢不恭之声〕。"

意思是：凡有日蚀月蚀、四大名山及五岳崩裂、天地异灾、诸侯去世，就下令停止演奏音乐；凡出现大瘟疫、大凶年、大水火灾、大饥荒、大臣死亡以及国家重大忧患，就下令把钟磬等悬挂的乐器放下来；凡新封立诸侯国时，就重申禁止其存在淫邪之音、超出悲哀或欢乐节奏之音、亡国之音和怠慢不恭之音。

我们看到，在《群书治要·礼记》中讲到：

"君子曰：礼乐不可斯须去身，致乐以治心〔乐由中出，故治心也〕，致礼以治躬〔礼自外作，故治身也〕。心中斯须不和不乐，而鄙诈之心入之矣〔鄙诈入之，谓利欲生也〕；外貌斯须不庄不敬，而易慢之心入之矣〔易，轻易也〕。故乐也者，动于内者也，礼也者，动于外者也。乐极则和，礼极则顺。内和而外顺，则民瞻其颜色而不与争也，望其容貌而民不生易慢焉。"

意思是：君子说："人们不可片刻离开礼乐。致力于乐，是为了陶冶心性（乐从内心发出，所以能陶冶心性）；致力于礼，是为了调整身体与言行（礼是外在行为，所以能修正身行）。一个人的心中如果有片刻不和顺不喜乐，那卑劣而虚妄的念头就会趁机而入（卑鄙而虚妄的念头趁机而入，意思是说利养贪欲就会产生）。外

古琴是在孔子时期就已盛行的乐器

貌如果有片刻不庄重不恭敬，那轻忽怠慢的念头也会趁虚而入（易，轻易的意思）。所以说乐是调理人的内心，礼是规范人外在的行为。音乐至美能使人和畅，礼仪至善能使人恭顺。内心和畅而外貌恭顺，则人们望见他的外貌神情，就不会起与他抗争之心；看见他的仪容风度，便不会有轻视侮慢的念头。

古圣先王制礼作乐的目的，就是引导人们向善，回归正道。我们看到当前的社会，流行的大都是靡靡之音，社会为什么会有这么高的离婚率，可以说这和当前社会流行的靡靡之音不无关系。所以，要想净化人心、和谐社会，一定要让人们聆听向善的德音雅乐。这需要媒体来引导，如果网

络、电视播放的都是伦理道德教育的内容，宣导的都是德音雅乐，社会人心、民风就会有很大的转变。

我们看到中国历朝历代，当新的政权建立、稳定之后，头一件大事就是制定礼乐。因此，社会在经历短时间的动乱之后，很快就能回归稳定。中华文明能够传承几千年而不中断，和历朝历代的统治者推崇礼乐教化是分不开的。

我们学习《群书治要》，深深感受到古圣先王治理天下，核心就是道、德、仁、义、礼和乐，这是古圣先王治国的根本，是中国古人从心性中流露出来的智慧，是亘古不变的治国常道。

一个社会一旦没有了德仁义礼，就会走向礼崩乐坏的局面。

在《群书治要·文子》中讲到：**文子问德仁义礼，老子曰："德者民之所贵也，仁者人之所怀也，义者民之所畏也，礼者民之所敬也。此四者，圣人之所以御万物也。君子无德即下怨，无仁即下争，无义即下暴，无礼即下乱。四经不立，谓之无道。无道而不亡者，未之有也。"**意思是：文子请教"德、仁、义、礼"。老子回答说："道，是百姓所崇尚的；仁，是人们所向往的；义，是百姓所敬服的；礼，是百姓所戒慎的。这四者，是圣人用来驾驭万物的。君子没有德，下层就会怨恨；没有仁，下层就会争夺；没有义，下层就会异心；没有礼，下层就会动乱。这四项原则不确立，就是'无道'。无道而国家不灭亡，是从未有过的。"

如果真正把古圣先王以道德仁义礼治国的思想落实，会收到什么样的效果呢？魏徵在《群书治要》的序言里讲到："**观彼百王，不疾而速，崇巍巍之盛业，开荡荡之王道。**"意思是：古圣先王治国理政，他们不急于求成，却能快速取得治国的成效，从而奠定王朝的基业，开创以道德仁义治国的大道。这实在值得我们学习啊！

现在，我们要复兴中华文化，核心就是要把道、德、仁、义、礼恢复起来。从哪里下手？关键在于教育。教育的内容，第一是礼，什么是礼？礼就是规矩，《弟子规》是礼。从哪里开始恢复？要从教孝开始。一个人能在家里尽孝道，走向社会才能推己及人，遵守社会规范。所以，下一个重要思想就是，"建国君民，教学为先"。

第七章

建国君民、教学为先：《群书治要》的教育思想

中国古人治理国家，推行的是"圣贤政治"。最初的圣王，像尧舜禹，他们推动"圣贤政治"是完全没有私心的。他们完全明了宇宙人生的真相，即《大学》里面讲的"明明德"，他们"明明德"之后，教化天下人也明了自己的"明德"，所以，这种"圣贤政治"是通过道德教化来实现的。这和现在西方人提倡的政治不一样，几百年来西方的文化是讲科学，讲人权。这两者的优劣，稍有智慧的人就能够清楚地分别。过去孙中山先生在《大亚洲主义》的演讲中讲到：

就最近几百年的文化讲，欧洲的物质文明极发达，我们东洋的这种文明不进步。从表面的观瞻比较起来，欧洲自然好于亚洲。但是从根本上解剖起来，欧洲近百年是什么文化呢？是科学的文化，是注重功利的文化。这种文化应用到人类社会，只见物质文明，只有飞机炸弹，只有洋枪大炮，专是一种武力的文化。这种专用武力压迫人的文化，用我们中国的古话说就是"行霸道"，所以欧洲的文化是霸道的文化。但是我们东洋向来轻视霸道的文化。还有一种文化，好过霸道的文化，这种文化的本质，是仁义道德。用这种仁义道德的文化，是感化人，不是压迫人。是要人怀德，不是要人畏威。这种要人怀德的文化，我们中国的古话就说是"行王道"。所以亚洲的文化，就是王道的文化。

现在我们看到，世界上灾难频发、冲突四起，其根本原因是什么？就是人类迷失自我，私欲和贪婪日益膨胀，人类正面临着前所未有的道德危机。而道德危机的根源在于把圣贤教育给丢掉了，在东方圣哲教育没有了，在西方宗教教育没有了，这是灾难和冲突的根源。因此，中国古圣先贤治国平天下，倡导"建国君民，教学为先"。

一、建国君民、教学为先

《礼记·学记》，是我国也是世界上最早的一部教育专著，其中便说道：**"建国君民，教学为先。"** 意思是建设国家，管理公众事务，教育是最优先、最重要的事情。

为什么教育是第一位？中国启蒙经典《三字经》上讲到：**"人之初，性本善，性相近，习相远，苟不教，性乃迁。"** "性本善"的"善"是纯净纯善的意思。这句话的意思是：我们每个人的本性是纯净纯善的，具足一切。但是由于后天的染著，本性受到污染，就变成习性。圣贤的教化，就是让我们脱离习染，回归到本性本善。

《三字经》又讲到："养不教，父之过。"意思是：养了孩子，不教育他，这是父亲的过失。"父"，不单单指父母。一个单位，一个企业，对下

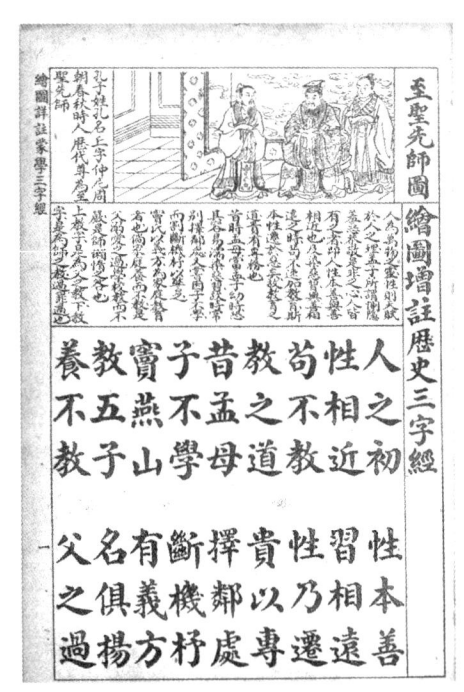

民国期间出版的绘图《三字经》

属不能教育，这是领导者的过失。中国古人讲，**"为君者要：作之君、作之亲、作之师。"** 所以领导者最重要的工作是什么？教育。

在《群书治要·孔子家语》中，子贡向夫子请教如何治理百姓，夫子

说：**"夫通达之属，皆人也。以道导之，则吾畜也；不以道导之，则吾仇也。若之何其无畏也！"**意思是：只要是明白事理的百姓，都是人啊。用伦理道德来教化和引导他们，那么他们就会成为通情达理的良民；如果不用伦理道德来教化和引导他们，那么他们就会成为我们的仇敌。如果这样怎么能不害怕呢！

所以，古圣先王把教育作为治理国家的第一要务，这是很有智慧的。根据《尚书》的记载，早在尧帝的时代，便让舜担任司徒（相当于现在的教育部长）一职，主管百姓教育，以"五典"（指父义、母慈、兄友、弟恭、子孝五种美德）教育民众。在舜的时代，则由契担任司徒，推行伦理道德的教化。《孟子》上说道：**"饱食、暖衣、逸居而无教，则近于禽兽。圣人有忧之，使契为司徒，教以人伦，父子有亲，君臣有义，夫妇有别，长幼有序，朋友有信。"**可见，自尧舜之时起，古圣先王就把伦理教育放在最重要的位置，并一直持续了几千年，正是因为有这种伦理道德的教化，所以使得中国文化历经几千年而没有衰亡。

二、不教而杀，是为虐害

建国君民，首要工作就是教育。如果不能对百姓进行教化，而用严苛的法令来治理百姓，这等于是虐害百姓。

中国古人办理政事，第一件事是教育民众。采用的方法是孔老夫子在《孝经》里面讲到的"教民亲爱，莫善于孝；教民礼顺，莫善于悌。"例如在《群书治要·孔子家语》里面，讲到这样一件事情：

孔子任鲁国大司寇时，有一家父子二人互相控告，他就将这两人关进同一牢房，三个月没有进行判决。后来，做父亲的就请求撤诉，于是孔子就释放了这对父子。季孙听说了这件事，很不高兴，对孔子说："司寇，你欺骗了我。你以前告诉我说：'治理国家的人，必须把孝道放在第一位。'那么现在斩杀一个不孝之子，用以教育百姓尽孝，不是很应该吗？可你却赦免了这个不孝之人，这是为什么呢？"孔子感慨地说："身居上位而不懂得教化和引导百姓，却要滥杀百姓，这是不符合情理的。不用孝道去教育和引导百姓，却要用孝道的规范来判决官司，这是杀害无辜。全军大败，不可斩杀士卒；司法混乱，不能实施惩罚。为什么呢？因为在上位的没有进行教育，罪责不在百姓身上。法令松懈而诛杀甚严，这是残害；随时征收赋税，这是暴政；不事先告诫却责求其完成，这是虐害。政事若无此三种情况，刑罚便可以施用了。要先宣讲道德规范使人顺服，如果还不行，就敬重贤者来鼓励众人。若还是不行，就废弃、罢黜不能遵守道德规范者来使其惧怕。如果这样做了，百姓就会遵纪守法。要是还有奸邪之徒顽固不化，就用刑罚来对待他们，于是民众就都知道此人为什么会犯罪了。这样，就不必用威严来警告他们，刑法也可以搁置不用了。当今社会却不是这样。教化混乱，刑罚繁多，使民众感到迷惑而容易陷入犯罪，又从而受到制裁，所以刑罚越来越多而盗贼却屡除不尽。社会风气的衰败已经很久了，虽有刑法，百姓能不越轨犯法吗？"

在《群书治要·汉书》上也说："**以礼义治之者，积礼义；以刑罚治之者，积刑罚。刑罚积而民怨背，礼义积而民和亲。故世主欲民之善同，而所以使民善者或异。或导之以德教，或驱之以法令。导之以德教，德教洽而民气乐；驱之以法令者，法令极而民风哀。**"意思是：用礼义治国者，积累的是礼义；用刑罚治理国家者，积累的是刑罚。刑罚用多了人民就怨恨背叛，礼义积多了人民就和睦亲爱。本来世代君主都想让人民德行美好的意愿是相同的，但用以使人民德行美好的办法却不同。有的是用道德教化来引导，有的是用法令来驱使。用道德教化引导，德教和谐时人民的精神状态就表现出欢乐；用法令来驱使的，法令严酷而民风就呈现出哀怨。

所以，要治理百姓，让社会和谐，第一要务就是教学。

三、教学之道，以孝为要

古圣先王的教育，其最核心的内容是："五伦""五常""四维""八德"。五伦是"父子有亲，夫妇有别，长幼有序，君臣有义，朋友有信"；五常是仁义礼智信;四维是礼义廉耻;八德是孝、悌、忠、信、礼、义、廉、耻。教育的目的是让人转恶为善,闲邪存诚。

这些伦理道德教育的原点在一个"孝"字。《孝经》共有十八章,《群书治要》从中节录了十七章,是节录最全的典籍。在其他各卷中,也节录了大量关于"孝"的内容,从中不难看出魏徵等人对"孝"之重视,说明"孝"的确是古圣先王平治天下的至德要道。

在《群书治要·孝经》中,孔老夫子和他的学生曾子有一段对话:

仲尼居〔仲尼,孔子字〕,**曾子侍**〔曾子,孔子弟子也〕。**子曰:"先王有至德要道**〔子者,孔子〕,**以顺天下,民用和睦,上下无怨**〔以,用也。睦,亲也。至德以教之,要道以化之,是以民用和睦,上下无怨也〕。**汝知之乎?"**曾子避席曰:**"参不敏,何足以知之**〔参,名也。参不达〕**?"子曰:"夫孝,德之本也**〔人之行,莫大于孝,故曰德之本也〕,**教之所由生也**〔教人亲爱,莫善于孝,故言教之所由生〕。"

意思是:有一天,孔子在家闲坐,弟子曾参陪侍。孔子说:"古代的圣贤君王有一种崇高之德、切要之道,用以使天下顺服、人民和睦、上下无怨,你知道是什么吗?"曾子离座而起,恭敬地说:"弟子曾参不聪敏,怎么能够知道呢?"孔子告诉他说:"那就是孝道。孝道,是德行的根本,是一切教化产生的根源。"

中国历史上,有好几位帝王对《孝经》作过注解,如魏文侯、梁武帝、唐玄宗、顺治皇帝等等。在明朝时期,永乐皇帝还专门编了一本书,叫做《御制孝顺事实》,把全国孝子的孝行汇编在一起,号召全民学习,可见古代帝王对"以孝治国"的重视。此外,古代许多帝

夫子行教图

王本身就是行孝的典范。比如周文王、汉文帝、汉景帝等。

在《群书治要·礼记》中，就记载了周文王做世子时的孝行：

文王做世子（周代时，天子、诸侯的嫡子称"世子"）的时候，每天三次探视他的父亲王季。每天早晨雄鸡刚叫就起来穿衣，走到他父亲的寝门外面，问内宫值班的小臣说："今天睡得怎么样？"内宫小臣说"睡得安稳"，文王便很高兴。到了中午，他又来探视一次，也像这样问一遍。到傍晚时，他又来探视，照样问一遍。如果父亲有点不舒服，那么内宫小臣就把情况报告给文王，文王就会脸色忧愁，走路都失去了正常步伐。父亲王季饮食增多之后，文王才恢复如常。饮食送上的时候，文王一定在旁边察看冷热的程度；吃完饭后，文王还要问饭菜是否可口，然后才离开。武王延续了文王的孝行，文王有病时，武王就不脱冠带，日夜侍候在旁。文王能吃一口饭，武王也吃一口饭；文王能吃两口，武王也吃两口。

《群书治要·礼记》中说道：**"是故知为人子，然后可以为人父；知为人臣，然后可以为人君；知事人，然后能使人。"** 意思是：知道怎样做儿子，然后可以做父亲；知道怎样做臣子，然后可以做君主。知道怎样奉事于人，然后才会使用他人。

在《群书治要·吕氏春秋》中，更明确的讲到：**"凡为天下、治国家，必务其本也。务本莫贵于孝。人主孝，则名章荣，天下誉；人臣孝，则事君忠，处官廉，临难死；士民孝，则耕芸疾，守战固，不罢北。夫执一术而百喜至、百邪去，天下从者，其唯孝乎！"**

意思是：统治天下、治理国家，一定要致力于根本。致力于根本，没有比孝更应当重视的。君主孝敬父母，名声就显扬荣耀，臣下钦服听从，天下安乐。臣子孝敬父母，侍奉国君就很忠诚，居官清正廉洁，临难拼死效命。士民孝敬父母，就会很努力地耕耘，守卫作战就会很稳固，将士将不会感到疲惫，也不会逃败。掌握一个原则而能使百善皆至、百邪皆去，能让天下听从的，大概只有"孝"了！

所以，古人以孝来教导民众、以孝来选拔人才，这是非常有智慧的。

而孝道的教育，并非是要每家每户去宣讲，而是领导者要以自身的行为做民众的榜样，以此来感化人民，因此《孝经》上说：**"君子之教以孝，非家至而日见之也。"**

四、四种教育，三大核心

在中国古代，教育大致上有四类：第一是家庭教育，第二是学校教育，第三是社会教育，第四是宗教教育。这四类教育实际上是一体，决定不能够分离；四教是以家庭教育为根本，以宗教教育为究竟圆满。这四种教育办好了，天下太平，社会安定，人民幸福；如果把这四种教育疏忽了，天下就会大乱。

家庭教育是道德教育的开始，《说文解字》上说道"育，养子使作善也。"教育是什么？是让孩子做一个好人，善人。古人持家治国，可谓"国有国法，家有家规"。家庭教育，其核心是由父母通过身教和言教来实现的，而其中母教和身教尤为重要。在中国古代社会，女子居家，主要是相夫教子，教子是重中之重，我们所知道的"孟母教子"就是很好的一个例子。

《说文解字》是我国第一部按部首编排的字典

学校教育是家庭教育的延续。《群书治要·汉书》中说道：**"古之王者，莫不以教化为大务。立大学以教于国，设庠序以化于邑。"** 意思是：古代的君王，没有不把教化看作是大事的。他们设立大学以教化于国都；设立庠序（地方学校）以教化于城镇乡村。

社会教育是家庭教育的扩展，社会教育秉持了孔子提出的"思无邪"的理念。因此中国古代的文艺作品，不论音乐、歌舞、戏剧、诗词等等，无不是以宣扬道德、弘扬正气为主要内容，这样才能使社会的正气上升，邪气下降。古人的礼，如冠礼、婚礼、丧礼、祭礼等，均是在进行伦理道德的教育。古人的家，常常是几十甚至几百人的大家，家庭教育的核心，就是伦理道德的教育。国家选拔人才时，重视人的德行，更鼓励人们重视自身的德行。古代的祠堂、孔庙、城隍庙、以及佛教的寺庙、道教的道观，都是教学机构。

东汉太学讲学画砖

第四种是宗教教育，这是后来才有的。从汉朝开始有了佛教，道家则起源于魏晋时代，是中国本土宗教，加上儒家，称为儒释道。这三家的教育，都是教人断恶修善、破迷开悟、超凡入圣。但是，"五四"运动以后，儒家被打倒了，佛教和道家很多也不以教育为本，因而被视为迷信。由此，导致了现代人信仰缺失、道德滑坡，很多社会问题相继发生。在《群书治要》中，虽然没有谈及宗教教育，但是，我们看到史书记载，唐太宗本人大力护持各大宗教，因此唐朝时期，儒释道三教都很兴盛。

这四种教育，其具体的教学内容有以下三个方面：

第一、伦理教育。

伦理教育的核心是五伦和五常。儒家讲伦常，伦是天然的秩序，好像春夏秋冬一样，是天然之道，性德本具的。五伦，第一个是夫妇。夫妻和谐，家庭就兴旺，社会就安定，国家就繁荣，天下就太平。夫妻和谐的关系这么大，为什么？因为夫妻构成家庭，家庭是社会组织的最基本单位，夫妻和谐，家庭和谐，社会就安定。中国古圣先贤对于婚姻很重视，圣人是明白人，他对于这些理事、性相、因果通达明了，有他的道理。现代人不懂这些道理，无知无识，把自由恋爱、结婚离婚看得很平常，而不知道今天社会动乱不安的根源从哪里来的？夫妇构成一个家庭，家庭有父子，有兄弟姊妹；家庭外面是社会，社会有朋友、有君臣，这都是出自于天然。

有五伦就有十种义务，是义务而不是权利。"父慈子孝"，父亲的义务是慈爱他的子女；儿女对父母一定要孝顺，孝顺是义务，义务换句话说是应该做的。"兄良弟悌"，哥哥要爱护弟弟，用一颗善良的心照顾弟弟，弟弟要尊重哥哥。"夫义妇听"，丈夫要有道

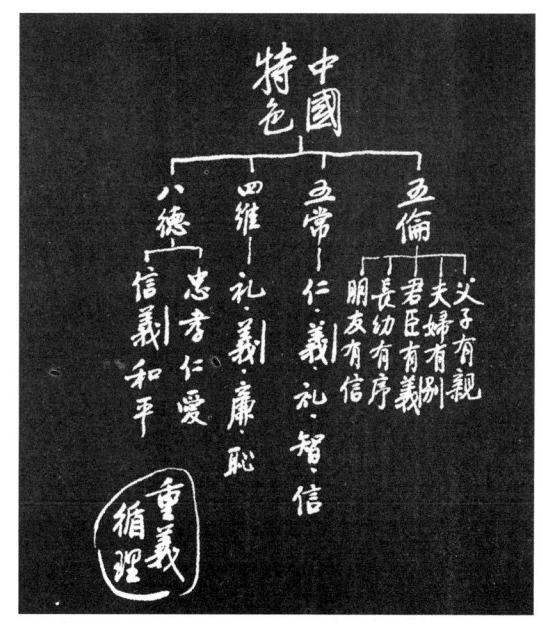

义、有恩义、有情义，妻子要顺从丈夫的道义。"长惠幼顺"，长辈对待晚辈要布施恩惠，晚辈要顺从长辈、尊重长辈。"君仁臣忠"，领导人要仁慈，部下要效忠仁慈的领导。所以我们在社会上，想想自己是什么身分、是什么地位，我自己要尽什么样的义务。换句话说，我们应该用什么样的心态去生活、去工作、处事待人接物。这十种身分、十种义务，几乎每一个人都有。我们要明了我们在家庭里是什么样的身份地位，在社会上是什么样的身份地位，应该尽哪些义务！

从纲领上说，儒家讲五常，常是永恒不变，是常道。佛家的五戒跟儒家的五常意思非常接近，五戒是杀、盗、淫、妄、酒；五常是仁、义、礼、智、信。不杀生是仁，不偷盗是义，不邪淫是礼，不妄语是信，不饮酒是智。现在一般无知的人说儒家五常是吃人的礼教，一定要把它打倒，结果社会的道德水准就大大地降低了。

第二、道德教育。

道德教育的主要内容是四维和八德。

在《群书治要·管子》里面讲到：

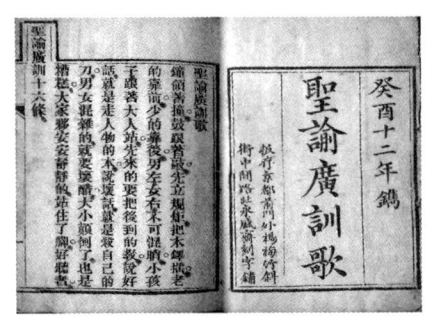
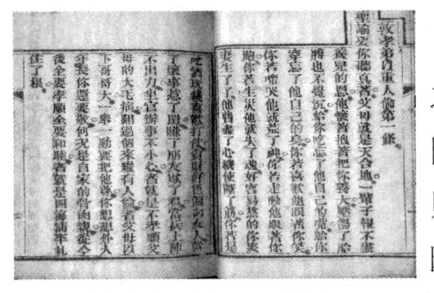

清朝官方颁布的《圣谕广训》

"四维张则君令行。四维不张,国乃灭亡。国有四维。一维绝则倾,二维绝则危,三维绝则覆,四维绝则灭。倾可正也,危可安也,覆可起也,灭不可复错也。四维:一曰礼,二曰义,三曰廉,四曰耻。"

意思是:"四维"得以伸张,则君主之令可顺利推行。"四维"不能伸张,则国家就会灭亡。国家有"四维"。一维断则国事不正;二维断则国家危急,三维断则国家倾覆;四维断则国家灭亡。国事不正尚可纠正;国家危急,尚可转危为安;国家倾覆尚可再度兴起;国家灭亡则无法挽救了。何谓"四维"?一是礼,二是义,三是廉,四是耻。

八德是什么?八德在古书里面一般的说法:"孝悌忠信、礼义廉耻。"

古代的帝王都特别重视道德教育,例如清朝时期颁布的"圣祖仁皇帝圣谕十六条"。"圣祖仁皇帝"即清代的康熙皇帝,是中国历史上一位治国有方的帝王,康熙、乾隆两朝被后世称为"康乾盛世"。"圣祖仁皇帝圣谕十六条"为十六首四句式七言诗,内容涉及到治理国家的方方面面,依次为:**"敦孝悌以重人伦、笃宗族以昭雍睦、和乡党以息争讼、重农桑以足衣食、尚节俭以惜财用、隆学校以端士习、黜异端以崇正学、讲法律以儆愚顽、明礼让以厚风俗、务本业以定民意、训子弟以敬非为、息诬告以全良善、诫窝逃以免株连、完钱粮以省催科、联保甲以弭盗贼、解仇愤以重身命。"**

第三、因果教育。

中国民间常讲"善有善报,恶有恶报。"这种因果思想一直根植于中国人的心中，和中国文化一样久远。《周易》里面讲的："积善之家，必有余庆；积不善之家，必有余殃。"讲的就是因果。《左传》里面，很多历史事件，讲的都是因果。魏徵本人还曾经受唐太宗的诏令编辑过一本书，即《自古诸侯王善恶录》，讲的都是因果。其在序言中说道："**祸福无门，惟人自**

《御制为善阴骘书》

召。"明朝时期，永乐皇帝还亲自编辑了一本《御制为善阴骘书》。近代的大德印光大师特别讲到："**因果报应者，儒释圣人平治天下，度脱众生之大权也。家庭教育者，匹夫匹妇敦本尽分，培植贤才之天职也。**"这说明因果教育和家庭教育是挽救社会人心的根本。

　　古代，虽然科技不发达，但是教育的手段却非常丰富，通过各种礼仪、服饰、圣谕、说书、文艺等形式开展教育，成就非常大。现在是高科技，有卫星、电视、网路等传播信息，覆盖面很广，但是传播的内容不仅没有起到促进社会精神文明建设的发展、人们道德水准的提升，反而是激发人们的欲望，导致私欲膨胀，使社会人心浮躁。

五、三公施教，教导天子

　　除了以伦理道德教化民众，古人对一国之君的教育尤为重视，为君王设立太师、太傅、太保，称为三公。《群书治要·尚书》中说道："**立太师、太傅、太保，兹惟三公。论道经邦，燮理阴阳**〔师，天子所师法，傅，傅相天子，保，保安天子于德义者也。此惟三公之任，佐王论道，以经纬国事，和理阴阳也〕。**设立太师、太傅、太保，此为"三公"。**"意思是：三公的职责是为君王讲解自然大道，帮助经纬国家大事，调理阴阳的和谐（师，是指天子的老师、榜样。傅，是指教导和佑助天子。保，是指保护天子之心永远安住于道德仁义之中）。由此可见，三公的职责是辅佐君王，讲述大道，用以经纬国家大事，化解冲突，让社会日益和谐。

对于三公之官，中国古人无比的重视，必须是有非常高的德行和学问的人才能担任。在《群书治要·尚书》中讲到："**官弗必备，唯其人。**"意思是：三公一定要任用德高之人，如果找不到德高之人来担任，可以不用备齐。由此可见古人对三公的重视。

同时，中国古代还设立少师、少傅、少保，称为三少，亦作"三孤"。其职责是协助三公弘扬教化，敬祀、明察天地之象，辅助君王。

在《群书治要·尚书》中说道："**少师、少傅、少保，曰三孤**〔孤，特也。卑于公，尊于卿，特置此三人也〕。**贰公弘化，寅亮天地，弼予一人**〔副贰三公弘大道化，敬信天地之教，辅我一人之治〕。"

意思是：设立少师、少傅、少保，称作'三孤'（孤，是特别的意思。因其地位在公卿之间，比公稍下，比卿稍上，特地设置了这三个职务）。其职责是协助三公弘扬教化，敬祀天地神明，共同来辅助我一人治理天下（协助三公，广泛弘扬道德的教化，恭敬信奉天地神明的启示，齐心协力帮助我一个人）。后来，"少师、少傅、少保"则作为太子老师的称呼。可见古人对于教育的重视。

遍观中国历史，我们发现，凡是伦理道德教育兴盛的时候，社会必定安定和谐，吏治清明，而一旦失掉这种教育，就会导致社会风气败坏、贪污横行，最终出现战乱。每一个朝代的末期，无一不是如此。所以，古圣先王把教育作为兴国的第一要素，不仅符合社会规律，更是最有智慧的治国之道。

因此，在《群书治要·潜夫论》中说道："**人君之治，莫美于教，莫神于化。教者所以知之也，化者所以致之也。**"意思是：治理国家，最美的莫过于教育，最神妙的莫过于变化。教育是用以使人知理的，善化人心是用以达到天下大治的。

所以国家要得到大治，惟有通过教化才能达成。因此魏徵等人劝谏唐太宗偃武修文，推动教化，"贞观之治"的形成，和大力推动道德教化是分不开的。而教育，要靠有贤德的圣贤君子来推动。所以，我们接下来再来分享《群书治要》的用人思想。

第八章

任人唯贤、去邪远佞：《群书治要》的用人思想

用人是治国理政的头等大事，能够选贤与能，政事就能得到治理，如果用人不当，轻则社会得不到治理，重则会带来亡国之祸。在《群书治要》中，魏徵等人反复强调要任用贤能，去邪远佞，节录了大量关于用人的内容。用人思想，可以说是《群书治要》诸多治国思想中的重中之重。

"贞观之治"的形成，最重要的一个原因就是唐太宗能够起用大量的贤能之才。贞观时期人才之盛，在历朝历代都是空前的，像长孙无忌、杜如晦、魏徵、房玄龄、虞世南、尉迟敬德等等。贞观十七年，唐太宗为怀念当初一同打天下的诸多功臣，命阎立本在凌烟阁内描绘了二十四位功臣的画像，是为《二十四功臣图》。除了"二十四功臣"，协助太宗的重要人才还有"弘文馆十八学士"。

太宗登上帝位的第二个月，设立了"弘文馆"，这些先后担任弘文馆学士的人，后来被称为"弘文馆十八学士"。入唐前，"十八学士"中的大部分人已是誉倾一时的知名人物。入唐后，他们追随李世民，各以其力，为国家统一、政治稳定和文化建设，做出了杰出的贡献。首先，在国家、政治的统一和稳定方面。在唐初统一全国的几次大战役中，"十八学士"中的房玄龄、杜如晦功勋卓著；其次，在文化建设方面。太宗贞观年间的文化建设工作基本上是由"十八学士"完成的。如在儒学研究上，"十八学

士"中的孔颖达、陆德明、颜相时、盖文达等，最为杰出。孔颖达的《五经正义》、陆德明的《经典释文》，名重一时，泽及后世。盖文达是当时著名的研究《春秋》的学者。颜相时与其兄颜师古齐名，以儒学名世。其时人才济济，成果丰硕，非他世可比，故范祖禹说：**"唐之儒学，惟贞观、开元为盛。"** 最后，在辅佐太子方面。封建统治者为了世传天下，希望太子得到良好的教育，因而多选择德高望重、学识渊博之人担任东宫僚属。

"十八学士"在唐初的贡献，主要有如上三点，而这三点正是唐太宗立国、治国之根本。可以说，"十八学士"是唐太宗平天下、入东宫、治国家的重要助手。故柳冕《与权侍郎书》说：**"昔唐虞之盛也，十六族而已；周之兴也，十贤而已；汉之王也，三杰而已；太宗之盛也，十八学士而已。岂多乎哉？"**

正是因为有这样一大批具备道德学问和文韬武略的臣子，所以才成就了"贞观之治"。

在《群书治要》中，节录了大量关于用人的内容，不仅有用人的原则，也有识人的方法，尤其强调治国用人一定要任用贤能，勇于去除奸佞之人。从多个角度说明了用人对治国理政的重要作用。

一、为政之要，惟在得人

唐太宗读《群书治要》后，得出了一个重要的结论，即**"为政之要，惟在得人。""用得正人，为善者皆劝；误用恶人，不善者竞进。"** 魏徵在病危时写给太宗的谏言遗稿中说：**"天下之事有善有恶，任善人则国安，用恶人则国乱。"**

在《群书治要》中，将用人视为治理国家最重要的因素。

《群书治要·典语》里面讲到：**"夫世之治乱，国之安危，非由他也。俊乂在官，则治道清；奸佞干政，则祸乱作。"**

意思是：天下的治乱，国家的安危，不是由于其他什么原因。只要贤能之人做官，则治理之道清明；奸诈谄媚之人参与政事，则灾祸、叛乱发生。所以，一个国家是兴盛还是衰亡，核心在于举用什么样的人才。任用贤能，国家就会兴盛；任用奸佞之人，就会衰亡。

在《群书治要·毛诗》中也说道："**任贤使能，周室中兴焉。**"意思是：能够选拔任用贤才，是周室中兴的根本原因。

在《群书治要·汉书》中，进一步作出了"**任贤必治，任不肖必乱，必然之道也**"的论断。说明，任用贤者国家必治，任用不贤者国家必乱，这是必然的道理。

孔老夫子更是告诉我们"**人存政举，人亡政息**"这一治国的至理。意思是：人是制度得以实施的关键，制度虽好，没有人就不能得以实施。

在《群书治要·孔子家语》中讲到：**哀公问政于孔子，孔子对曰："文武之政，布在方策。其人存，则其政举；其人亡，则其政息，故为政在于得人。"**意思是：哀公向孔子请问如何治理政事，孔子回答说："周文王和周武王施政的方针，都记载在竹简和木牍上面。当他们在位的时候，他们的教化就能施行；他们不在了，他们的教化也就灭亡了。所以为政之道，在于得到人才。"

可见，先要有贤人，然后再建立好的制度；如果没有贤人，制度再好也无法显现其效能。如果任用真正有道德、有智慧、勇于牺牲奉献的人，那么无论什么制度都好；如果任用没有道德，没有智慧，完全自私自利，只顾个人享受，不顾人民死活的人，那么不管什么制度都不会产生好的效果。因为再好的制度也有弊端。就像法律，各国都在不断地完善法律条文，可是还有很多法律空子可钻。圣贤人治国，推动道德教化，人心归善，即使法网宽松，百姓也不会去犯罪。如果由自私自利的人治理天下，没有人来推动道德教化，即使法令再严苛，也会出现"法令滋彰，盗贼多有"的现象。

因此，无论是在什么时代，无论是在什么制度下，只有选用有贤德的人来领导众人，社会才能真正得到治理。这个道理，古今中外莫不如是。所以，古圣先王治国理政，千方百计地求取贤才，把人放在最重要的位置。

二、选任贤才，为政之本

中国古圣先王治国理政，将人的因素放在最重要的位置。因为，无论是何种制度和背景下，国家要得到治理，根本在于有贤明的君主和臣子。

在《群书治要·孙卿子》中讲到："**有乱君，无乱国；有治人，无治法。羿之法非亡也，而羿不世中；禹之法犹存，而夏不世王。故法不能独立，得其人则存，失其人则亡。法者，治之端也；君子者，法之源也。故有君子，则法虽省，足以遍矣；无君子，则法虽具，足以乱矣。故明主急得其人，而暗主急得其势。急得其人，则身逸而国治，功大而名美；急得其势，则身劳而国乱，功废而名辱。**"其大意是：（天下）有造成国家混乱的君主，而没有必然混乱的国家；有能使国家安定的人，而没有使国家自然安定的固定方法。后羿的箭法并未失传，但掌握了后羿箭法者并非一生都能百发百中；禹所推行的法令还存在着，但夏朝并不是世代都能称王于天下。所以，法令不能独自存在，有了善于治国的人，法令的作用就存在；没有这样的人，法令的作用就会丧失。法令是治国的开端，而君子是法令产生的源头。有了君子，法制即使简略，也足以治理好一切；没有君子，即使法律齐备,也足以使社会混乱。因此圣君急于求得治国的人才,而昏君却急于得到权势。急于求得人才,那么君主自身安逸,而国家太平,功绩伟大,名声美好;急于得到权势,那么君主自身劳累,而国家却混乱,事业衰败且声名被辱没。

从这个意义上说,得到贤才才是社会治乱的根本。所以,在《群书治要·墨子》中,讲到:"**故尚贤者,政之本也。**"说明尊重贤才,是为政的根本。又说:"**贤良之士众,则国家之治厚。故大人之务,将在于众贤而已。**"意思是:国家拥有的贤良之士越多,那么国家大治的根基就越坚实。所以执政的大人们的要务,就在于使贤才越来越多而已。此外,在《新序》中则举例说道:"**舜举众贤在位,垂衣裳,恭己无为,而天下治;汤文用伊吕,成王任周、邵,刑措不用,用众贤故也。**"意思是:舜提拔了很多贤能的人主管各种事务,自己垂衣正身,威严而坐,不用有所作为,就使天下太平。商汤王、周文王任用伊尹、太公,周成王任用周公、邵公,(结果)刑法都摆在那里用不上,这就是因为用了那班贤能之士啊。

在中国历史上,贤能的圣君名主都是尊重贤才的人。在《群书治要·说苑》里面,就节录了周公尚贤的故事:

"**周公摄天子位七年,布衣之士,执贽而所师见者十人,所友见者十二人;穷巷白屋,所先见者四十九人,进善者百人,教士者千人,官朝者万人。当此之时,诚使周公骄而且吝,则天下贤士至者寡矣。苟有至者,则必**(必原作心)**贪而尸禄者也。尸禄之臣,不能存君也。**"

意思是:周公旦代天子执政七年,周公带着礼物以师礼求见的未做官的读书人有十人;以朋友之礼求见者十二人;平民百姓中他主动去拜访的有四十九人;提拔优秀人才上百人;受到他教导的士人有上千人;在馆驿中接待前来朝见的有上万人。在这个时候,若是周公对人傲慢而且鄙吝,那么天下的贤士就很少有人来见他了。如果有来见的人,那就一定是贪财而且当官不做事、白拿俸禄的人。当官不做事白拿俸禄的臣子,不能保全君王。

在《群书治要·说苑》里面，有一个不爱贤人的反面例子，

齐宣王坐，淳于髡侍。王曰："先生论寡人何好？"髡曰："古者所好四，王所好三焉。"王曰："可得闻乎？"髡曰："古者好马，王亦好马；古者好味，王亦好味；古者好色，王亦好色；古者好士，王独不好士。"王曰："国无士耳，有则寡人亦悦之矣。"髡曰："古者有骅骝骐骥，今无有，王选于从，王好马矣。古者有豹象之胎，今无有，王选于众，王好味矣。古者有毛嫱、西施，今无有，王选于众，王好色矣。王必将待尧、舜、禹、汤之士而后好之，则禹、汤之士亦不好王矣。"宣王默然无以应。

意思是：齐宣王闲坐，淳于髡陪伴。齐宣王说："先生可说说我爱好什么？"淳于髡说："古人的爱好有四种，但君王只爱好其中的三种。"齐宣王说："可以听听是什么吗？"淳于髡说："古人喜欢良马，君王也喜欢良马；古人喜欢美味，君王也喜欢美味；古人喜好女色，君王也喜好女色；古人喜欢贤士，君王唯独不喜欢贤士。"齐宣王说："是国内没有贤士，如有的话，我也会喜欢他们的。"淳于髡说："古代有骅骝骐骥那样的骏马，现在没有，君王会从众多的马中去选取，说明君王是好马的了；古代有豹子、大象之胎做成的美味，现在没有，君王会从众多的豹象中选取，说明君王是好美味的人了；古代有毛嫱、西施，现在没有，君王会从众多的美女中挑选，说明君王是好色的了。君王一定要等待尧、舜、禹、汤时代那样的贤士出现然后才喜欢，那么像禹汤时代那样的贤士，也就不喜欢君王了。"宣王默不作声，不能回答。

为君者知道任人唯贤的重要性之后，更重要的是要懂得如何获得贤才、辨别贤才和善任贤才。对此，《群书治要》节录了大量的相关内容。

三、求贤若渴，是为明主

中国古代圣明的君主，因为深深懂得人才的重要性，因此没有不虚心求贤的。

在《群书治要·吕氏春秋》中说道："**昔禹一沐而三捉发，一食而三**

起，以礼有道之士，通乎己之不足〔欲以闻所不闻、知所不知故也〕。通乎己之不足，则不与物争矣〔情欲之物不争〕。愉易平静以待之，使夫自以之〔以，用〕；因然而然之，使夫自言之。亡国之主反此，自贤而少人。少人，则说者持容而不极〔极，至〕，听者自多而不得〔自多，自贤〕。"

意思是：过去，大禹洗一次发头多次握起湿发停洗，吃一顿饭多次（放下碗筷）站起身来，以礼恭迎有道之士，弄懂自己尚不明白的道理。弄懂自己尚不明白的道理，就不会与众人争辩了。他欢悦平静地对待有才德的人，使他们按个人的想法办事；根据他们说得对的予以肯定，使他们无拘无束地发表议论。亡国之主与此相反，自认为贤明而轻视他人。轻视他人，那么进谏之人就会因想保住官位以求安身而讨好君主，听的人自认为比人贤明，也就得不到受益。

在《群书治要·吕氏春秋》中，还讲到：**凡国之亡也，有道者必先去，古今一也**〔君子见机而作，不待终日，故必先去〕。**天下虽有有道之士，固犹少。千里而有一士，比肩也；累世而有一圣人，继踵也。士与圣人之所自来，若此其难也，而治必待之，治奚由至乎？虽幸而有，未必知也，不知则与无同**〔不知其贤而用之，故不治；不治，则与无贤同〕。**此治世之所以短，而乱世之所以长也**〔短，少也；长，多也〕。**故亡国相望**〔言不绝也〕。**贤主知其若此也，故日慎一日，以终其世。譬之若登山者，处已高矣，左右视，尚巍巍焉，山在其上矣。贤者之所与处，有似于此。身已贤矣，行已高矣，左右视，尚尽贤于己也。故周公曰："与我齐者，吾不与处，无益我者也"**〔齐，等也。等则不能胜己，故曰无益我者也〕。**以为贤者必与贤于己者处。**

意思是：大凡国家将亡，有治国之才者必先离去，古今皆同。天下虽有善于治国的杰出人才，但在一个诸侯国之内还是很少的。千里方圆内若有一位贤才，就算是多的了；几代人中若有一位圣人，也算是多的了。尽管贤才与圣人的出现，如此之困难，但治理国家必须依靠他们，盛世没有他们怎么会到来呢？即使有幸出现了这样的贤才和圣人，人们未必能知道他们是贤才、圣人，不知道则与没有贤才一样。这就是太平之世少而混乱之世多的原因，也正是因此而亡国相继不绝。贤主知道会是这样，所以一天比一天谨慎，直到他一生的结束。像登山者，所站之处已很高了，左右看看，还有更高大的山在自己头上呢。圣人与人相处，与这种情况相似，自己已德才兼备了，行为已很高尚了，左右看看，他们还都胜过自己。所以周公说："与我德才相当的人，我不与他相处，因为对我无益。"他认为贤者一定要与胜过自己的人相处。

《周易》上讲，"同声相应，同气相求。"在中国历史上，有圣王才有圣治，没有圣王，即使有贤臣，也难以得到任用。因此要得到贤臣，最重要的是为君者能够不断加深自身道德修养，以至诚心求贤、任贤。

什么样的人才是国家的贤才？在《群书治要·新序》中讲道："**仁人也者，国之宝也；智士也者，国之器也；博通之士也者，国之尊也。故国有仁人，则群臣不争；国有智士，则无四邻诸侯之患；国有博通之士，则人主尊。**"

在《群书治要·韩诗外传》里面，则讲到："**智如原泉，行可以为表仪者，人师也；智可以砥砺，行可以为辅檠者，人友也；据法守职，而不敢为非者，人吏也；当前快意，一呼再诺者，人隶也。故上主以师为佐，中主以友为佐，下主以吏为佐，危亡之主以隶为佐。欲观其亡，必由其下。故同明者相见，同听者相闻，同志者相从。非贤者莫能用贤，故辅佐左右所任使，有存亡之机，得失之要也，可无慎乎？**"

意思是：智慧如同有源头的泉水，行为可为人之表率，就可做他人之师；智慧可以磨励人，行为可以帮助人，这就可作为朋友。能依据法规恪守职责，不敢做非法之事者，则可任为官吏。在人面前能判断其意图，别人一呼自己再三应承者，可做人的仆役。所以英明的君主用人之师来辅佐他，中等的君主用人之友来辅佐他，下乘的君主用人之吏来辅佐他，会导致国家危亡的君主用人之隶来辅佐他。要知道君主是否会灭亡，一定先从他的下属来观察。同样明智的人能互相发现，同时听受的人能互相传告，同一志向的人能互相追随。不是贤能的君主就不能任用贤能的臣子。所以君主在任用左右辅佐大臣的时候，其中就隐藏着国家存亡的先兆、政治得失的关键，怎么可以不慎重对待呢？

《群书治要·傅子》中说道："贤者，圣人所与共治天下者也。故先王以举贤为急。举贤之本，莫大乎正身而壹其听。身不正、听不壹，则贤者不至，虽至，不为之用矣。古之明君，简天下之良财，举天下之贤人，岂家至而户阅之乎？开至公之路，秉至平之心，执大象而致之，亦云诚而已矣。"意思是：贤人，是与天子共同治理天下的人。所以，先王以选拔贤人为最迫切的事。选拔贤能的根本问题，最重要的是端正自身、专一圣听。身不正，听不专，贤才就选拔不上来，即使选拔上来，也不会被重用。古代英明的国君，选拔天下贤才，难道都要去每家每户查问吗？只要开启公正之门，秉持公平之心，把握根本原则去招引英才，也就是说很有诚心就可以了。若抱有诚意，天地都能被感动，何况人呢？在中国历史上，商王武丁得到傅说（yuè），文王、武王得到姜尚，刘备得到诸葛亮，都是君王能够诚心求贤的结果。

因此，看一个君主、一个领导者，只要看他所用的是什么样的人，就能知道这个国家是兴盛还是败亡。所以，中国古人视推举贤人为治国理政的要中之要。在《群书治要》中也提出要将推举贤才制度化，把举荐贤才作为为臣者最重要的职责。例如在节录的《周书》中，就明确讲到天官冢宰的一项重要职责就是"进贤"。在汉朝时，要求地方官都要推举孝廉和茂才，也就是有德有才的人。

四、臣能举贤，是为贤臣

治国理政，必须要君臣共同努力才能使天下大治。君主能够求贤任贤，而做臣子的，则要能够推举贤良，才算得上是合格的臣子。

据《贞观政要》记载，唐太宗曾经问右仆射封德彝："政治之本，唯在得到人才，近来朕命卿举拔贤才，却不见有所推荐，天下事重，卿宜分朕忧劳。卿既不言，朕将寄望于谁？"封德彝答道："臣愚昧，岂敢不尽情尽力，只是至今未见有奇才异能。"唐太宗批评道："前代明哲君王在用人各取所长，而且都在当时求取，不是借用不同时代的人才，哪里能等到梦见傅说，偶遇吕尚，然后才来治理政事呢？而且哪个朝代没有贤能？只怕被遗漏而不知罢了。"几句话说得封德彝十分惭愧。

鲍叔牙墓

一个真正贤能的臣子，最重要的就是要能够推举贤能。在《群书治要·孔子家语》中，子贡问孔子曰："**今之人臣，孰为贤乎？**"子曰："**齐有鲍叔，郑有子皮，则贤者矣。**"子贡曰："**齐无管仲、郑无子产乎？**"子曰："**赐，汝徒知其一，未知其二也。汝闻用力为贤乎？进贤为贤乎？**"子贡曰："**进贤，贤哉！**"子曰："**然。吾闻鲍叔达管仲，子皮达子产，未闻二子之达贤己之才者也。**"这段话的意思是：孔子的弟子子贡问孔子说："当今的臣子，哪一个贤明呢？"孔子说："齐国的鲍叔牙，郑国的子皮，就是贤明的人。"子贡说："难道齐国没有管仲、郑国没有子产吗？"孔子说："端木赐呀，你是只知其一，不知其二啊。你听说过出力者贤明呢，还是推荐贤才者贤明呢？"子贡说："推荐贤才者才是贤明啊！"孔子说："正是这样。我听说鲍叔牙使管仲显达，子皮使子产显达，却没有听说他们二位（管仲、子产）举荐比自己更贤明的人。"可见，在夫子看来，推荐贤才是真正的贤明，能够推举贤臣才能够称得上真正的贤能。

在《群书治要·韩诗外传》中，也节录了一则樊姬谏楚庄王的故事，说明为臣者能够举荐贤才才能称得上"忠"。

楚庄王听朝罢晏。樊姬下堂而迎之，曰："何罢之晏乎？"庄王曰："今者听忠贤之言，不知饥倦也。"姬曰："王之所谓忠贤者，诸侯之客与？中国之士与？"庄王曰："则沈令尹也。"樊姬掩口而笑。王曰："姬之所笑者何等也？"姬曰："妾得侍于王十有一年矣，然妾未尝不遣人求美人而进于王

也；与妾同列者十人，贤于妾者二人，妾岂不欲擅王之爱，专王之宠哉？不敢以私愿蔽众美也。今沈令尹相楚数年矣，未尝见进贤而退不肖也，又焉得为忠贤乎？"庄王以樊姬之言告沈令尹，令尹进孙叔敖。叔敖治楚三年，而楚国霸，樊姬之力也。

意思是：楚庄王主持朝政结束得很晚。樊姬走下堂来迎接他，说："朝会为什么结束得这么晚呢？"庄王说："今天倾听忠贤的人议政，连饥饿疲倦都忘了，所以回来晚了。"樊姬说："君王所说的忠贤的人，是其他诸侯的门客呢？还是国内有识有德的人呢？"庄王说："就是沈令尹。"樊姬掩口而笑。庄王说："樊姬你笑什么呢？"樊姬说："我能够侍奉君王，已经十一年了。而我却时常派人到外地去寻找美人献给圣上，这些美人现在与我地位一样的有十人，超过我的有二人。我难道不想独占君王的宠爱吗？但我不敢以个人私念去遮挡众多美女啊。现在沈令尹做楚国的卿相好几年了，但一直未见他推荐过贤能的人，罢免过不贤能的人，这哪里算得上是忠贤的人呢？"庄王把樊姬的话告诉了沈令尹。沈令尹立即给庄王推荐了孙叔敖。孙叔敖治理楚国三年，使楚国成为诸侯的霸主，这都是樊姬的功劳啊！

五、识别贤才，以德为先

无论是君主求贤，还是臣子举贤，首要问题是要能够识别贤才，如果不能识别贤才，推举和任用的都是庸才，不仅无补于政事，甚至还会起到相反的效果。因此，为君为臣必须要懂得识别贤才。

一个人是否懂得甄别人才，最重要的是首先要端正自己的视听，先要能够认识自己，自己做一个贤德之人，才能够感召来贤德之人。而在如何观人上，《群书治要》中也有不少的论述。

在《群书治要·吕氏春秋》中记载了这样一个故事：

荆有善相人者，所言无遗策〔遗，失〕。庄王见而问焉，对曰："臣非能相人也，能观（观原作视）人之友也。布衣也，其友皆孝悌，纯谨畏令，如此者,家必日益,身必日安,此所谓吉人也;事君也,其友皆诚信有行好善,如此者,事君日益,官职日进,此所谓吉臣也;人主也,朝臣多贤,左右多忠,主有失,敢交争正谏〔交,俱〕,如此者,国日安,主日尊,天下日服,此所谓吉主。臣非能相人也,能观人之友也。"庄王喜(喜原作善)之,于是疾收士,日夜不懈,遂霸天下。

意思是:楚国有个善于给人看相的人,所说的不曾有失误。楚庄王召见他询问此事,他回答说:"我并非能给人看相,而是能观察此人的朋友。观察平民,如果他的朋友都孝顺父母、尊敬兄长、忠厚严谨、敬畏政令,那么像这样的人,家庭必然一天比一天兴旺,自己必然一天比一天安乐,这就是所说的吉人;观察侍奉君主的人,如果他的朋友都诚实守信、德行高尚、喜好为善,那么像这样的人,侍奉君主会一天比一天更好,官职会一天比一天高升,这就是所说的吉臣;观察君主,如果朝臣大多贤能,侍从大多忠诚,君主如有过失,他们都敢于据理劝谏,像这样的君主,国家会一天比一天安定,君主会一天比一天尊贵,天下人会一天比一天敬服,这就是所说的吉主。我并不能给人看相,只是能观察人的朋友而已。"庄王认为他说得好,于是大力招收贤士,日夜不松懈,终于称霸天下。

《群书治要》引录的经文反复强调,贤才必须是德才兼备之人。而"德"是有标准的,在《群书治要·尚书》中有以"九德"选贤之论。

"**宽而栗**〔性宽弘而能庄栗也〕,**柔而立**〔和柔而能立事〕,**愿而恭**〔悫愿而恭恪也〕,**乱而敬**〔乱,治也。有治而能谨敬也〕,**扰而毅**〔扰,顺也,致果为毅也〕,直而温〔行正直而气温和也〕,**简而廉**〔性简大而有廉隅也〕,**刚而塞**〔刚断而实塞也〕,强而义〔无所屈挠,动必合义〕。**彰厥有常,吉哉**〔彰,明也。吉,善也。明九德之常,以择人而官之,则政之善也〕!"

意思是:一是秉性宽弘而不失庄敬(胸怀宽阔,器量宏深,能包容万物,又不失肃敬庄严);二是天性柔和却能有所建树(性格温和却能成就大事);三是老实忠厚又能恭肃庄重(诚实善良又能谨慎恭敬);四是精于治事又有敬业的精神（乱，在这里是"治"的意思。有治国的才能，又能够时时恭敬谨慎而无丝毫骄慢之心）；五是为人驯顺，内心却刚强坚韧（扰，和顺的意思。真诚的驯顺或者说绝对的忠诚可以造就内心的坚定与刚毅）；六是为人正直却能待人温和（行止方正刚直而态度却不失温和）；七是性情简脱却有操守（性格豪爽，落拓不羁，却能保持品端行正）；八是性格刚毅又实在（刚毅果断又能实事求是）；九是坚强不屈又能坚持正义（做任何事都有股不屈不挠的精神，

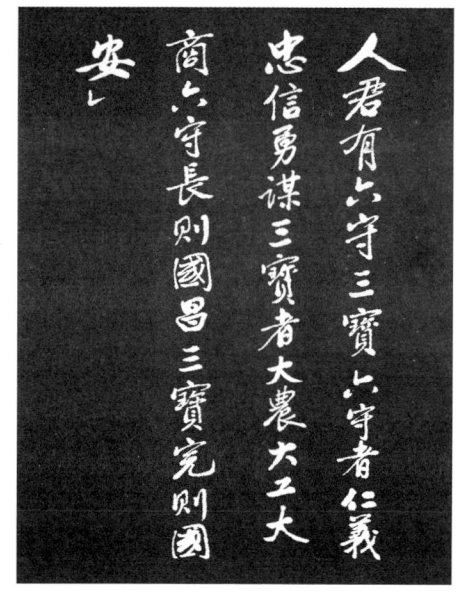

并且凡事必定得合乎道义才肯去做）；要表彰符合这九种道德标准的人，天下才会昌顺啊！（彰，是表彰、彰显，让大家都明白的意思。吉，大好的意思。让天下人都明白这九种美德的标准，依此来选拔人才并委以重任，那么国家的政治就清明了。）

姜太公在《群书治要·六韬》中提出的德的标准是仁、义、忠、信、勇。在《群书治要·六韬》中说道：

文王问太公曰："君国主民者，其所以失之者，何也？"太公曰："不慎所与也。人君有六守三宝。六守者，一曰仁，二曰义，三曰忠，四曰信，五曰勇，六曰谋。是谓六守。"文王曰："慎择此六者，奈何？"太公曰："富之而观其无犯，贵之而观其无骄，付之而观其无专，使之而观其无隐，危之而观其无恐，事之而观其无穷。富之而不犯者，仁也；贵之而不骄者，义也；付之而不专者，忠也；使之而不隐者，信也；危之而不恐者，勇也；事之而不穷者，谋也。人君慎此六者以为君用。"

意思是：文王问太公："统治国家和人民的君主为什么会失掉他的国家和人民呢？"太公答："那是因为没有谨慎选择参政的人。人君应坚守

六条用人原则，应拥有三样珍宝。六条原则一是仁，二是义，三是忠，四是信，五是勇，六是谋。这些就是要坚守的六条原则。文王问："如何慎重选择符合这六条的人才呢？"太公答："使其富足来观察他能否不触犯礼法；使其高贵来观察他能否不自高自大；授予他职权，来观察他是否独断专行；命他作为使者外出，看他是否隐瞒有关情况；使其处危难境地，观察他能否临危不惧；让他处理突发事件，看他是否不会困窘计穷。富裕而不触犯礼法者是有仁；尊贵而不自高自大者是有义；授予职权而不独断专行者是忠；出使而不隐瞒情况者是信；身处危境而不害怕的是勇；处理突发事件而不困窘计穷者是有谋。人君宜慎重选拔具有此六方面的人加以重用。

对辨别人才，《群书治要·周书》中有一段谈到识别人才的方法，是值得今人学习和借鉴的：

"富贵者，观其有礼施；贫穷者，观其有德守；嬖宠者，观其不骄奢；隐约者，观其不慑惧。其少者，观其恭敬好学而能弟；其壮者，观其洁廉务行而胜其私；其老者，观其思慎、强其所不足而不逾。父子之间，观其慈孝；兄弟之间，观其和友；君臣之间，观其忠惠；乡党之间，观其信诚。设之以谋，以观其智；示之以难，以观其勇；烦之以事，以观其治；临之以利，以观其不贪；滥之以乐，以观其不荒。喜之，以观其轻；怒之，以观其重；醉之，以观其失；纵之，以观其常；远之，以观其不贰；昵之，以观其不狎。复征其言，以观其精；曲省其行，以观其备。此之谓观诚。"

意思是：对富贵的人，要看他是否有礼好施；对贫穷的人，要看他有无德行操守；对受宠幸的人，要看他是否骄傲奢侈；对忧愁受困的人，要看他是否胆小怕事。对年轻之人，看他有无恭敬好学的态度和友爱之心；对壮年之人，看他是否廉洁从事而克制私欲；对年老的人，看他思考是否谨慎，强迫他做力所不能及之事，而不逾越规矩。父子之间，要看他们是否慈爱、孝顺；兄弟之间，要看他们是否和睦友爱；君臣之间，要看他们是否仁爱忠心；乡党之间，要看他们是否诚实守信。让其筹划某种计谋，来考察他的智慧；告知某种困难，来考察他的勇敢；烦劳他做某件事，来看他的管理能力；让其面对某种利益，来考察他是否贪婪；让其过度地听取音乐，考察他是否放纵迷乱、荒废政事。让他快乐，看他是否轻佻；激他发怒，看他是否稳重；让他喝醉，看他是否失态；放任他行事，看他是否遵从准则；疏远他，看他是否忠心不变；亲近他，来考察他是否轻薄。繁复地征求其建言，看他是否变通；隐秘地察看其行为，看他是否品行完备。这就叫考察真情实况。

所有这些，其核心是考察一个人是不是有德行。中国历朝择官用人，其"德"的标准基本上是一致的，即"孝悌忠信礼义廉耻"八德，而八德中，孝又是最重要的。因此，自汉代兴起举孝廉以来，一直到清代，都将孝廉作为择官用人的重要准则。

六、任贤勿贰，去邪勿疑

领导者在得到贤才之后，还要懂得任用贤才，才能够发挥贤才的作用，如果不能够懂得如何任用贤才，则只是空有用贤之名，而无用贤之实。

在《群书治要·六韬》中，周文王曾经向姜太公请教到："**君务举贤，而不获其功，世乱愈甚，以致危亡者，何也？**"太公曰："**举贤而不用，是有举贤之名也，无得贤之实也。**"意思是："君主致力于选用贤能，却没有收到功效，社会混乱越来越厉害，以致国家陷于危亡边缘，这是什么道理呢？"太公答："选拔出贤能但不加以任用，这是有举贤的虚名而无用贤之实啊！"

在《群书治要·孔子家语》中，也记载到：子路问于孔子曰："**贤君治国，所先者何在？**"孔子曰："**在于尊贤而贱不肖。**"子路曰："**由闻晋中行氏尊贤而贱不肖矣，其亡何也？**"子曰："**中行氏尊贤而弗能用，贱不肖而不能去。贤者知其不己用而怨之，不肖者知其必己贱而仇之。怨仇并存于国，邻敌构兵于郊，中行氏虽欲无亡，岂可得乎？**"

意思是：孔子的弟子子路问孔子说："一个贤明的国君治理国家，最先要做的是什么？"孔子说："是尊重贤才而轻视无能之辈。"子路说："我听说晋国的中行氏能够尊重贤能人才，而轻视无能之辈，他为什么还灭亡了呢？"孔子说："中行氏尊重贤才却不能重用他们，轻视无能之辈却不能撤换他们。贤能之人知道他不会重用自己而埋怨他，无能之辈知道他肯定轻视自己而仇恨他。埋怨、仇恨同时在国内存在，邻国的敌人又战于国都郊外，中行氏即使想不灭亡，又怎么可能做到呢？"

领导者任用贤能，最重要的是用人不疑。因此，《群书治要·尚书》上说："**任贤勿贰，去邪勿疑。**"即任用贤才勿存三心二意；去除奸佞不要犹豫不决。

在《群书治要·刘廙政论》则讲到，为君者"疑贤"是导致贤才不得用的重要原因。其内容是："**自古人君莫不愿得忠贤而用之也，既得之，莫不访之于众人也。忠于君者，岂能必利于人，苟无利于人，又何能保誉于人哉！故常愿之于心，而常先**（先疑作失）**之于人也。非愿之之不笃而失之也，所以定之之术非也。**"意思是：自古以来，君主没有不希望得到忠心贤德之士而予以任用的，任用之后，又没有不在众人中进行调查的。忠于君主者，岂能事事都有利于他人？若无利于人，又怎能在他人中保持其声誉？因此，君主心里常常希望得到忠心贤德之才，却常常因为访之于人而失去他们。并不是君主渴望得到忠心贤德之才的愿望不诚，而是判定忠心贤德之才的方法不正确啊。

除了不要有疑心外，领导者还要能够虚心听取贤才的意见。在《群书治要·傅子》中说道："**昔人知居上取士之难，故虚心而下听；知在下相接之易，故因人以致人。舜之举咎陶难，得咎陶致天下之士易；汤之举伊尹难，得伊尹致天下之士易。故举一人而听之者，王道也；举二人而听之者，霸道也；举三人而听之者，仅存之道也。**"这一段的意思是：过去人都知道在上位者选取人才的艰难，所以虚心听取下级的意见；知道处于下位者相互接触比较容易，所以在上者凭借下边的人来招引人才。舜举拔皋陶难,但利用皋陶罗致天下之士容易;商汤举拔伊尹难,但利用伊尹罗致天下之士却容易。所以说,选拔一个人,对他非常信任,言听计从,这是称王天下之道;选拔两个人,因为不能够完全信任分别听取他们的意见,这是能称霸天下之道;选拔三个人,分别听取他们的意见,这仅仅是不亡国的治理办法。

真正能够治国理政的贤才,是非常不易得到的。在《群书治要·论语》中说道:**舜有臣五人,而天下治**〔禹、稷、契、皋陶、伯益也〕。**武王曰:**

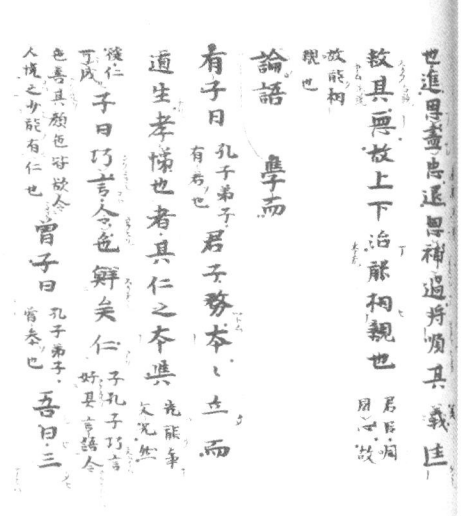

金泽文库《群书治要·论语》书影

"**予有乱臣十人**〔乱,治也。治官者十人:谓周公、召公、太公、毕公、荣公、大颠、闳夭、散宜生、南宫适,其一人,谓文母也〕。"**孔子曰:"才难,不其然乎?唐、虞之际,于斯为盛,有妇人焉,九人而已**〔斯,此也。言尧、舜交会之间,比于此周,周最盛多贤,然尚有一妇人,其余九人而已。人才难得,岂不然乎?〕。"

意思是:舜有贤臣五人而天下才得以安定。周武王曾说过:"我有十个治理国家的贤臣。"孔子说:"人才难得呀,难道不是这样吗?从唐尧虞舜交接时算起,就数周武王时期人才最盛。可是,十人中有一位是妇女,实际上不过九人而已。"

因此,领导者在得到贤才之后,一定要让贤才尽用其才,国家才能得到治理。

七、去邪远佞,任用奇才

"远佞人",是唐太宗阅读《群书治要》的又一收获。在唐人刘鼎卿的《隋唐嘉话》中记载到:有一次,唐太宗出外散步,走到一棵树下说:"这真是一棵好树呀。"在身后侍奉他的侍臣宇文士及一听这话，马上随声附合，大讲这树如何好，说起来没完没了。唐太宗听着皱起了眉头，板起面孔说："魏徵常劝我要远离那些佞人，我不知道什么样的人才算是佞人，心里常常怀疑你就是这样的人，今天看来果然不假。"宇文士及听皇上这么一说，脸都吓白了，赶忙叩头请罪说："南衙的那些大臣们，在朝廷上常常当面指责陛下的过失，有时还跟陛下争辩，弄得陛下下不来台。现在我有幸侍候在您老的身边，如果还不稍微顺从一点，陛下虽然贵为天子，还当着有什么意思呢？"唐太宗一听这话，觉得入情入理，怒气自然一下子就消了。

唐太宗可以称得上是贤明之君了。但就是这样的一位开明的皇帝，在侍臣的奉承之下也陶陶然不能免俗。可见自古以来，佞人的产生还是有他一定的市场的。就像宇文士及，就是一位十分高明的佞人，善于揣摸主子的心理，既拍了马屁，又拍得不露一点痕迹，同时又达到了打击别人、抬高自己的目的。好像这天底下只有他宇文士及才是唐太宗的知心人，只有他最理解唐太宗、最体贴唐太宗、最关心唐太宗，而别人都是专跟皇上过不去的，给皇上扮难看的人。然而有很多事情往往就是在这种表面上看来非常合情合理、非常善解人意的一派温情中，走向了反面，这也正是魏徵提醒唐太宗要远佞人的苦衷。

在《群书治要》中，节录了大量的奸邪之臣迷惑主上、导致忠臣被诛、社会动乱甚至王朝灭亡的例子。

对于这种奸邪之臣，在《群书治要·韩非子》中如此说道："**凡奸臣者，皆欲顺人主之心，以取信幸之势者也。是以主有所善，臣从而誉之；主有所憎，臣因而毁之。**"意思是：凡是奸佞的臣子，都是想通过顺随君主的心意，来取得信任和宠爱之势的人。因此，凡君主有所喜好的，他们就跟着称赞；凡君主有所憎恶的，他们就随之诋毁。

在《群书治要·说苑》中，对六种"邪臣"作了深刻剖析：

"**何谓六邪？一曰安官贪禄，不务公事，与世沉浮，左右观望。如此**

者,具臣也。二曰主所言皆曰善,主所为皆曰可,隐而求主之所好而进之,以快主之耳目,偷合苟容,与主为乐,不顾其后害。如此者,谀臣也。三曰中实险诐,外貌小谨,巧言令色,又心疾贤,所欲进则明其美、隐其恶,所欲退则明其过、匿其美,使主赏罚不当,号令不行。如此者,奸臣也。四曰智足以饰非,辩足以行说,内离骨肉之亲,外妒乱朝廷。如此者,谗臣也。五曰专权擅势,以为轻重;私门成党,以富其家;擅矫主命,以自显贵。如此者,贼臣也。六曰谄主以邪,坠主于不义,朋党比周,以蔽主明,使白黑无别,是非无闻,使主恶布于境内,闻于四邻。如此者,亡国之臣也。是谓六邪。"

什么是"六邪"？一是安享官爵,贪求俸禄,不致力于公务;随世俗俯仰进退,做事左右观望。像这样的人,就是具臣。二是对君王所说的一律称好,对君王所做的全部赞同;暗中探求君王的嗜好,并进献礼物以愉悦君王的耳目,苟且迎合以求安身;一味与君王寻欢作乐,全不考虑后患。像这样的人,就是谀臣。三是内心充满了邪僻险恶,外表却谨小慎微;花言巧语,伪装和善,又嫉贤妒能;对他想推荐的人,就宣扬那人的好处而隐瞒其恶行,他想要排挤的人,就宣扬那人的过错而掩盖其美德;使君王赏罚不当,号令不能施行。像这样的人,就是奸臣。四是他的机智足以掩饰自己的错误,其辩才足以进行游说;对王室离间骨肉之亲,对外嫉妒贤能、扰乱朝廷。像这样的人,就是谗臣。五是独揽权势,自己说了算,结党营私,使自己家族富有;又擅自篡改君王的命令,以取得自己的尊荣显贵。像这样的人,就是贼臣。六是用邪僻之事来谄媚君王,使君王陷入不义;拉帮结伙,来遮蔽君王的视线,颠倒黑白,混淆是非;使君王恶名流布国内,传遍邻国。像这样的人,就是亡国之臣。以上这些就称作"六邪"。

一个国家,一个企业,如果任用的是奸邪之徒,就必然会走上灭亡之路。

在《群书治要·史记》里面,记载了这样一个例子:

管仲病,桓公问曰:"群臣谁可相者？"管仲曰:"知臣莫如君。"公曰:

管仲像

"易牙何如？"对曰："杀其子以适君，非人情也，不可。"公曰："开方何如？"对曰："背亲以适君，非人情也，难近〔卫公子开方也〕。"公曰："竖刁何如？"对曰："自宫以适君，非人情也，难亲。"管仲死，而桓公不用管仲言，卒近用三子，三子专权。桓公卒，易牙与竖刁，因内宠杀群吏〔群吏，诸大夫也。内宠，内官之有权宠者〕，而立公子无诡为君。太子昭奔宋。桓公病，五公子各树党争立。及桓公卒，宫中空，莫敢棺。桓公尸在床上六十七日，尸虫出于户。"

意思是：管仲病重，桓公问道："众臣中谁可以当相国？"管仲说："了解臣下的莫过于君主。"桓公说："易牙怎么样？"管仲回答说："他杀了自己的儿子（煮了进献）给君主，非人之常情，不可任用。"桓公说："开方怎么样？"管仲回答说："他背弃自己的父母来投合君主，不合人之常情，不可亲近。"桓公说："竖刁怎么样？"管仲回答说："他阉割了自己来投合君主，非人之常情，不可宠信。"管仲死后，桓公不采纳管仲的意见，还是亲近、任用三人，于是三人包揽了大权。齐桓公去世后，易牙与竖刁一起借助宫中有权势的内臣杀死了许多大夫，拥立公子无诡作国君。于是，太子昭逃奔宋国。此前，齐桓公生病的时候，五位公子各自拉帮结党，争夺君位。等到桓公去世，宫中无人主事，没人敢装殓。桓公的尸体在床上放了六十七天，尸体腐烂，蛆虫爬出了门外。

唐太宗对佞人谀臣危害朝政的严重性的认识和警觉，也是非常深刻和清醒的。他说："谗佞之徒，皆国之蟊贼也。"如果"人主所行不当，而臣下又无匡谏，苟在阿顺，事皆称美。"则"君为暗主，臣为谀臣；君暗臣谀，危亡立至。"（见《贞观政要》）。

联系到我们当前的社会，这种佞人依然存在，不过是更加富有时代特色而已。我们在一些有关领导干部贪污受贿的案例中，往往会看到这样一种现象，有些干部当初也很正直，受过良好的教育，党性观念和原则性很强，道德修养都很好。然而一旦他们手中掌握了一部分权力之后，他们身边这样的佞人就不失时机地出现了，在这些奸佞之人的吹嘘拍马、阿谀奉承之下，他们的思想不知不觉地开始发生了变化，逐渐变得自以为是，开始贪污腐化，以至最终落到了身败名裂的下场。

一个领导者，一个组织，要想免受这种奸佞之臣的危害，重在领导者要修养自己的德行，启用贤良之人，广开言路，退贬不肖。在《群书治要·孔子家语》中说道："进用贤良，退贬不肖，则贤者悦，而不肖者惧。"意思是：提升贤良之士，贬黜不肖之辈，于是贤良者就会高兴，不肖者就会害怕。这样，领导者就不会被奸佞之臣蒙蔽视听。

此外，在《群书治要》中，还有一个重要的用人观点，就是"用奇"。《群书治要·蒋子万机论》的《用奇》一篇讲到：**"自昔五帝之冠，固有黜陟之谟矣，复勤扬侧陋；殷有考诫之诰矣，复力索岩穴；西伯有呈效之誓矣，复旁求鱼钓；小伯有督课之法矣，复遽求囚俘；汉祖有赏爵之约矣，复急追亡信。若修叙为明法，拔奇为非事，是两帝三君非圣哲，而鲍萧非忠吏也。然则考功案第，守成之法也；拔奇取异，定社稷之事也。当多事之世，而论无事之法，处用奇之时，而必效一官之智。"**意思是：从昔日"五帝"之首（这里指尧帝）起，就已经有了罢免和提拔的谋略，但还是荐举出身微贱的大舜；殷商有考核和诫勉的文告，但还是访求隐居山野的传说；西伯侯有显扬有功者的承诺，但还别求在磻溪钓鱼的吕尚；齐王小白有督察考核的办法，但还急迫地访求沦为囚俘的管仲；汉高祖刘邦有论功赏爵的盟约，但还是匆忙追回逃走的韩信。若认为依次晋职是英明之策，选择特殊人才是错误之事，那么，前述两帝三君便不是圣哲之人，而鲍叔牙、萧何也不是忠心为国的官吏了。如此看来，考核功绩、依次递进是保持前人成就的办法，而选拔起用特殊人才则是安定天下的大事。处在多事的时代，就要思考令天下太平无事的办法；处在应该起用特殊人才的时代，就一定要效法某个奇才官员的智谋。这一独特的用人思想，是非常有价值的。

"固有黜陟之谟矣，复勤扬侧陋。" 这是讲尧帝选拔舜帝。

在《群书治要·尚书》中记载到：尧帝说："唉！四方的部落首领！我在位任职七十年，你们中有谁能顺应天命，接替我的帝位？"四方部落首领说："我们德行鄙陋，不配登上帝位。"尧帝说："可以考察贵戚中贤明的人，也可以推举地位低微的贤人。"大家向尧推荐说："民间有个处境困苦的人，名叫虞舜。"尧帝说："是啊，我听说过。这个人到底怎么样？"四方部落首领回答说："他是乐官瞽瞍的儿子。他的父亲心术不正，继母善于说谎，他的弟弟象十分傲慢，但舜能与他们和睦相处。他用自己的孝行美德感化他们，使他们改恶从善，不走邪路。"

尧帝说；"那我就考验考验他吧！把我的两个女儿嫁给他，通过两个女儿考察他的德行。"于是，尧命令两个女儿到妫河的弯曲处，在那里嫁给了虞舜。

尧帝又让舜处理政务。舜谨慎地推行父义、母慈、兄友、弟恭、子孝五种美德，臣民都能顺从。他又受命管理百官，百官都能服从。他在明堂四门迎接前来朝见的四方诸侯。四方诸侯全都仪容整肃。他还到深山老林中去经受风雨考验，即使在狂风暴雨和电闪雷鸣时也不迷失方向。尧帝说："来吧，舜。我同你谋划政事，考察你的言论，你提的意见十分正确。经过三年考验，你一定能成就大业，你现在可以登上帝位了。"舜谦虚地要把帝位让给更有德行的人，不愿就位。

"殷有考诚之诰矣，复力索岩穴。" 这是讲商王武丁启用傅说的故事。

傅说因在傅岩（今山西平陆东）地方从事版筑，被武丁起用，故以傅为姓。他是商朝第二个奴隶出身的宰相，和商汤时期的伊尹被称为历史上的"奴隶双璧"。商朝第二十三位国王武丁，在位五十九年。他少年时，被父

傅说像

亲小乙送往殷都西部的林虑山，和平民奴隶一起劳作，体验民间疾苦，武丁学会了耕作的劳动本领，养成了简朴的生活习惯，并和奴隶傅说交上了朋友，傅说觉得武丁虽是商王的儿子，却没有贵族的高傲，能和贫民平等相处，很赞赏武丁。武丁和傅说在一块生活期间，感到傅说很有雄才大略，可惜是个奴隶，无人能重用他。武丁为起用傅说，苦思冥想，谋划出了一条妙计，利用人们相信鬼神的心理，演了一幕威震文武百官的默剧。

一天，武丁对大臣们说："我当了国王，希望有一个大才大德的人帮助我治理国家，请大家举荐。大臣议论纷纷，挨个把王公贵族的名字数了一遍，武丁总是摇头叹息。蓦然间竟晕了过去，经一阵抢救，才慢慢醒来，却一言不发。就这样，武丁在宫里整整昏睡三年不语。一天，甘盘（时任大臣）正在召集大臣们议事，武丁突然大笑起来，大臣们顿时惊呆了，武丁说："我们商朝有希望了！我梦见先王，他给我推荐了一位大圣人，名叫傅说，说这人定能辅佐我治理好国家。"大臣们信以为真，立即遵照武丁指的方向找去。最后在林虑山找到了傅说。傅说被接到殷都王宫。武丁见到当年的好朋友傅说，喜出望外，连连点头。于是赶快让傅说换了朝服，甘盘死后，拜为宰相，并让大臣们尊称傅说为"梦父"。傅说竭尽文韬武略之才，利用三年工夫，辅佐武丁把朝政治理得秩序井然，使商王朝达到了空前的盛况。

傅说担任相国之后，辅佐武丁，大力改革政治，"嘉靖殷邦"，使贵族和平民都没有怨言，史称"殷国大治"，"殷道复兴"。武丁一朝，成为商代后期的极盛时期。

"西伯有呈效之誓矣，复旁求鱼钓。" 这是讲周文王得到姜太公的故事。

西伯是指周文王，周朝还没有建国的时候，周文王是商朝的一个诸侯，叫做西伯侯。西伯侯已经有了显扬有功者的承诺，但是还去寻求姜太公，我们大家都知道，有一个成语叫做"姜太公钓鱼，愿者上钩"，讲的就是周文王和姜太公的故事。

姜太公名字叫姜尚,也叫吕尚,在《群书治要》里面收录的《六韬》相传就是姜太公所作。太公是辅佐周文王、周武王灭商,建立周朝最重要的功臣。当初姜太公还没有得到文王重用的时候,就隐居在陕西渭水河边,那个地方正好就是周文王统治的地区。姜太公常常在河边钓鱼,一般人钓鱼都是用弯钩,上面有鱼饵,然后把鱼钩沉到水里,诱骗鱼儿上钩。但是姜太公他钓鱼这个钩子是直的,他也不挂鱼饵,也不把这个鱼钩沉到水里去,离水面有三尺高。他一边举起钓竿一边自言自语:"不想活的鱼儿,你们愿意的话,就自己上我的钩吧!"行为很奇怪。

姜尚像

一天,有一个打柴的人到这个河边,看到姜太公用不放鱼儿的直钩在水面上钓鱼,就跟他讲:"老人家,像你这样钓鱼,再钓一百年可能也钓不到一条鱼!"

姜太公举了举钓竿就跟这个老人说,"我跟你说实话吧!我不是为了钓到鱼,而是为了钓到王与侯。"

所以姜太公这个奇特的钓鱼方法,很快就传开了,最后就传到姬昌(周文王)的耳朵里,周文王知道这个事后,就叫一个士兵把姜太公叫来,但是姜太公对这个士兵不理不睬,没搭理,只顾自己钓鱼,自言自语:"钓啊,钓啊,鱼儿不上钩,虾儿来胡闹!"士兵不就是虾兵虾将吗?所以周文王听了士兵的回复,就马上换了一位官员去请太公,可是太公还是没有搭理,自言自语就讲:"钓啊,钓啊,大鱼不上钩,小鱼别胡闹!"这个官员又回去把这个情况告诉了周文王。

周文王听说之后就意识到,这个钓鱼的人,肯定是国家的栋梁之才,绝对是一个奇人,非得要自己亲自去请不可。我们知道周文王他也是圣人,相传《周易》就是他传下来的,他给《周易》做的卦辞,所以像他这种圣人，对人才都是非常的重视。他意识到这个问题之后斋戒三日，斋戒表示恭敬，然后洗完澡，换了衣服，带着厚礼，去见太公。诚恳地和太公交谈，最后就把太公请到了王宫，拜太公为师。文王也是圣人，但是他还是向人学习，很谦卑，让太公做自己的老师，所以后来姜太公就辅佐文王、武王灭掉商朝，建立周朝。灭商建立周朝，姜太公是最重要的功臣。

所以我们看到，真正要成就大业，一定得用这样的奇才。而这个奇才，最重要的是领导者去发现，而且你要真正地得到奇才，也不是你能求来的，首先得有德行。尧帝为什么得到舜帝，文王为什么得到姜太公，都是他们领导者本身很有德行和智慧。这是讲周文王用姜太公的故事。

"小伯有督课之法矣，复遽求囚俘。" 这是讲齐桓公用管仲为相的故事。

春秋时期齐国国君齐襄公被杀。襄公有两个兄弟，一个叫公子纠，当时在鲁国（都城在今山东曲阜）；一个叫公子小白，当时在莒国（都城在今山东莒县）。两个人身边都有个师傅，公子纠的师傅叫管仲，公子小白的师傅叫鲍叔牙。两个公子听到齐襄公被杀的消息，都急着要回齐国争夺君位。在公子小白回齐国的路上，管仲早就派好人马拦截他。管仲拈弓搭箭，对准小白射去。只见小白大叫一声，倒在车里。管仲以为小白已经死了，就不慌不忙护送公子纠回到齐国去。怎知公子小白是诈死，等到公子纠和管仲进入齐国国境，小白和鲍叔牙早已抄小道抢先回到了国都临淄，小白当上了齐国国君，即齐桓公。齐桓公即位以后，即发令要杀公子纠，并把管仲送回齐国办罪。管仲被关在囚车里送到齐国，鲍叔牙立即向齐桓公推荐管仲。齐桓公气愤地说："管仲拿箭射我，要我的命，我还能用他吗？"鲍叔牙说："那时他是公子纠的师傅，他用箭射您，正是他对公子纠的忠心。论本领，他比我强得多。主公如果要干一番大事业，管仲可是个用得着的人。"齐桓公也是个豁达大度的人，听了鲍叔牙的话，不但不治管仲的罪，还立刻任命他为相，让他管理国政。管仲帮着齐桓公整顿内政，开发富源，大开铁矿，多制农具，后来齐国就越来越富强了。

"汉祖有赏爵之约矣，复急追亡信。" 这是讲萧何月下追韩信的故事。

韩信，淮阴人。他家庭贫穷，没有好的品行，不能被推选做官，经常投靠人家吃闲饭。跟从项羽后做了郎中，曾多次向项羽进献计策，不被重用。后来他从楚营逃出归顺了汉王，汉王并不赏识他。韩信多次跟萧何谈话，萧何认为他是个奇才。到达南郑后，汉王手下将官逃跑的有十多个人。韩信猜想萧何已经多次向汉王谈及他，汉王却不重用自己，就逃跑了。萧何听说

韩信像

韩信逃走，来不及将此情向汉王禀报，就亲自去追赶韩信。有人向汉王报告说："丞相萧何逃跑了。"汉王大怒，好像失去了左右臂。过了一两天，萧何来拜见汉王。汉王又生气又高兴，责骂萧何道："你逃跑，是什么原因呢？"萧何说："我不敢逃跑，是去追赶逃跑的人哪。"汉王问："你追赶的人是谁？"萧何说："是韩信。"汉王又责骂道："将领们逃跑的有十几个，你都没有去追赶，却说追赶韩信，那是撒谎。"萧何说："那些将领容易得到，至于像韩信这样的，那是国内找不出第二个的杰出人物。大王倘若想长久地在汉中称王，那就无须重用韩信；倘若想争夺天下，除了韩信就再没有可以和你商议大事的人。"汉王说："我也想向东方发展呀。"萧何说："大王决计向东方发展，能够任用韩信，韩信就会留下来；假如不能任用韩信，韩信最终还是会逃跑的。"汉王说："我让韩信做将官。"萧何说："即使让韩信做将官，韩信也不会留下。"汉王说："那就拜他做大将。"萧何说："这就很好。倘若拜他做大将，还须选择吉日亲自斋戒，设置坛场，举行任命大将的隆重仪式才行。"汉王答应了萧何的要求。将领们听到要拜大将的事都很高兴，人人各自以为自己将要被拜做大将。等到拜将时，才知道是韩信，全军都为之惊讶。

遍览历史，任何一个成就伟业的领导者，都是因为有一大批贤臣的

辅佐，才能得以成就的。因此，为人君，重在能够得到贤才。得到贤臣的根本，在于领导者要自身修德，才能感召到贤才。

相反，如果领导者没有德行，宠信奸佞之臣，就会厌恶忠诚直谏的臣子，一旦领导者厌恶直谏之臣，那么灾祸很快就会到来。在《群书治要·文子》中讲到：**"国之将亡也，必先恶忠臣之语。"** 意思是：国家将要灭亡的时候，必定是先厌恶忠臣的谏言。

在《群书治要·史记》中，记载了商纣王即将灭国的时候的所作所为：**"微子数谏不听，乃遂去。比干强谏，纣怒，剖比干，观其心。箕子惧，乃佯狂为奴，纣又囚之。"**

意思是：微子（纣王的兄长）屡次劝戒纣，纣都不听从，微子便离开了他。比干尽力劝谏纣王，纣王发怒，剖开比干的胸膛，取出他的心脏来观看。箕子害怕，假装颠狂，扮成奴隶，纣王又将其关押起来。可见，一旦领导者不听忠臣之言，反而相信邪臣，必定会有灾祸。

因此，无论是领导一个企业、一个单位，还是一个国家，一定要进用贤能之臣，正如《群书治要·后汉书》中所言：**"务进仁贤，以任时政，不过数人，则风俗自化矣。"** 意思是：一定要选用仁爱贤能之人来处理时政，用不了几个人，风俗就会自然改变过来。

第九章

德治为主、法治为辅：《群书治要》的治政思想

近二百年来，中国由于受西方文明的影响，有一部分人对于西方文明中的民主与法治的思想十分推崇，认为只有把西方的民主政治制度搬到中国，才可以解决中国社会出现的这些问题。实际上，如果我们了解了中国治政思想的发展历程，就会明白中国古圣先王之所以采用以道德教化为主要的治国之策，而不是实行民主与法治的治国方式的原因了。我们通过比较德治和法治各自的优劣，从而明白治国、治企的最佳之策。

魏徵等人在编辑《群书治要》时，总结了历朝盛衰兴亡的经验和教训，在辑录经典时，非常明确地表达了他们以德治为主、法治为辅的治政思想。

一、重德教必治，独任法必亡

中国自古就是一个重视德治的国家，以德教化使百姓能够一直安居乐业。远古时期，在没有成文典法之前，仅依靠德治的力量，人民一样可以生生不息。中国古代的"圣贤政治"，在尧舜禹时期和夏商周的时代，基本上是以道德教化来治理天下的，因而天下祥和，社会安定，被称为中国历史上的"大同之治"和"小康之治"。我们看到尧王，他做为一个统治者，确实没有一点私心，念念都是为全国人民着想，没有想到他自己，所

以称为圣人。在中国历史上,上古三皇(伏羲、神农、轩辕)时代以"道"治天下,道是无为而治。人民都非常纯朴、都很顺从,领导人带头,做出最好的榜样给大家看,大家对他都非常的尊重,都向他学习,自自然然是太平盛世。人与人之间有伦理、有道德,相亲相爱,互相照顾,互相关怀,互助合作,不需要这些法律规章来约束,人人都能够自治。在现在看来这是"理想政治",但是在中国古代确实出现过。

"道"失掉之后是"德",五帝是以"德"治理天下,比"道"次一等了。"道"做不到了,即人有了私心。但是这个私心很小,并不严重,还不会伤害到别人。五帝(少昊、颛顼、帝喾、尧、舜)时期是大同之治。夏商周三代,夏四百年,商六百年,周八百年,合起来一千八百年。这三代是以仁治天下。夏商周都是家天下,世袭制。但是那些帝王们都受过圣贤的教育,都是圣人、都是贤人。所以能够通过道德教化治理天下。

到了春秋时期,道德仁义的教化得不到推行,人的私心不断膨胀,从此社会风气转向浇薄,由此产生了"法家"思想。秦始皇统一六国之后,废除教化,以法治国,结果秦朝快速灭亡。汉朝总结历代的经验,从而制定了以道德教化为本,以刑法为辅的基本治国方针。尤其是到了汉武帝时期,确定了以孔孟为主流的儒家思想作为国家的教育政策,从而确定了以德治为主,法治为辅的治国之策,这种思想一直延续到清朝,在中国历史上创造了多个盛世。

在《群书治要·体论》中,阐述了从春秋时期到西汉的治国思想的发展过程:

"春秋之时,王道浸坏,教化不行。子产相郑而铸刑书,偷薄之政自此始矣。逮至战国,韩任申子,秦用商鞅,连相坐之法,造参夷之诛。至于始皇,兼吞六国,遂灭礼义之官,专任刑罚,而奸邪并生,天下叛之。高祖约法三章,而天下大悦。及孝文即位,躬修玄默,论议务在宽厚,天下化之,有刑厝之风。至于孝武,征发烦数,百姓虚耗,穷民犯法,酷吏击断,奸宄不胜。于是张汤、赵禹之属,条定法令,转相比况,禁罔(原作固)积密,文书盈于机格，典者不能遍睹，奸吏因缘为市，议者咸怨伤之。"

意思是：春秋之时，以仁义治天下的国策逐渐毁弃，教育感化的办法难以实行。子产做郑国宰相时，铸造了刑鼎，苟且浮薄之政从此开始。及至战国，韩国任用申不害、秦国起用商鞅，使用连坐的治罪办法，建立夷灭九族的株连制度。到秦始皇吞并六国后，遂取消主管礼仪之官，专靠刑罚，于是奸邪相并出现，天下之民皆背叛于他。汉高祖即位后，约法三章，而天下之人皆大欢喜。到孝文帝即位后，亲自宣导清净无为的政风，

子产像

谈法议事，务求宽厚，天下移风易俗，大有刑罚厝置不用之势。到了孝武帝，征召、派遣名目繁多，百姓虚弱耗损，贫民若违犯法律，残酷的官吏以斩杀来剿除，以致犯法作乱之人不胜其多。于是，张汤、赵禹等人，分列专项制定法令，并相互对照比较，使禁令之网日积月累而更其细密，法律档案堆满桌案、格架，连主管之人也难以看完。狡诈的官吏趁机进行权钱交易，议论者对此无不怨恨、担忧。

实际上，我们看到，西汉王朝由盛转衰的过程，从汉武帝末期就逐渐开始了，尤其是到了汉宣帝时期，任用酷吏，轻视儒生，西汉王朝由此走向衰败。

在《群书治要·蒋子万机论》中，讲到了西汉由盛转衰的原因所在：

汉元帝为太子时，谏持法泰深，求用儒生，宣帝作色怒之云："俗儒不达不足任，乱吾家者太子也。"据如斯言，汉之中灭，职由宣帝，非太子也。乃知班固步骤盛衰，发明是非之理，弗逮古史远矣。昔秦穆公近纳英儒，招致智辩，知富国强兵。至于始皇，乘历世余，灭吞六国，建帝号而坑儒任刑，疏扶苏之谏，外蒙恬之直，受胡亥之曲，信赵高之诐，身没三岁，秦无噍类矣。前史书二世之祸，始皇所起也。夫汉祖初以三章，结黔首之心，并任儒辩，以并诸侯，然后罔漏吞舟之鱼，烝民朴谨，天下大治。宣帝受六世之洪业，继武昭之成法，四夷怖征伐之威，生民厌兵革之苦，海内归势，适当

安乐时也，而以峻法绳下，贱儒贵刑名。是时名则（名则二字似衍）石显、弘恭之徒，便僻危险，杜塞公论，专制于事，使其君负无穷之谤也。如此，谁果乱宣帝家哉？向使宣帝豫料柱石之士、骨鲠之臣，属之社稷，不令宦竖秉持天机，岂近于元世栋桡榱崩，三十年间，汉为新家哉？推计之，始皇任刑，祸近及身，宣帝好刑，短丧天下，不同于秦祸少者耳。

意思是：汉元帝做太子的时候，曾向皇帝进谏，认为执法过分苛刻，请求任用儒生。汉宣帝怒色说道："那些世俗的儒生不够通权达变，不足以任用，将来乱我汉家的人就是太子啊。"据其有这样的言论，可见汉朝之所以中途灭亡，责任正在于宣帝，而并非太子。从这里可以知晓，班固记载朝代兴衰的次第、阐明是非的道理，远不如古代史官了。昔日秦穆公亲近、接纳杰出的儒生，招引聪慧善辩之士，故而通晓富国强兵策略。到秦始皇，借其历代的余威，灭亡吞并六国，但统一天下后却坑杀儒生，只凭借刑罚治国；不听扶苏的规劝，怀疑蒙恬的直言；接受胡亥的歪曲之说，相信赵高的谄媚之辞，结果自己死后三年，秦国就灭亡了。此前史书记载的秦二世的灾祸，是由秦始皇所引起的。汉高祖最初用约法三章结好百姓之心，同时任用儒生、辩士，以吞并诸侯，法网疏松得可以漏下吞舟的大鱼（此指采用宽松的政策），使众人淳朴恭谨，天下得以大治。汉宣帝继承六代先帝的宏大基业，继续汉武帝、汉昭帝的现成办法，四周少数民族恐惧于征讨的威力，国人厌倦于战争带来的苦难，天下形成归附之势，恰好处于安居乐业的时代。而他却以严峻之法对待下层，鄙视儒学，偏重"刑名"。当时名倾朝野的就是石显、弘恭之辈，他们逢迎谄媚，位高而险恶，堵塞公众言路，凡事独断专行，致使君主背负无穷的指责。这样看来，到底是谁祸乱了汉宣帝的天下呢？那时，假使宣帝预先想到任用可作汉室柱石的贤士和刚直之臣，并将国家大政托付给他们，不让宦官、奴仆掌握国家机要事宜，岂能近在元帝时代就栋梁弯曲折断、屋檐屋桷崩塌，以至不过三十年，汉朝就变成了王莽的新朝呢！推而计之，秦始皇凭借刑罚治国，灾祸很快及于自身；汉宣帝喜好以刑罚治国，很短时间便丧失天下。与秦朝灭国之祸没有多少不同之处!

从中国历朝盛衰兴亡的规律中,我们会发现,凡是社会兴盛的时候,一定是教化大兴的时期;凡是衰乱的时期,一定是执法严苛的时期。如果推行道德教化,社会就兴盛;如果采用严苛的法制,社会衰乱。实际上,中国古人很早就发现了这个规律,这也正是中国古圣先贤如此重视道德教育的原因之所在,也充分体现了中华传统文化其隽永的魅力,它是真实的智慧,是亘古不变的真理。

二、以德治民,有耻且格,以法治民,民免无耻

中国古代的圣贤,对于德治和法治的优劣非常明了。

在《群书治要·论语》中,孔子讲到:"**导之以政,齐之以刑,民免而无耻;导之以德,齐之以礼,有耻且格。**"意思是:用政令来引导百姓,用刑罚来管理百姓,他们虽然能够避免犯罪,

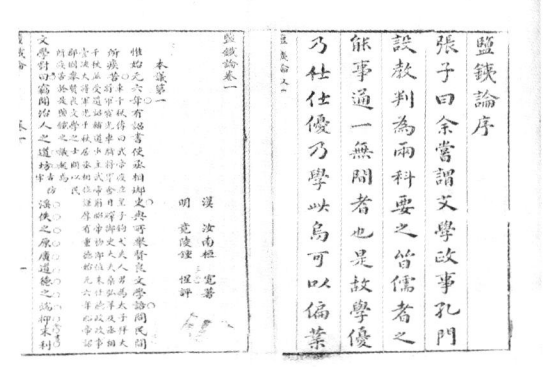

《盐铁论》是西汉桓宽根据汉昭帝时所召开的盐铁会议记录"推衍"整理而成的一部著作。

却不知道犯罪是可耻的;用道德来引导他们,用礼法来教化他们,他们不但知廉耻,而且人心归正。

在《群书治要·盐铁论》中,也讲到:"**法能刑人,而不能使人廉;能杀人,而不能使人仁。**"意思是讲,法律可以惩罚人,但不能使人廉洁;可以把人处死,但不能使人仁爱。进而指出:"**古者明其仁义之誓,使民不逾。不教而杀,是虐民也。与其刑不可逾,不若义之不可逾也。闻礼义行而刑罚中,未闻刑罚行而孝悌兴也。高墙狭基,不可立也;严刑峻法,不可久也。**"

意思是：古代的贤明君王，明确其施行仁义的誓约，让百姓不去违犯，认为不进行教育而待人犯罪后杀掉，就是残害百姓。与其制订刑法使百姓不敢逾越，不如确定礼义规范使百姓不可逾越。只听说礼义昌行而刑罚就能运用得当，没有听说过刑罚昌行而孝悌之风就能兴起的。在狭窄的地基上建筑高墙，是不能建成的；用严刑峻法治理国家，是不能长久的。

在《群书治要·史记》中举了这样一个例子：**"子产治郑，民不能欺；子贱治单父，人不忍欺；西门豹治邺，人不敢欺。三子之才能，谁最贤哉？辨治者当能别之。"**

意思是：子产治理郑国，百姓不能欺骗他；宓子贱治理单父，百姓不忍心欺骗他；西门豹治理邺县，百姓不敢欺骗他。他们三个人的才能谁最高呢？明察的人自然能够分辨出来。

在《群书治要·史记》中节录了一段小注：

魏文帝问群臣："三不欺于君德孰优？"太尉钟繇、司徒华歆、司空王朗对曰："臣以为君任德，则臣感义而不忍欺；君任察，则臣畏觉而不能欺；君任刑，则臣畏罪而不敢欺。任德感义，与夫导德齐礼，有耻且格，等同归者也。孔子曰：'为政以德，譬如北辰，居其所而众星拱之。'考以斯言，论以斯义，臣等以为不忍欺、不能欺。"

意思是：魏文帝问群臣，三种不被欺骗的情况，对君主来说哪种德行更优？太尉钟繇、司徒华歆、司空王朗回答说："臣认为君主推行德政，臣下就会感于道义而不忍欺；君主能够明察，臣下就会敬畏而不能欺；君主滥用刑罚，臣下就会畏惧有罪而不敢欺。推行德政，臣下感于道义，与以德引导、以礼教化，则臣下克己知耻，功效相同，同归仁政。孔子说：'用德行治理国家的人，就像北极星一样，位于中天不动，而为众星环拱。'考察这句话，分析它的意思，臣以为是不忍欺、不能欺为优。

由此可见，道德教化所能达到的"不忍欺"的治理，远胜于以严酷之法所达到的"不敢欺"的治理。

三、以德为本，以法为辅

"不忍欺"的治理方式，非圣贤君子来主政则难以实现；而独用严苛法令，则会给国家带来隐患。因此中国古人提出了以德教为本，以法令制度为辅的治政思想。

《群书治要·政要论》中讲到："夫治国之本有二：刑也，德也。二者相须而行，相待而成矣！天以阴阳成岁，人以刑德成治，故虽圣人为政，不能偏用也。故任德多，用刑少者，五帝也；刑德相半者，三王也；杖刑多，任德少者，五霸也；纯用刑，强而亡者，秦也。"意思是：治理国家的根本办法有两

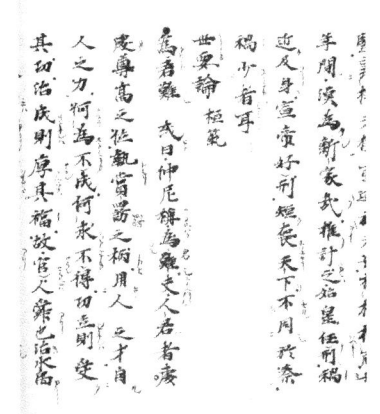

金泽文库《群书治要·政要论》书影

个：一是法制，二是德治。两者结合使用，相辅相成。上天以阴阳变化形成年岁，君主以惩罚与恩德结合实现大治，即便是圣人治理国家，也不可偏颇而用。往昔，用德治多，用法治少的是五帝；用法治和用德治分量相当的是三王；凭借法治多、使用德治少的是"五霸"；只使用法治，国家虽然强盛但却速亡的是秦国。

在《群书治要·昌言》中更明确地讲到："德教者，人君之常任也，而刑罚为之佐助焉。古之圣帝明王，所以能亲百姓、训五品、和万邦、蕃黎民，召天地之嘉应，降鬼神之吉灵者，寔德是为，而非刑之攸致也。至于革命之期运，非征伐用兵，则不能定其业；奸宄之成群，非严刑峻法，则不能破其党。时势不同，所用之数，亦宜异也。教化以礼义为宗，礼义以典籍为本。常道行于百世，权宜用于一时，所不可得而易者也。故制不足，则引之无所至；礼无等，则用之不可依；法无常，则网罗当道路；教不明，则士民无所信。引之无所至，则难以致治；用之不可依，则无所取正；罗网当道路，则不可得而避；士民无所信，则其志不知所定。非治理之道也。"

意思是：以德教化人是君主永恒的责任，刑罚只是德教的辅助。古

代的圣明君主之所以能使百姓亲和、训导五伦、万邦和谐、黎民繁衍，召来天地的美好回应，降下鬼神的吉祥灵光，这确实是德教的成果，而不是刑罚所致。至于承受天命、改朝换代之时，有时不用兵征战，就不能确立功业；狡诈邪恶者成群结伙，没有严刑重法，就不能打破其集团。时代形势不同，采用的措施也应不同。道德教化应以礼义为宗旨，礼义教育应以古代典籍为根本。恒久的常道可以通行百代，变通的措施只适用于一时，常道和权宜之计不能相互替代。制度不完整，召引则无人来；礼仪错乱，实行起来就无可依从；法令多变，就会到处是法网，让人不知所措；政教不明晰，则士民不知该相信什么。征召无贤才前来，国家则难以达到大治；实行无可依从，就没有办法选用正确标准；法网布满道路，百姓就难以躲避；士民不知应该相信什么，就志向不定。这都不是治国理政的好办法。

因此，魏徵等人结合当时的现实，提出了以德治为主，刑法为辅的治政思想。在《群书治要·袁子政书》里面，关于德治和法治的关系讲得更为明确：

> 夫仁义礼制者，治之本也；法令刑罚者，治之末也。无本者不立，无末者不成。先仁而后法，先教而后刑，是治之先后者也。夫仁者使人有德，不能使人知禁；礼者使人知禁，不能使人必仁。故本之者仁，明之者礼也，必行之者刑罚也。故曰："本之以仁，成之以法，使两通而无偏重，则治之至也。"夫仁义虽弱而持久，刑杀虽强而速亡，自然之治也。

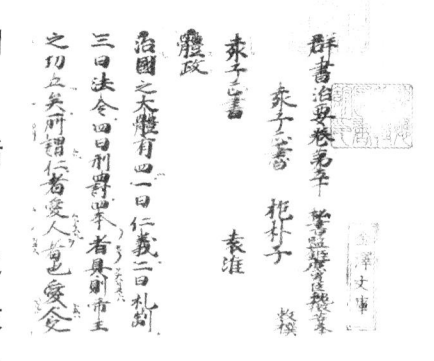

金泽文库《群书治要·袁子政书》书影

意思是：仁义礼制，是治国的根本；法令刑罚，是治理国家的枝节。没有根本就不能立国，没有枝节也不能成功。先讲仁政而后讲法制，先行教化而后行惩罚，这是治国要讲求的先后次序。讲仁爱使人有道德，却不能使人知禁令；讲礼制使人知道避忌，却不能使人一定会讲求仁爱。所以能奠定立身之本的是仁义，使仁义得以显明的是礼制，使人必须遵行礼制的是刑罚。所以说："根本是仁义，再经法令促成，使两者结合而不偏废，那么治国才可达到最高境界。"仁义虽显得柔弱，但能使国家持久；刑杀虽显得强硬，却会加速国家灭亡。二者结合才是合情合理的治国之道。

四、先行德教，方可用法

中国古人认为，刑法必须要在对民众进行道德教化之后，方可施行，不进行教化而施行刑罚，就是虐待民众。

在《群书治要·孔子家语》中，讲到：

"上失其道，而杀其下，非理也；不教以孝，而听其狱，是杀不辜也。三军大败，不可斩也；狱犴不治，不可刑也。何者？上教之不行，罪不在民故也。夫慢令谨诛，贼也；征敛无时，暴也；不诫责成，虐也。政无此三者，然后刑可即也。既陈道德以先服之，而犹不可，则尚贤以劝之，又不可，则废不能以惮之（则废不能以惮之七字作即废之又不可而后以威惮之十二字）。若是，百姓正矣。其有邪民不从化者，然后待之以刑，则民咸知罪矣。是以威厉而不试（试原作诫），刑措而不用也。今世不然，乱其教，烦其刑，使民迷惑而陷罪焉，又从而制之，故刑弥繁而盗不胜也。世俗之陵迟久矣，虽有刑法，民能勿逾乎？"

意思是：身居上位而不懂得教化和引导百姓，却要滥杀百姓，这是不符合情理的。不用孝道去教育和引导百姓，却要用孝道的规范来判决官司，这是杀害无辜。全军大败，不可斩杀士卒；司法混乱，不能实施惩罚。为什么呢？因为在上位的没有进行教育，罪责不在百姓身上。法令松懈而诛杀甚严，这是残害；随意征收赋税，这是暴政；不教化百姓却苛求其守礼守法，这是虐害。政事若无此三种情况，刑罚便可以施行了。要先宣讲道德规范并以身作则，如果还不行，就敬重贤者来鼓励众人。若还是不行，就废弃、罢黜不能遵守道德规范者来使其惧怕。如果这样做了，百姓就会遵纪守法。要是还有奸邪之徒顽固不化，就用刑罚来对待他们，于是民众就都知道此人为什么会犯罪了。这样，就不必用威严来警告他们，刑法也可以搁置不用了。当今社会却不是这样。教化混乱，刑罚繁多，使民众感到迷惑而容易陷入犯罪，又从而受到制裁，所以刑罚越来越多而盗贼却屡除不尽。社会风气的衰败已经很久了，虽有刑法，百姓能不越轨犯法吗？

《群书治要·淮南子》中也讲到：**不知礼义，不可以行法。法能杀不孝者，而不能使人为孔、曾之行；法能刑窃盗者，而不能使人为伯夷之廉。**意思是：人们不懂得礼义，不可能施行法制，法律能处死不孝之子，却不能让人去效法孔子、曾子的品行；法律能惩处偷盗的人，却不能让人学伯夷的正直。

在《群书治要·列子》中，有这样一个故事：

晋国因为盗贼众多而苦恼。有个叫郄雍的人，会看人的相貌，观察其眉睫之间的神色，便可得知其是否为盗贼。晋侯让他指认盗贼，结果千百名盗贼无一遗漏。晋侯大喜，告诉赵文子说："我得到这一个人，便使全国的盗贼因之而除尽，哪里还用得着许多人去侦破盗窃案呢？"文子说："君主只依靠辨察神色来捕获盗贼，盗贼是除不尽的，而且郄雍也必定不得好死。"果然不久，一群盗贼共同商议说："我等之所以走投无路，都因为那个郄雍。"于是合伙盗走了郄雍（的财物）并杀死了他。晋侯听到后为之大惊，便召见文子，告诉他说："果然像你说的那样，郄雍被杀死了，但又能用什么办法来捕获盗贼呢？"文子说："周代有这么一句谚语：'能看清楚深潭中游鱼的人不吉利，能料知隐藏之物者有灾难。'如果君主想使晋国没有盗贼，不如举拔贤良并予以任用，使政教明确于上，使感化行之于下。人们若有羞愧之心，那么谁还去做盗贼呢？"于是，（晋侯）任用随会主持有关政务，众多盗贼便跑到秦国去了。

《群书治要·淮南子》中还讲到：**"古者法设而不犯，刑措而不用，非**

可刑而不刑也。百工维时，庶绩咸熙，礼义修而任贤德也。"意思是：古代法律制定了而无人触犯，刑罚设置了却不施用。不是该施刑的而不用刑，而是百官举措得时，各项事业都兴旺发达，是因为礼仪得到修治，贤德之人得到任用的缘故。

在中国历史上之所以出现"刑措不用"的盛世之治，其根本原因就是德教兴盛，而不是实施严厉法制。

五、虽有善制，必待贤人

中国古人并不是完全否定法令制度，而是认为即便有好的制度，也要有好的人才来实施，才能达到至治。《群书治要·傅子》中，就讲到："**明君必顺善制而后致治，非善制之能独治也，必须良佐有以行之也。**"意思是：贤明的君主必须通过推行好的制度，才能达到社会安定。并不是只有好的制度就能大治，还必须有贤能的大臣去推行善政。这说明要实现大治，人的因素是最重要的。

我们知道，道德教化影响的是人的内心。法治的重点是规范人的外在行为，德治的重点是影响人的内心世界。因此，法律不能自行，再好的法律也需要人来执行。法律的确立和实施，归根到底是人的活动过程，法治是靠人来实现的。见物不见人，法治也就无从谈起。法治的推行首先要依靠社会成员的普遍认同和自觉遵守。没有较高的道德水准，有了好的法律也不易执行，再严密的法律也有空子可钻。不可能设想法律和制度一旦建立，社会秩序就井然有序，失范现象就不攻自破或荡然无存。要看到，一个社会如果大多数社会成员思想觉悟和道德素质低下，那么不论有多么苛刻严厉的法律，也不能从根本上解决社会秩序和管理问题，不能使国家长治久安。没有德治支持的法治，是没有根基的。

西方以维护公平正义为核心的政治制度是在宗教文化的背景中产生的。换言之，西方的政治制度维护了程式上的公平正义，但仁慈博爱、诚实守信、公平正义的道德情感是通过教会培养的。所以，事实上，西方人维护社会秩序是依靠"两手抓"：一手抓公平正义的制度建设；一手抓仁爱诚信的道德教育。但是我们在向西方学习的时候，却仅仅看到了其重视公平正义的制度建设的一面，而在很大程度上忽视了这种制度所得以建立的基础：即一定程度的公民道德素质。所以即使可以把西方某些先进的制度搬到中国来，但是却并没有解决实际问题。例如把西方奉行的民主制度搬到某些乡村进行民主选举村干部的时候，不可避免地出现了大量的贿选拉票、营私舞弊等现象，让民主选举都变了味。显然，这些问题的出现并不仅仅是制度问题，更根本的是人的问题。

六、慎用刑法，详察慎判

中国古圣先王对任用刑法，非常的谨慎。在《群书治要·政要论》里讲到：夫刑辟之作，所从尚矣！圣人以治，乱人以亡。故古今帝王莫不详慎之者，以为人命至重，壹死不生、一断不属故也。夫尧舜之明，犹惟刑之恤也。是以后圣制法，设三槐九棘之吏，肺石嘉石之讯，然犹复三判，佥曰可杀，然后杀之，罚若有疑，即从其轻，此盖详慎之至也。故苟详则死者不恨、生者不怨、怨恨不作，则灾害不生，灾害不生，太平之治也。是以圣主用其刑也，详而行之，必欲民犯之者寡，而畏之者众。"明刑至于无刑，善杀至于无杀。"此之谓矣。夫暗乱之主，用刑弥繁，而犯之者益多，而杀之者弥众，而慢之者尤甚者何？由用之不详，而行之不必也。不详则罪不值，所罪不值，则当死反生；不必则令有所亏，令有所亏，则刑罚不齐矣。失此二者，虽日用五刑，而民犹轻犯之。故乱刑之刑，刑以生刑，恶杀之杀，杀以致杀，此之谓也。"

意思是：刑法的创制，已经历时很久了。圣明之人使用刑法而天下稳定，昏乱之人使用刑罚而国家灭亡。从古到今的帝王没有不审慎使用刑法的。这是因为他们认识到，人的生命是最重要的，人死不能复生，头一断便接不上了的缘故。尧舜那么英明，尚且常为刑罚而担忧。所以后来的圣主制定法规，设立三公九卿等官吏，还在朝廷门外分别设立容许百姓站在其上控诉地方官吏和为受刑者申冤的大石,让人们立于石上陈诉。即使这样,还要重复进行三次审判,大家都认为可以判处死刑,然后才处死;处罚若有疑点,则从轻处理。这都是因为非常审慎的缘故。所以,如果量刑非常审慎,则死者没有怨恨,生者没有愤怒,不引起怨恨和愤怒,则不会出现灾祸,不出现灾祸,是使天下太平的治理方略。因此,圣明的君主使用其刑法,详审之后才执行,目的是让庶民违犯法律者少,而畏惧法律者多。"明确刑法是为了达到不用刑罚,准确地判处死刑是为了达到没有死刑",讲的就是这个道理。昏乱的君主,使用刑罚越多,违犯刑法者越多;判处死刑者越多,轻慢刑法的情绪更甚。这是什么原因呢?是因为使用刑法不是详察慎判,执行刑法不是有法必依。不详慎则量刑不当,量刑不当则应处死的反而活着;不依法行事则法令有所毁弃,法令有所毁弃则量刑处罚不能公平。出现这两个错误,即便每天都使用五种刑罚,庶民还是轻慢、触犯法律。所以,"滥用刑罚的刑法,使刑法生出更多的刑罚;恶意斩杀的斩杀,使斩杀招致更多的斩杀。"讲的就是这种情况。

所以,作为领导者,一定要先推行伦理道德来教化百姓,如果有屡教不改者,才施行刑法。如果一味地推行严苛的法令,虽然能够让百姓免于犯罪,但是却不是最好的治理。而且,我们学习《易经》之后,更会明白这样一个道理:天地之大德曰生,圣人之大宝曰位。何以守位曰仁。人效法天地,就一定要有仁爱之心。有了仁爱之心,才能保住你的位置。如果没有仁德,一味用严苛的法令治理政事,就如《酷吏》传中看到的那些酷吏,很少有善终的。

在《汉书》里面,严延年就是一个这样的例子。

严延年,字逸卿,东海郡下邳县人。严延年身材短小,精明强干,办事灵活快捷,即使是历史上以精通政务著称的子贡、冉有等人,也未必能胜过他。郡府的吏员忠诚奉公的,严延年就会像自家人一样优待他们,亲近他们,并一心为他们着想。居官办事,不顾个人得失,所以在他管辖的区域之内没有什么事情是他不知道的。然而严延年痛恨坏人坏事太过，被他伤害的人很多。他尤其擅长于写狱辞，又善于写官府文书，想要诛杀的人，就亲手写成奏折，连专门掌管文书的主簿，以及他最接近的属吏，都无从得知。奏准判定一个人的死罪，迅速得就像神明一样。到了冬天行刑时，他就命令所属各县把囚犯押送到郡上，集中在郡府统一处死，一时血流数里，所以河南郡人都称他为"屠伯"。在他的辖区里，有令则行，有禁则止，全郡上下一派清明。

当初，严延年的母亲从东海郡来，打算与严延年一起行腊祭礼。到了洛阳，正好碰上他在处决犯人。他母亲很震惊，便住在道旁的亭舍，不肯进入郡府。严延年出城到亭舍去拜见母亲，母亲关门不见。严延年在门外脱帽叩头，过了好一阵，母亲才见他，并斥责他说："你有幸当了一郡太守，治理方圆千里的地方，没听说你以仁爱之心教化百姓，保全百姓，使他们平安，反而利用刑罚大肆杀人，想以此来建立威信，难道身为老百姓的父母官，是该这样行事的吗？"严延年赶忙认错，重重地叩头谢罪。于是亲自为母亲驾车，一同回郡府去。腊月的祭祀完毕后，母亲对严延年说："苍天在上，明察秋毫，岂有乱杀人而不遭报应的？想不到我人老了还要亲眼看着壮年的儿子身受刑戮！我走啦！离开你回到东边的家乡去，为你准备好葬身之地。"于是母亲就这样走了。回到本郡，见着兄弟本家之人，又把以上所言对他们说了。过了一年多，严延年果然出事了。东海郡人没有不称颂严母贤明智慧的。

严延年以严苛法令治理一方，让民众"不敢欺"。但是，这样的治理方式并不是最好的，而且他违背仁义之德，因此给自己带来灾祸，这实在令人深省。

七、法令滋彰，盗贼多有

在《群书治要》中，对于法治有这样的阐述：国家不能制定繁苛的法令，法律越严密，盗贼反而会越多。

在《群书治要·史记》中记载到："**汉兴，破觚而为圆**〔觚，方〕，**斫雕而为朴，网漏于吞舟之鱼，而吏治烝烝，不至于奸，黎民艾安。由是观之，在彼不在此**〔在道德，不在严酷也〕。"意思是：汉朝兴起，去掉棱角而力求宛转，免去繁文缛节而提倡质朴，法网宽疏得可以漏掉能吞噬船只的大鱼，可是吏治却蒸蒸日上，谁也不敢为非作歹，百姓和美安定。由此看来，治理国家在于道德的引导，而不在于刑罚的严酷。

《老子》上讲到："**法令滋彰，盗贼多有。**"意思是：一个国家制定的法令越多，越严苛，结果盗贼反而会越来越多。

在《群书治要·左传》中也讲到："**国将亡，必多制。**"意思是：国家将要灭亡，一定是有很多法律制度。

因此，治理一个国家，一个单位，不在于法令制度多，贵在法令能够实行，尤其不能够频繁地改动法令制度。如《群书治要·袁子正书》中讲到："**国之治乱，在于定法。定法则民心定，移法则民心移。法者，所以正之事者也，一出而正，再出而邪，三出而乱。法出而不正，是无法也；法正而不行，是无君也。**"意思是：国家的治乱，关键在于确定法令。法令确定则民心定，法令变更则民心变。法令是为了求得处事公正的，法令刚出来则百事正，发生变更则会有奸邪的事发生，多次变更就会发生混乱。法令出而事不正，是等于无法；法令正而不执行，是等于没有君上。

八、重儒轻法，德治天下

需要说明的是，《群书治要》的编撰者们不认同韩非、商鞅等人的法家学说，书中虽然也节录了部分法家的著作，但只是吸取其极少的有利于治国的言论。《群书治要》一书的治国主张，核心是以道德教化为根本，如《群书治要·体论》中说道："**德之为政大矣，而礼次之也。夫德礼也者，其导民之具欤。太上养化，使民日迁善，而不知其所以然，此治之上也；其次使民交让，处劳而不怨，此治之次也；其下正法，使民利赏而欢善，畏刑而不敢为非，此治之下也。**"意思是：用道德教化是第一位的，礼法则紧随其后。道德与礼法都是引导人民的用具啊！远古时代的道德教化，使人民日益转向善良，却不知道自己为什么会转向善良，这是最好的治理；其次，使人民互相礼让，身受劳作之苦而并无埋怨，这是次一等的状况；再次就是用法规来纠正，使人民因利益得到保障而喜欢从善，因畏惧刑罚而不敢做非法之事，这是最末一等的治理。

唐太宗历来被称为有道明君，不仅表现在他的文治武功上，更表现在他仁义为怀、以德化民上。

"太宗释囚"就是历史上被传为千古美谈的一个故事，这段故事在《资治通鉴》里面就有记载。讲到太宗皇帝竟然让死刑犯自由回家省亲，这在历史上非常罕见。

故事是这样的：贞观八年（西元634年）九月初四这一天，长安城朱雀大街，大理寺司衙的大门前，被人围得水泄不通。事情起源于九个月之前，唐太宗李世民和三百九十多名死囚立了一个死亡之约，这个死亡之约是怎么回事呢？

原来，在贞观七年，就是头一年的腊月，太宗视察朝廷的大狱，发现那里有三百九十名被判处死刑的囚犯等待执行死刑。太宗历来强调不要搞严刑酷法，务求宽简，他对死刑审核也极为慎重。因为死刑至重，真正事关人命，一旦草率，后悔就来不及了。所以他对死刑复核制度非常重视，从三复奏变为五复奏。现在关在监狱里的这三百九十人都是经过了三复奏和五复奏的程式，实际上都是情无可原，罪无可恕，死无可冤的。对于这样的人，太宗也是本着人文主义的精神，对他们进行了终极抚慰。太宗也是真正的有仁德，我们古人讲"人之将死，其言也善；鸟之将亡，其鸣也哀"，虽然这些人可能罪大恶极，但是面对死亡的这种悲苦情状，确实也是令人同情。所以太宗就和这些死刑犯交流，问他们对自己的罪责有没有什么异议，还有没有被冤枉的。这些人全部都认为自己确实是犯了死罪，没有一点异议。但是这些人都表达了一个强烈的愿望，希望自己能够再回家看一次父母妻子。这时候太宗想了很久。自己是帝王，是君主,这些犯了罪的百姓,其实也是自己的臣民,虽然犯了罪,但还是自己的臣民。太宗想是不是答应他们这个要求。要答应他们很冒险,这些都是罪大恶极的人。

但是很快,太宗做了一件让当场所有人大吃一惊的决定,跟他们讲:"你们可以不受任何约束地回家和亲人团聚,在你们和家人的亲情关爱当中,度过人生最后的时光。但是你们必须遵守一个约定,就是到明年的九月初四,自行回到监狱里来伏法。"

这些死囚犯简直不敢相信自己的耳朵。听到这个事谁敢相信啊!马上都是要被处死的,皇帝竟然能够答应让他们毫无约束地回到家里,去和自己的家人团聚。

一看到太宗做了这个决定,他身边的户部尚书,大理寺卿戴胄就忍不住上前提醒,跟太宗讲:"皇上,这些可都是杀人越货,罪大恶极的人,没有信用可言,到时候他们要是不回来,怎么向天下的人交代啊?皇上您一定要三思而后行啊!"戴胄他是专门负责司法的,非常担心这些人要是一旦不回来,这个就是大事啊。

戴胄这么一讲,太宗表情非常坚定,回答道:"我们一定要用诚心才能够换来百姓的忠心,我相信他们这些人一定不会辜负这份信任。"太宗非常相信,毕竟每个人的本性都是本善。

话虽然这么讲,但是大家都是将信将疑,这些人真能够回来吗?因为要知道,回来就意味着必须要受死,反正左右都是死,不回来他能逃得了一时就是一时,谁不想活着啊!

所以到这一天,第二年九月初四这天,很多人都来看热闹,看这些死囚到底回不回来,看皇帝和死囚这个约定到底能不能真正实现。没想到的是,从这天早上开始,这些死囚真的一个一个回来了。一个、两个、三个···到了约定的时辰,来了三百八十九个人,就差一个了。狱吏,管监狱的官员就找来名册,看看还有谁没来,后来发现只有家住在京畿扶风,这是离京城不远的一个死囚,叫徐福林,迟迟没有到。这一下不仅官员不满意，这些死囚都愤怒起来了，说这个徐福林没良心，这个人良心被狗吃了，要是有机会出去，要把这个徐福林给宰了，说他是一个不讲信用的小人。这些死囚看到自己还有一个同伴没来，都感到自己好像受了奇耻大辱。

这时候所有的人都把目光转向太宗，那时候太宗还很年轻，只有三十五岁，太宗还是非常镇定地和大家讲："我们再等一等。"随着时间一点一点过去，大家表情都非常凝重，心想这个徐福林可能不会来了，皇上最终会因为死囚不能全部到来，让天下人看笑话。

就在这时候，远处传来了车轮声，慢慢地有一辆牛车走了过来，从这个牛车的车棚里探出一个人头。这个人一脸蜡黄，好像得了重病，走进一看，正是那个叫徐福林的死囚。这个徐福林在返回京城的路上恰好病倒了，只好雇了一辆牛车赶路，结果比约定的时间晚了一个时辰。

这一下太宗脸上真正露出了笑容，他感觉到自己没有看错。这些死囚因为能够信守诺言，得到了最高的奖赏，这三百九十个人，全部都被太宗赦免了。而且太宗做了这个决定之后，没有任何一个人提出异议。

我们知道这就是儒家仁义礼智信里面这个信字，信守诺言。这些死囚，我们看到在那个年代，虽然罪大恶极，都能够做到这个信字，正是因为他们都做到了这个信字，从而创造了世界上一个奇迹。信守诺言，从容赴死，最终他们全部得到赦免。唐朝著名诗人白居易，曾经在诗里面讲到："怨女三千放出宫，死囚四百来归狱。"说的就是唐太宗这件事情。

太宗之所以能做出这样的举动，根源在于他真正有仁德，所以我们学习这部《群书治要》，真正感受到为君者，做领导，包括做人，最重要的是要有道德，有仁爱之心。领导者真正有仁爱就能够得到百姓的拥护，就会有廉洁奉公的官员，就会有讲究规矩、遵守礼法的百姓。所以在《群书治要》里面，反复强调要依靠道德教育来治国，把道德教化作为立国之本，而不能够全用法治，法令制度只能是作为维护道德教育、维护道德礼法的辅助工具。

因此《群书治要》的编撰者们认为,单纯依靠法治,是不可能实现长治久安的,最显著的例子,就是秦朝的覆亡。但是,由于时势变化,人心浇薄,治理国家,法令制度仍然是不可缺少的。因此,魏徵等人在总结历史经验教训之后,提出了"德主刑辅"的治国主张,既符合唐朝当时的社会情况,对当前社会来说,也具有极高的借鉴价值。

第十章

以民为本、注重民生：《群书治要》的民本思想

民本思想是《群书治要》中的又一重要思想。**"夫君者，舟也；民者，水也。水所以载舟，亦所以覆舟"**，这是唐太宗从《群书治要》中得到的最重要的警示之一。后来唐太宗常用这一段话来自省自警。

唐太宗李世民登基后，十分重视百姓疾苦和情绪，关注民心向背，强调爱民。他把以爱民为核心的民本思想作为自己执政的指导思想，制定了一系列顺应民心的开明政策，使中国历史上出现了一个政治清明、经济发展、文化繁荣、社会安定、人民安居乐业的太平盛世，成为当时世界上最繁荣富强的国家。

在《群书治要》节录的文字中，深刻地体现了魏徵等人强调治国者要以民为本，注重民生的民本思想。特别强调无论为君者还是为官者，都要以爱民为本。为君者要懂得恤民、富民、教民，这样才能让天下大治。

一、民惟邦本，本固邦宁

民本思想是中国传统文化，特别是传统政治思想中一个重要的组成部分，通过这种思想，能让为政者在执政中注意顺民心，认识到人心向背决定着一个朝代的强弱、治乱、兴衰和存亡。

中国古圣先王在远古时代就有了民本思想。在《群书治要·尚书》

商汤像

中,大禹和皋繇在讨论治国之道时说道:"**在知人,在安民,知人则哲,能官人;安民则惠,黎民怀之。**"意思是:治国之道在于知人善任,在于让人民安居乐业。能透彻地了解别人就是大智,这样就能恰当地选拔官员;能让人民安居乐业就是大仁,百姓就会归顺他。

在《群书治要·尚书》中,还记载了太康为政的时候开始腐败,失去民心。在一次他外出打猎的时候,被有穷国国君后羿,即传说中射九日的羿,率领民众阻止返回京城,从而使其失去帝位。太康的五位弟弟在洛水等待他回国,作了《五子之歌》来批评他,里面讲到:

"**民惟邦本,本固邦宁**〔言人君当固民以安国也〕。**予视天下愚夫愚妇,一能胜予**〔言能敬畏小民,所以得众心也〕。**怨岂在明?不见是图**〔不见是谋,备其微也〕。**予临兆民,凛乎若朽索之驭六马**〔凛,危貌也。朽,腐也。腐索御马,言危惧甚也〕。**为人上者,奈何弗敬**〔能敬则不骄,在上不骄,则高而不危也〕?"

意思是:百姓是立国的根本,根本得以稳固,国家才会安宁。(说的是人君应当稳固民心,才能使国家安定。)我遍观天下之事,深感愚夫愚妇都能将我战胜。(说的是能敬畏小民,才能赢得人心。)对于民怨,应在其尚未显现时就有所谋划,岂能等它明显了才开始警醒。(防患于未然,从一开始就小心戒备。)我面对亿万民众,危惧的心情就像用烂绳驾御六马之车,(凛,危惧的样子。朽,腐烂、损坏的意思。用腐烂损坏的绳索驾驭马车,比喻危惧到极点。)作为民众的君主,怎能不时刻谨慎忧惧?(能敬畏就不会骄傲,能处于上位而不骄傲,即使居位再高也不会有什么危险。)

在《群书治要·史记》上也记载了商朝时期汤王的话:**"予有言:人视水视形,视民知治不。"**

意思是:"我曾经说过:人们看水便可见到自己的形象,看民众的情况便可知道国家是否安定。"也就是说,一个国家治理的怎么样,只要看看这个国家民众的情形就可以了。所以,治理一个国家,一定要以民为本。

从中国历代的兴衰可以看出,凡是君主能够勤政爱民,"以天下之心为心",社会就能得到大治;君主如果不以民为本,则政事就会衰败。中国历朝历代治乱兴衰的规律都是以民为本则兴,不以民为本则衰。

二、善为国者,爱民如子

以民为本,首先要爱民。在《群书治要·左传》上说道:**"国之兴也,视民如伤,是其福也**〔如伤,恐惊动〕**;其亡也,以民为土芥,是其祸也**〔芥,草也〕**。"**

意思是:当一个国家要兴盛的时候,就会把百姓看成自己的伤口一样,唯恐一不小心碰疼它,这是一个国家的福运;一个国家将要灭亡的时候,就会把百姓看得像泥土和草芥一样不值钱,随便践踏,这是一个国家的灾难。也就是说,一旦一个国家把民众看成泥土和草芥一样,随意践踏,就会有灭国的危险。

在《群书治要·汉书》中也引用《洪范》说道:**"天子作民父母,为天下王。"** 意思是:天子要能充当民之父母,方可能成为天下之王。中国古人就常常讲,做领导者,要扮演三个角色:作之亲、作之君、作之师。真正要像父母爱孩子一样爱护自己的臣民和百姓,百姓就会拥戴君主,不惜性命地去保护君主。

在《群书治要·六韬》中,有一段文王和太公对话:**文王问太公曰:"愿闻为国之道。"太公曰:"爱民。"文王曰:"爱民奈何?"太公曰:"利而勿害,成而勿败,生而勿杀,与而勿夺,乐而勿苦,喜而勿怒。"**

意思是:周文王问太公:"我想知道治国的根本道理。"太公答:"爱民。"文王问:"如何爱民呢?"太公答:"要保护人民的利益而不要去损害人民的利益;要促进人民生产而不要破坏人民生产;要珍惜人民的生命而不要滥用刑罚杀害人民;要给予人民实惠而不要和人民争夺利益;要使人民安乐而不使他们受苦;要使人民喜悦而不使他们怨怒。"

太公还进一步说:"**善为国者,御民如父母之爱子,如兄之慈弟也。见之饥寒,则为之哀;见之劳苦,则为之悲。**"意思是:善于治国的君主,统驭人民要像父母庇护子女,兄长爱护弟弟那样,见其饥寒就为他忧虑;见其劳苦就为他悲痛。"

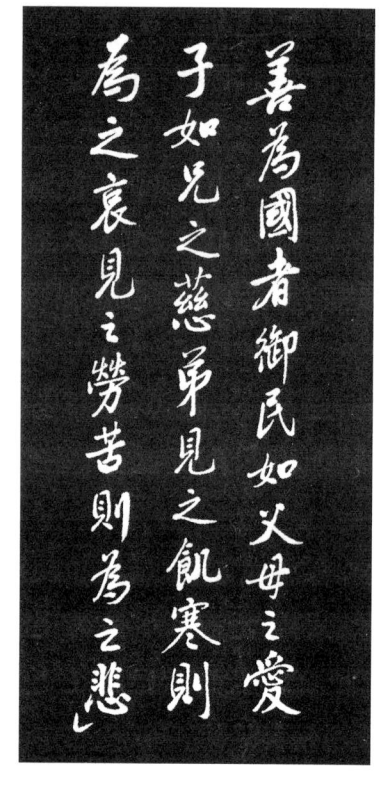

中国古代的圣王都是爱民如子的模范。例如在《群书治要·说苑》中就讲到尧帝治理天下的情景:

"**尧存心于天下,加志于穷民,痛万姓之罹罪,忧众生之不遂也。有一民饥,则曰:'此我饥之也。'有一民寒,则曰:'此我寒之也。'一民有罪,则曰:'此我陷之也。'**

意思是:唐尧心怀天下,用心去周济贫民,痛心于百姓的苦难,忧心于广大的百姓不能顺利生长。有一人挨饿,他就说:'这是我使他挨饿的。'有一人寒冷,他就说:'这是我使他受冻的。'有人犯了罪,他就说:'这都是我造成的。'

禹出见罪人,下车问而泣之。左右曰:"罪人不顺道使然,君王何为痛之至于此也?"禹曰:"尧舜之民,皆以尧舜之心为心。今寡人为君也,百姓各自以其心为心,是以痛之也。"

意思是:大禹出巡遇见一个犯罪的人,便下车询问并为他哭泣。左右的人说:"那罪人因为不走正路,所以会这样。君王你为什么要为他伤痛成这个样子呢?"大禹说:"尧、舜时候的人民,都以尧、舜仁爱之心为己心。现在我作为君王,百姓却各以自己的私心为己心,因此我感到痛心。"

所以,要做一个好的领导者,首先就是要有爱民之心。在《群书治要·荀子》中,提出了为君者必须爱民自身才能安稳,国家才能得治。

"君者,民之源也;源清则流清,源浊则流浊。故有社稷而不能爱民,不能利民,而求民之亲爱己,不可得也;民不亲不爱,而求其为己用,为己死,不可得也;民不为己用,不为己死,而求兵之劲、城之固,不可得也;兵不劲、城不固,而求敌之不至,不可得也;敌至而求无危削,不灭亡,不可得也。故人主欲强固安乐,则莫若反之民;欲附下一民,则莫若反之政;欲修政美国,则莫若求其人。故君人者,爱民而安,好士而荣,两者无一焉而亡也。"

意思是:君主是人民(思想行为)的本源。源头清澈,水流就清澈;源头浑浊,水流就浑浊。所以,拥有国家若不能爱护人民、不能有利于人民,却期求人民亲近、爱戴自己,是不可能的;人民不亲近、不爱戴,却期求人民为自己所使用、为自己去牺牲性命,是不可能的;人民不为自己所使用、不为自己去牺牲性命,却期求兵力强劲、城防坚固,是不可能的;兵力不强劲,城防不坚固,却期求敌人不来侵犯,是不可能的;敌兵已至,却期求国家不危险、不被削弱,不被灭亡,也是不可能的。君主要想国家强大、稳固和安乐,莫若反省对人民的态度;要想使臣子亲附,人民团结一致,莫若反思政令的得失;要想政治清明,国家美好,莫若访求德才兼备的人。所以,作为一个君主,爱护人民,自己才能安泰;喜好德才兼备的人,自己才会荣耀。如果这两者缺少了一样,国家就会灭亡。

三、为政之道,在顺民心

中国古人常讲,得民心者得天下。一个朝代,政事治理得好,必定是因为顺应民心；治理得不好，一定是因为违背民心。在《群书治要·管子》中就说道："政之所行，在顺民心；政之所废，在逆民心。民恶忧劳，我逸乐之；民恶贫贱，我富贵之；民恶危坠，我存安之；民恶灭绝，我生育之。能逸乐之，则民为之忧劳；能富贵之，则民为之贫贱；能存安之，则民为之危坠；能生育之，则民为之灭绝。"

意思是：政事所以兴旺，在于顺应民心；政事所以衰败，在于违逆民心。民众厌恶忧劳，我就教他们如何才能安乐；民众厌恶贫贱，我就教他们如何才能富贵；民众厌恶危难，我就使他们安乐；民众厌恶断绝后嗣，我就使他们都生育、抚养。能使民众平安，民众就能为我承受忧劳；能使民众富贵，民众就能为我承受贫贱；能使民众安定，民众就能为我承受危难；能使民众生育、抚养，民众就能为我承受绝嗣的牺牲。

可见，治国理政，最重要的在于能够顺应民心。在《群书治要·管子》中，就记载了一段管子和齐桓公的对话，说明，要把国家治理好，根本在于以民为本。内容是：

桓公在位，管仲、隰朋见。立有间，有贰鸿飞而过之。桓公叹曰："今彼鸿鹄有时而南，有时而北，四方无远，所欲至焉。寡人之有仲父，犹飞鸿之有羽翼也，若济大水有舟楫也。仲父不壹言教寡人乎？"管子对曰："君若将欲霸王举大事乎？则必从其本事矣。"桓公曰："敢问何谓其本？"管子对曰："齐国百姓，公之本也。民甚忧饥，而税敛重；民甚惧死，而刑政险；民甚伤劳，而上举事不时。轻其税敛，则民不忧饥；缓其刑政，则民不惧死；举事以时，则民不伤劳。"桓公曰："寡人闻命矣。"

意思是：桓公坐在席位上，管仲、隰朋进见，站了一会儿，有两只鸿雁飞过，桓公叹息说："你看那些鸿鹄有时飞向南，有时飞向北，四方不论多远，想到哪里就到哪里。我有仲父，就像飞鸿有羽翼，就像过大河有船有桨一样。仲父不想就此一议，教导我吗？"管子回答说："国君好像想要成就霸王之业、干一番大事吧？那就一定得从根本大事做起。"桓公问道："敢问什么是其根本？"管子回答说："齐国的老百姓，是您的根本。

人们很担忧挨饿,而赋税沉重;人们很惧怕死亡,而刑罚险苛;人们很忧伤疲劳,而国君征役没有定时。如果您减轻赋税,人们就不担忧挨饿;宽缓一下刑政,人们就不怕动辄死罪;征役有时,人们就不忧伤疲劳。"桓公说:"我听到您的教导了。"

顺应民心,不是顺应民众的习性,而是要顺应民众的本性。在《群书治要·文子》中说道:**"故先王之制法,因民之性而为之节文;无其性,无其资**(资原作养)**,不可使遵道也。人之性有仁义之资,非圣王为之法度,不可使向方也。因其所恶以禁奸,故刑罚不用,威行如神矣。因其性,即天下听从,咈其性,即法度张而不用。"**

意思是:古圣先王制定治国之策,就根据百姓的意愿和本性来拟定条文;不随顺他们的性情,不顾及他们的生活保障,就不能使他们遵从道的规律。人性虽具有仁义的本质,但无圣贤帝王给他们制定相适应的规章制度加以约束、引导,就不可能使其合乎规范。凡是百姓厌恶的行为都予以禁止,以防止邪恶发生。所以,刑罚没有使用,其威慑力却如神明一样强大,顺应人的本性,就能够使天下人顺服;如果违背了人的本性,法度虽设却无法起到应有的作用。

四、治国之道,必先富民

爱民,第一步是要解决民众的生存问题,让民众过上稳定富足的生活。因此,《群书治要·管子》中说:**"凡治国之道,必先富民。""仓廪实则知礼节,衣食足则知荣辱。"** 国库充实,人们就知道礼节,衣食丰足,人们就知道荣辱。《群书治要·傅子》中说:**"民富则安,贫则危。"** 如果民众过上富裕的生活则会安稳,如果贫困则会忧惧。因此,历代贤君都将"富民"作为基本的国策。

富民,在中国古代,最基本的就是要轻徭薄赋,不能横征暴敛。富民的关键,在于要能够公平地分配财富。在《群书治要·管子》中说道:**"天下不患无财,患无人以分之。"** 意思是:天下不愁没有财货,只担心没有贤德的人去分配它们。

在《群书治要·论语》中，孔老夫子也说道：**"有国有家者，不患寡而患不均，不患贫而患不安。"** 意思是：有国有家的诸侯、大夫，不担忧财富不多而担忧财富分配不均；不担忧人民生活贫穷，而担忧境内不安。

在《群书治要·孔子家语》中，哀公问政于孔子，孔子对曰："政之急者，莫大乎使民富且寿也。"公曰："为之奈何？"孔子曰："省力役，薄赋敛，则民富矣；敦礼教，远罪疾，则民寿矣。"公曰："寡人欲行夫子之言，恐吾国贫矣。"孔子曰："《诗》不云乎？'恺悌君子，民之父母'。未有其子富而父母贫者也。"意思是：哀公向孔子问治理国家的事，孔子回答说："治理一个国家，没有比使老百姓富裕并且长寿更重要的了。"哀公说："那该怎么去做呢？"孔子说："减少劳役，减轻赋税，那么老百姓就富裕了；督促礼仪教化，使惩罚和疾病远离百姓，那么老百姓就长寿了。"哀公说："寡人我想施行先生的建言，但担心我的国库会贫乏呀！"孔子说："《诗经》不是说：一个执政的君子，他的态度常是和平快乐的，他的德行常是平易近人的，他就像民众的父母一样。没有听说过孩子富裕了而其父母亲却贫穷的啊！"此外，在《孔子家语》中，孔子还说：**"百姓足，君孰与不足？百姓不足，君孰与足？"** 意思是：如果百姓的用度够，做君主的用度怎么会不够？如果百姓用度不够，君主怎可以求自己的用度够呢？可见，只有百姓富足，国家才会富足。

五、富之教之，取信于民

民众过上稳定的生活之后，就要对其进行伦理道德的教育，也就是教民。相比之下，教之比富之更为重要。

在《群书治要·论语》中，孔子和他的弟子冉有有一段对话：**子适卫，冉子仆。子曰："庶矣哉！"冉有曰："既庶矣，又何加焉？"曰："富之。"曰："既富矣，又何加焉？"曰："教之。"** 意思是：孔子到卫国去，冉有为他驾车。夫子说："卫国人口众多呀！"冉有说："人口多了，又该怎么办呢?"夫子说:"让他们富裕起来。"冉有又问:"富裕之后又怎么办呢?"夫子说:"教育他们。"

如何教育民众,之前在"建国君民、教学为先"一章中,有非常详细的阐述。此外,在《群书治要·傅子》中尤其谈到实施乡间教育的重要性,对此说道:"**笃乡间之教,则民存知相恤,而亡知相救。存相恤而亡相救,则邻居相恃,怀土而无迁志。邻居相恃,怀土无迁志,则民必安矣。**"意思是:重视乡间的教化,则百姓安定时懂得相互体恤,危急时知道相互救助。如此,则邻里间相互依靠,热爱故土不愿迁徙。邻里相互依赖,怀恋故土而不愿迁徙,百姓一定会安定。

为政者办理政治,和教民同等重要的,就是要能够取信于民。

在《群书治要·论语》中,记载了一段子贡和夫子的对话,谈的就是如何对待民众的问题。说道:

子贡问政。子曰:"足食,足兵,民信之矣。"子贡曰:"必不得已而去,于斯三者何先?"曰:"去兵。"曰:"必不得已而去,于斯二者何先?"曰:"去食。自古皆有死,民不信不立〔死者,古今常道,人皆有之,治邦不可失信〕**。**"

意思是:子贡问为政之事,孔子说:"粮食充足,武备修整,取信于民。"子贡说:"如果迫不得已要去掉一项,那么在这三项中先去掉哪一项呢?"孔子说:"去掉武备"。子贡说:"如果迫不得已还要去掉一项,那么在其余的两项中去掉哪一项呢?"孔子说:"去掉粮食。自古以来人都免不了要死,如果老百姓不信任国家,国将不国。"

在《群书治要·说苑》里面,讲了这样一个故事:

齐桓公逐鹿而远,入山谷之中,见一老。公问之曰:"是为何谷?"对曰:"为愚公之谷也。"公曰:"何故?"对曰:"以臣名之。"公曰:"何为以公名之?"对曰:"臣故畜牸牛,子大,卖之而买驹。少年曰:'牛不能生马。'遂持驹去。傍邻闻之,以臣为愚。故名此谷为愚公之谷。"桓公曰:"诚愚矣,夫何为而与之。"桓公遂归,以告管仲。管仲曰:"此夷吾之愚(愚原作过）**也！使尧在上，咎繇为理，安有取人之驹，见暴如此叟者也。是公知狱讼不正，故与之耳。请退而修政。" 孔子曰："弟子记之，桓公，霸君也，管仲，贤佐也，犹有以智为愚者，况不及桓公、管仲者乎！"**

大意是：齐桓公追逐一头鹿，进入一个远处的山谷之中，看见一位老翁，就问他说："这是什么谷？" 老翁回答说："是愚公谷。" 齐桓公问："为什么取了这个名字？" 老翁回答说："因为我而起的名。" 齐桓公说："为什么因为你而取名愚公谷呢？" 老翁回答说："我从前养过一头母牛，生下牛犊长大后，我卖掉它买了一匹马驹。有个年轻人说：'牛是不能生马的。' 于是便牵走了我的马驹。邻居听说这件事，认为我太愚蠢了，所以这个山谷命名为愚公谷。" 齐桓公说："你确实太愚蠢了！你为什么要把马驹给他呢？" 齐桓公于是回到宫中，第二天上朝时，将此事告诉了管仲。管仲说："这是我的过错。假若尧在上，咎繇作刑狱官，怎么会有随便拉走人家马驹，像这个老翁一样被人欺凌的事呢？这是老翁知道诉讼案件判处不会公正，所以把马驹给了人。请让我回去很好地整顿政事。" 孔子说："弟子们应记住这件事。齐桓公是建立霸业的国君，管仲是贤明的辅佐，还有把智者当成愚者的时候，何况赶不上桓公与管仲的人呢！"

我们看到，管仲作为一名贤明的臣相，是非常有智慧的，能够从这件小事中看到民众对朝廷的不信任，从而努力整顿政事。

六、听取民意，知晓民情

在《群书治要》的民本思想中，非常宝贵的是提出了领导者要知晓民情，使民情上达，让民众充分发表意见和观点。例如，在《群书治要·史记》中，节录了召公对周厉王的谏言："**防民之口，甚于防水。水壅而溃，伤人必多，民亦如之。是故为水者，决之使导；为民者，宣之使言。故民之有口，犹土之有山川也，财用于是乎出；犹其有原隰衍沃也，衣食于是乎生。口之宣言也，善败于是乎兴。夫民虑之心，而宣之于口，成而行之。若壅其口，其与能几何？**" 意思是：堵塞人民的嘴巴，比堵塞河流的后果还要严重。河水堵塞蓄积,一旦决口,受到伤害的人一定很多。堵住民众的口也是如此。所以,治水的人要疏通河道,使水流通畅;治理民众的人,要让他们讲话。民众有嘴巴,正像大地有山河,人类的财富用度都从这里产出;又好像大地有高低干湿等各种类型的田土,人类的衣服食物都从这里产出。放手让民众讲话,政事的好坏得失都可以从这里反映出来。民众想在心里,说在嘴上,成熟的意见便予以推行。若是堵塞他们的嘴巴,那么支持您的能有几个人呢?

因此,《群书治要》强调为君者要设法使民情上达,充分听取民众的意见,如《群书治要·后汉书》中节录杨震的话:**"臣闻尧舜之世,谏鼓谤木,立之于朝,殷周哲王,小人怨詈,则洗目改听。所以达聪明,开不讳,博采负薪,尽极下情也。"** 意即尧舜之世,设进谏之鼓与诽谤之木,立之于朝门,殷、周贤明的君主,听到下民的怨言,就洗耳恭听,为的是达到耳聪目明,开放言论,广泛采纳负薪之类下民的意见,以全面了解下情啊。

七、治国有常,利民为本

治国理政,无论在任何时代,最重要的是以民为本,为民谋利。在《群书治要·文子》中说道:**"治国有常,而利民为本。""苟利于民,不必法古;苟周于事,不必循俗。"**

意思是:治国有常理,利民为根本。如果有利于百姓,就不必效法古人;如果措施合于事宜,就不必顺从旧俗。

因此,在《群书治要·贾子》中说道:

"于政也(原无也字,补之),民无不为本也。国以为本,君以为本,吏以为本。故国以民为安危,君以民为威侮,吏以民为贵贱,此之谓民无不为本也。民无不为命也。国以为命,君以为命,吏以为命。故国以民为存亡,君以民为盲明,吏以民为贤不肖,此之谓民无不为命也。民无不为功也。故国以为功,君以为功,吏以为功。故国以民为兴坏,君以民为强弱,吏以民为能否,此之谓民无不为功也。故夫民者,至贱而不可简也,至愚而不可欺

乾隆皇帝书"建极绥猷"

也。故自古而至于今，与民为仇者，有迟有速，而民必胜之矣。"

意思是：我听说，人民始终是一切政治的根本。国家以人民为根本，君主以人民为根本，官吏也以人民为根本。所以国家的安危取决于人民，君主的威严与屈辱取决于人民，官吏的尊贵与低贱取决于人民，这就是我所说的人民是一切政治的根本所在。人民是一切政治的命脉。国家以人民为命脉，君主以人民为命脉，官吏也以人民为命脉。所以国家的存亡在于人民，君主的暗昧与清明在于人民，官吏的贤与不贤取决于人民，这就是所说的人民是国家的命脉所在。人民是一切功绩的创建者。国家靠人民之力取得成就，君主靠人民之力取得治绩，官吏靠人民之力取得政绩。所以国家的兴衰取决于人民，君主权威的强弱取决于人民，官吏能力的高低取决于人民的评价，这就是所说的人民是一切功绩的创建者。因此，人民虽然是最低贱的，但不能轻视；虽然是最愚昧的，但不能欺骗。所以从古到今，凡是与人民为敌的人，或迟或早，人民都必定会取得胜利。

"得民心，得天下，失民心，失天下"。唐太宗对民本思想的认识是非常明确的，在《贞观政要》中，详细而且多处地记载了他对民本思想的观点。

《贞观政要》一开首，在《君道》篇中，唐太宗对大臣说："**为君之道，必须先存百姓，若损百姓以奉其身，犹割股以啖腹，腹饱而身毙。**"又说："**可爱非君，可畏非民。天子者，有道则人推而为主，无道则人弃而不用，诚可畏也。**"（《贞观政要·政体》）

唐太宗君臣以民为邦本作为治国的指导思想，自觉性也是相当强的。贞观二年，唐太宗说：**"朕每日坐朝，欲出一言，即思此一言于百姓有利益否，所以不敢多言。"** 同年，蝗虫为害，唐太宗说："**人以谷为命，而汝食之，是害于百姓。百姓有过，在予一人，尔其有灵，但当蚀我心，无害百姓。**"随即把捉到的几只蝗虫生吞了。贞观十二年，魏徵上《十渐不克终疏》，批评唐太宗的**"百姓无事则骄逸，劳役则易使"**的错误观点，以及若干错误行为，如"万里遣使，市索骏马，并访怪珍，难得之货杂然并进，玩好之作无时而息，长傲纵欲，无事兴兵，问罪远裔"，以及在用人等方面的不良倾向，向唐太宗发出了**"傲不可长，欲不可纵，乐不可极，志不可满"**的警告，规劝唐太宗牢记**"民惟邦本，本固邦宁"**的治国正道，有始有终地**"视人如伤，爱民如子"**。唐太宗都接受了，并对魏徵说：**"自得公疏，反复研寻，深觉词强理直，遂列为屏障，朝夕瞻仰。又录付史司，冀于千载之下识君臣之义。"** 贞观二十二年，军旅亟动，宫室互兴，百姓劳敝，徐惠妃上书，呼吁唐太宗"守初保末"，勿善始而难终，指出**"地广非常安之术，人劳乃易乱之源"**，建议唐太宗减轻繁重的劳役，还提出**"有道之君，以逸逸人；无道之君，以乐乐身。"** 要唐太宗自勉。唐太宗认为她说得对，特加厚赐。

就是在这一指导思想的影响下，唐太宗君臣制订和实施了一系列从民欲、顺民心，使民安乐的政策和措施。首先，普遍推行了均田制，调动了农民的积极性，开垦了大量的荒地，促进了农业生产的恢复和发展；其次，普遍推行了租庸调法，减轻了人民的赋役负担，还实行了灾情减免办法；再次，健全法制，政简刑轻，降死刑为流刑的有九十二条，降流刑为徒刑的有七十一条，还规定笞刑不得鞭背，处决死刑犯人要"二日五复奏"，"诸州死罪三复奏"；再次，慎选州县官员，规定州刺史由皇帝亲自选拔，县令由五品以上京官推荐；另外，皇帝带头，崇尚节约，杜绝奢靡。唐太宗即位之初，释放宫女三千人，并将禁苑中所养的鹰犬全部放掉，又下令停止各地进异珍，禁止厚葬。

正是有了这样的认识和措施，使得在唐朝初期，就出现了"贞观之治"的太平盛世，同时为后来的"开元之治"奠定了厚实的基础。

第十一章

重本轻末、去奢崇俭：《群书治要》的经济思想

中国是一个农业大国，人口众多，因此历朝历代都极其重视粮食的生产，大力发展农业。而对于工商业，则提倡崇尚俭朴和实用。从《群书治要》节录的内容可以看出：魏徵等人同样也将农业视为治国之本，主张手工业者制造器物要以实用为原则，商人流通货物要以民众必需品为主，反对制造奇技淫巧和奢侈之风，体现了魏徵等人重本轻末、去奢崇俭的经济思想。

太宗李世民在读了《群书治要》之后，也深受其中重农轻商思想的影响。在贞观时期，重农是李世民施政的一条基本原则，他"唯思稼穑之艰，不以珠玑为宝。"他力行均田，劝课农桑，去奢省费、轻徭薄赋，兴修水利，垦殖荒地。他曾经对大臣说："**崇饰宫宇，游赏池台，帝王之所欲，百姓之所不欲。……劳弊之事，诚不可施于百姓。**"（《贞观政要》卷六）

为劝课农桑，李世民恢复了自东晋以后被废弃达数百年之久的籍田仪式。据《旧唐书·礼义志》记载："**太宗贞观二年正月，亲祭先农**（指神农坛，祭祀神农）**，躬御耒，籍于千亩之甸**（音殿、郊外）**。……此礼久废，而今始行之，观者莫不骇跃。**"

由于唐太宗从各个方面推行重农政策，因此收到了明显的效果，在贞观中后期，出现了"天下大稔，流归者咸归乡里，斗米不过三、四钱，终

岁断死刑才二十九人"（《资治通鉴》卷一九三），"外户不闭者数月，马牛被野；人行数千里不赍粮"（《新唐书·食货志》）的繁荣景象。

太宗所施行的这些政策，可以说和其学习《群书治要》是很有关系的。纵观《群书治要》，其重本轻末、去奢崇俭的经济思想主要体现在以下几个方面：

一、趋时务农，国之上务

"国以人为本，民以食为天。"自古以来，粮食生产一直是历朝历代的统治者最为重视的。而在历史上，大多数农民起义，都是因为百姓饥寒交迫而被逼造反。因此，治理一个国家，必须要把粮食生产作为重中之重。

魏徵等人认为，粮食生产是国家的头等大事，如《群书治要·周书》中讲到：**"小人无兼年之食，遇天饥，妻子非其有也；大夫无兼年之食，遇天饥，臣妾舆马非其有也；国无兼年之食，遇天饥，百姓非其百姓也。"** 意思是：平民没有两年的粮食，遇到天降灾荒，妻子儿女都会失去；大夫没有两年的粮食，遇到天降灾荒，家丁、小妾、车马都会失去；国家没有两年的粮食，遇到天降灾荒，天下百姓就不是自己的臣民了。在《群书治要·礼记》中，更详细地讲到：**"国无九年之蓄，曰不足；无六年之蓄，曰急；无三年之蓄，曰国非其国也。"** 意思是：国家没有九年的储备，是不富足；没有六年的储备，是危急；如

我国第一部农业百科全书《齐民要术》

果连三年的储备都没有,就已不称其为国了。可见古人对粮食安全的高度重视。

要保证粮食安全,就要重视农业。《群书治要·孔子家语》中讲到:"**治政有理矣,而农为本。**"《群书治要·三国志》中则说:**古人称:"一夫不耕,或受其饥;一女不织,或受其寒。"是以先王治国,唯农是务。**"意思是:古人说:"一个农夫不耕种,就会有人因此受饥饿;一个妇女不纺织,就会有人因此受寒冷。"所以先王治国,一心想搞好的就是农业。

因此,抓好农业生产,就是最重要的任务。《群书治要·三国志》中还讲到:"**夫财谷所生,当出于民,趋时务农,国之上务。**"说明财富和粮食的产生,都出之于民,紧跟季节抓好农业生产,是国家最重要的任务。

二、背本趋末,天之大残

在中国古代,由于处在农耕时代,基本上耕作都靠人力,要大力发展农业,保证有足够的人从事农业耕作,就必须防止过多的人从事工商业,因而要抑制工商业的发展,这种"重农"的思想在相当长的历史时期内,是非常正确的治国之策,而且是社会稳定发展的基石。尤其是在今天,更是有着非常重要的现实意义。而轻率地批判古人"重农轻商"的思想,则说明其对历史常识缺乏了解,对中国古人政治思想缺乏全面的认识。

中国历来是一个人口众多的国家,民以食为天,吃饭问题是治国的第一大问题,这决定了中国历朝历代必须把农业作为立国之本。如果过度发展工商业,必然就会伤害到农业的发展。

在《群书治要·汉书》中讲到:"**背本而趋末,食者甚众,是天下之大残也;淫侈之俗,日日以长,是天下之大贼也。**"意思是:背离"以农为本"而趋向工商技巧之业,而吃饭的人口众多,这是天下的大灾难;奢侈浪费的风气一天比一天厉害,这是国家的大祸患。

而在《群书治要·崔寔政论》中更一针见血地讲到:"**世奢服僭,则无用之器贵,本务之业贱矣。农桑勤而利薄,工商逸而入厚,故农夫辍末而**

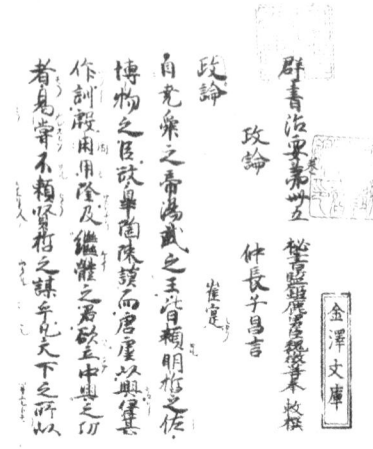

金泽文库《群书治要·政论》书影

雕镂,工女投杼而刺文。躬耕者少,末作者众,生土虽皆垦义,故地功不致,苟无力穑,焉得有年?财郁蓄而不尽出,百姓穷匮而为奸寇,是以仓廪空而囹圄实。一谷不登,则饥馁流死,上下俱匮,无以相济。国以民为根,民以谷为命。命尽则根拔,根拔则本颠。此最国家之毒忧,可为热心者也。"意思是:社会风气奢华,没有实用价值的东西昂贵,农业反被轻视。务农种桑辛苦劳累而得利少,工商业安逸舒适而收入多。因此农夫放下农具去搞雕刻,妇女放弃纺织去搞刺绣。耕地的人越来越少,从事末业的人越来越多。荒地虽然都已开垦,但用在耕种上的心血却不多,如果不尽力耕种、精心收割,怎能有丰收的年成?财富集中在少数人手中,百姓穷困就会行奸为寇,因此仓库空虚,监狱人满。一旦粮食收成不好,就会有饿死流亡的人,国家和百姓都很穷困,无法相互接济。国家以人民为根基,人民以粮食为生命。粮食没有了,根基就会动摇,根基动摇则国家危亡。这是国家最大的忧虑,可谓是令人焦心的事。

我们看到,当前,大量农民进城务工,如果继续鼓励农民进城务工,那么很快就会导致下田种地的人寥寥无几,这不是危言耸听。一旦进城了,还有多少人愿意回农村种地?还有多少人会种地?并且随着农民工如潮水般的涌入城市,也给城市有限的各类资源带来前所未有的巨大压力。引导社会人人崇尚奢侈,那么奢侈之风就会愈演愈烈,而愿意从事农业的人,就会越来越少。

在国外,大型粮食耕种模式带来了很多弊端和问题,如此越来越加大化肥和农药的用量。国外非常想实现像中国这样的农民分散耕种粮食的模式,因为采用这样的模式,生产出来的粮食品质高,土地使用科学化，减少化肥农药的使用，并解决土地快速退化的问题。但是，国外没有这样的条件，也就是没有这么多农民，所以只能使用大型机器耕种。

可见，几千年来，中国古人提出来的"重农"思想，绝对不是落后的，反而饱含着极高的治国智慧。因为，中国古人崇尚道德，人人追求的是道德品行，人的欲望得到有效的节制，从而保证自然资源不会穷竭。而进入工商业社会，人贪婪的一面被无限地放大，人为了利益，对自然资源进行无情地掠夺，进而引发战争和环保问题，这些都是资本主义发展带来的一系列弊病。由此可见，中国古人提出来的"重农"思想，对于人类如何长久地在地球上生存下去，也是很有价值的。

三、国之四民，重农轻商

中国古代社会把人大致分为"士农工商"。最先出现这几个字汇的文献是《管子》，里面讲到，**"士农工商四民者，国之石民也。"** 在《群书治要》中，也多次提到士农工商，并且指出要轻贱商人。为什么中国古人如此重视农业，而要轻贱商人呢？这既有其历史原因，更有着深邃的治国智慧。

士农工商，士是指有德行的读书人；农是指从事粮食耕作的农民；工是制作器具的手工业者；商是从事交易的商人。士农工商的排序，是很有道理的。

士作为有德行的读书人，排在第一，在古代社会理应是地位比较高的。古人重德行，重视德才兼备的人，有德者拥有较高的社会地位，是社会正常运转的好现象；如果有德者社会地位低下，就是一种极不正常的社会现象。人要生存，就必须要吃饭，而解决吃饭的不二途径，就是耕种。"农"正好解决的就是这

宋·李嵩《货郎图》（局部）

个问题,这也是一个理性社会对人类生存发展理性思考的结果。在这里,"农"必须要大于"工"和"商",因为人类可以不要"工"生产的各种产品,也可以不要"商"从事交换得到产品,但是不能不要"农"生产的产品,否则人类根本就无法生存。而"士"大于"农"的理由也在于,有德行的"士"从事适当的管理,可以使得农工商合理发展,没有理性管理的自由发展,势必会产生很多弊端,严重者甚至威胁人类的生存。而从人类整个的历史来看,从来就没有否定一个合理管理者的存在以及其历史地位。"工"排在第三,在古代,手工业者制造的器具大都是生活必需品,所以排在第三。为什么把"商"排在最后面?最重要的原因是,商业是"众利之所充,积伪之所生",商人的私利心最重,因此被排在最后。

现在我们整个主流世界,都是商业在大力推动发展的。与此同时,商人的社会地位也非常高。在美国,总统的背后,还有一个根本无法撼动的帝国,而这个帝国的国王就是大财阀,也就是所谓的巨贾。影响美国乃至世界的,不仅仅是一些总统、首相,可能最大的力量,就是这些隐藏在幕后的大商人。

最近几百年,商人的地位提高了。尤其是在拜金主义的社会里,谁有钱,谁的社会地位就会高。因此,导致当前社会两类人社会地位很高,即"商"(做生意赚了大钱的人),还有"士"(为政者)。于是,个别"士"和"商"就搅和在一起,从而加剧了社会的腐败问题。因此,在《群书治要·管子》中就说道:**"商贾在朝,则货财上流。"** 意思是:商人入朝掌权,财货就会流向上层。商贾在朝,实际上是指两个方面:一是官商勾结,二是官员从商。从而导致社会财富聚集到一小部分人手中。而大力发展商业,必然导致对自然资源的过度开发,以及引导社会追求奢侈之风,这对社会的长治久安都是没有益处的。

因此,从适合人类生存的角度来看,"士农工商"的排序是正确的,而且是高度智慧的结晶。可以说,全世界没有一个族群像中国古人那么负有责任心和长远眼光。在争名逐利的社会里,谁也不愿意去思考人类的未来何去何从;在欲望极度膨胀下,人们根本不愿意静下心来反观欲望背后可怕的一面。只有我们的先人,了解人类社会发展的规律,为了后代子孙长久的延续,为了社会和谐安康,把"工"和"商"排在最后,这是最智慧的决断。我们是要让欲望带领自己尽快的走向毁灭,还是要为人类社会的长远发展适当调整方向?所以有人讲,人类要在二十一世纪继续生存下去,必须学习中国古人的智慧。

因此,在这个商业高度发展的社会,我们对于"商",似乎要有更加清醒的认识。

在《群书治要·傅子》阐述到:

"夫商贾者,所以伸盈虚而获天地之利,通有无而壹四海之财。其人可甚贱,而其业不可废。盖众利之所充,而积伪之所生,不可不审察也。古者民朴而化淳,上少欲而下尠伪;衣足以暖身,食足以充口;器足以给用,居足以避风雨;养以大道,而民乐其生;敦以大质,而下无逸心;日中为市,民交易而退,各得其所,盖化淳也。暨周世殷盛,承变极文,而重为之防。国有定制,下供常事;役赋有恒,而业不废。君臣相与,一体上下,譬之形影;官恕民忠,而恩侔父子。上不征非常之物,下不供非常之求;君不索无用之宝,民不鬻无用之货。自公侯至于皂隶仆妾,尊卑殊礼,贵贱异等,万机运于上,百事动于下,而六合晏如者,分数定也。夫神农正其纲,先之以无欲,而咸安其道;周综其目,壹之以中正(正原作典),而民不越法。及秦乱四民而废常贱,竞逐末利而弃本业,苟合一切之风起矣。于是士树奸于朝,贾穷伪于市;臣挟邪以罔(罔原作内)其君,子怀利以诈其父。一人唱欲而亿兆和。上逞无厌之欲,下充无极之求,都有专市之贾,邑有倾世之商,商贾富乎公室,农夫伏于陇亩而堕沟壑。上愈增无常之好以征下,下穷死而

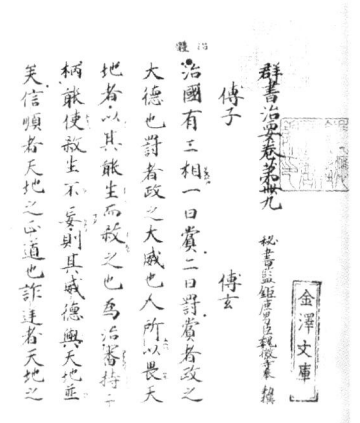

金泽文库《群书治要·傅子》书影

不知所归，哀夫！

且末流滥溢而本源竭，纤靡盈市而谷帛罄，其势然也。古言非典义，学士不以经心；事非田桑，农夫不以乱业；器非时用，工人不以措手；物非世资，商贾不以适市。士思其训，农思其务，工思其用，贾思其常，是以上用足而下不匮。故壹野不如壹市，壹市不如壹朝，壹朝不如一用，一用不如上息欲，上息欲而下反真矣。不息欲于上，而欲于下之安静，此犹纵火焚林，而索原野之不凋瘁，难矣！故明君止欲而宽下，急商而缓农，贵本而贱末；朝无蔽贤之臣，市无专利之贾，国无擅山泽之民。一臣蔽贤，则上下之道壅；商贾专利，则四方之资困；民擅山泽，则兼并之路开，兼并之路开，而上以无常役。下赋一物，非民所生，而请于商贾，则民财暴贱；民财暴贱，而非常暴贵；非常暴贵，则本竭而末盈。末盈本竭而国富民安，未之有矣。"

意思是：所谓商业，是为了调剂物品的有余与不足，从而获取天地的利益；流通有无，来均衡四方的财物。对经商的人，可使其社会地位低贱，但商业却不能没有。因为商业是众多利益的汇集之地，各种欺诈都从中产生，不能加以审察。古代人民朴实，风俗淳厚，在上者贪欲少，居下者少伪诈。人们只求衣能暖身，食可充饥，器具可供使用，住房能避风雨。用正确的道理教化，则百姓安居乐业；用至美的纯朴督导，则下层无放荡之心。日中为市，百姓参加交易后归家，各得其所。这是教化淳厚的结果。到了周代，殷实富足，承前朝变乱，极力提倡礼乐教化，重在防范奢靡之风。国家有恒定的制度，下面按常规供奉，差役和赋税都有定规，事业不荒废。君臣互相协助，上下一体，如同形影不分，官员宽厚，百姓忠诚，恩同父子。在上者不征收奇巧的物品，下民不供奉额外的索求；国君不索取无用的珍宝，百姓不出卖无用的货物。从公侯到公差仆人以至小妾，尊卑礼仪不同，贵贱等级有别，国家大政运作于上，各种事务行动于下，天下安定，是因为一切都有一定的规矩。神农端正纲纪，首先宣导无欲，使大家都能遵守正道；周代整理各项条规，以"公正"使人心一致，百姓不越轨犯法。到了秦代，搞乱了士农工商，而废弃常业，竞相追求工商之利,而放弃农业,苟且逐利之风兴起。于是,官吏在朝廷行奸,商人在市场弄虚作假,大臣用邪伪欺骗国君,儿子为私利欺诈父亲。君主一人宣导私欲,亿万人就会应和。君主恣肆永无满足的欲望,官员充满无穷尽的贪求,都城里有垄断市场的商人,城邑中有财倾一世的商贩,商人比王室还富有,农夫饿死在荒郊野外,葬身沟壑。在上者欲望无穷,对下无限征取,百姓困死都不知往哪里逃亡,可悲啊!

　　商业泛滥,农业遭破坏,奢侈品充满市场,粮食和布帛枯竭,这种形势是社会风气造成的。古时,言谈不符合典章义理的,学士不以它来调整心志;不是耕田养蚕之事,农夫不因之而扰乱本业;器具不适宜当时使用,工人就不动手去做它;物品不是社会需要的,商人不把它运到市场。士人想着圣贤的教诲,农民想着务农,工人想着器物的实用,商人想着经营常用的物品。因此,在上者用度充足,百姓的需要也不缺乏。所以,限定民间不如限定集市,限定集市不如限定朝廷,限定朝廷不如限定用度,限定用度不如在上者减少欲望。在上者去除欲望,百姓就能返璞归真。在上者不去除奢欲,却想让百姓安稳清静,这就如同纵火焚烧森林,还想使原野不凋零枯败,实在太难了!所以,英名的君主,遏止欲望,宽待百姓,对商业从严,而对农业宽松,重视农桑,不看重商业;朝廷中没有蒙蔽贤能的佞臣,集市上没有专利霸市的商人,国家没有擅自开发山泽的农夫。一个佞臣遮蔽贤能,君主与百姓的沟通就被堵塞;商贾垄断霸市,四方的物资就会困缺;农夫擅自开发山泽,兼并土地的路子就被打开;兼并土地的风气兴起,则上层就不能按常规征役。百姓交纳的兵甲车马等,不是自己生产的,只能从商人那里购买。于是,农产品价格暴跌,而非常用的物品却暴涨。非常用的物品暴涨,农业就会衰竭,商人就会富裕。商人富裕、农业衰败却国富民安,这是从来没有的。

　　因此,《群书治要·傅子》中讲到:"**故明君止欲而宽下,急商而缓农,贵本而贱末。**"说明贤明的君主应该:遏止欲望,宽待百姓,对商业从严,而对农业宽松,重视农桑,不看重商业。通过实施这样的政策,农业才能得到重视和发展。

同样,在《群书治要·管子》中也讲到:"**故上不好本事,末产不禁,则民缓于时事而轻地利;轻地利,而求田野之辟,仓廪之实,不可得也。**"意思是:君王不重视农业,工商业就不能得到限制;工商业不能限制,民众就迟慢于农时而轻视土地之利;轻视土地之利,还指望田野的开辟、仓廪的充实是办不到的。

四、教民守本,各务其职

在中国古代,各行各业,都要求务本。《论语》上讲:"君子务本,本立而道生。"什么是本?在《群书治要·潜夫论》中说道:**夫富民者,以农桑为本,以游业为末;百工者,以致用为本,以巧饰为末;商贾者,以通货为本,以鬻奇为末。三者守本离末则民富,离本守末则民贫。贫则厄而忘善,富则乐而可教。**

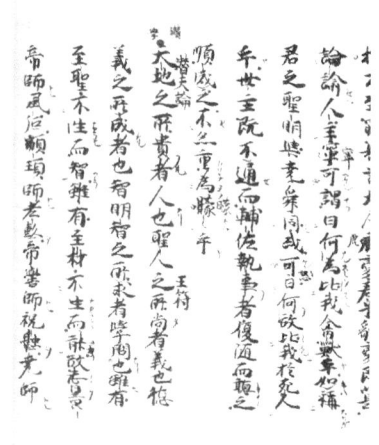

金泽文库《群书治要·潜夫论》书影

意思是:要想富民,就要以从事农桑为本,以流动性职业为末;从事各种手艺的工匠,以制品实用为本,而以精巧的修饰为末;从事经商的人,以流通货物为本,而以贩卖珍奇之物为末。以上三类人若能守本弃末,则百姓会致富;若弃本从末,则百姓会贫穷。贫穷则会使人困苦而忘善,富裕则使人欢愉而可教化。

在《潜夫论》中说道:"**夫用天之道,分地之利,六畜生于时,百物取于野,此富国之本也;游业末事,以收民利,此贫邦之源也。忠信谨慎,此德义之基也;虚无谲诡,此乱道之根也。故力田所以富国也。今民去农桑,赴游业,披采众利,聚之一门,虽于私家有富,然公计**(计原作界,疑)**愈贫矣。百工者,所使备器也。器以便事为善,以胶固为上。今工好造雕琢之器,伪饰之巧,以欺民取贿,虽于奸工有利,而国计愈病矣。商贾者,所以通物**

也。物以任用为要，以坚牢为资。今竞鹜无用之货，淫侈之弊，以惑民取产，虽于淫商有得，然国计愈失矣。此三者，外虽有勤力富家之私名，然内有损民贫国之公实（实原作费）。故为政者，明督工商，勿使淫伪，困辱游业，勿使擅利，宽假本农，而宠遂学士，则民富而国平矣。"

意思是：利用上天运行的规律，分享大地赐予的利益，饲养六畜于四时，收获万物于田野，这是富国的根本；以流动职业这等末事来攫取百姓的钱利，这是使国家贫困的根源。忠诚、谨慎是德义的基石，虚伪、欺诈是惑乱道义的根源。所以，勤于农事才能富国。如今百姓放弃农耕纺织而去从事流动性职业，攫取众人之利而聚之于一家，虽然可使少数人家富裕，却使大多数人家更加贫困了。从事百工手艺的工匠，为的是使人们各种所需器具完备。器具以方便于使用为好，以坚固结实为上。如今的工匠，喜欢制造有雕琢文饰的器具，虚浮的装饰十分精巧，以此来欺骗百姓、攫取钱财，虽然对于那些奸巧工匠有利，但国家财政却更疲困了。经商之人是为了流通货物的，物品要以便于使用为要，而又以结实耐用为基础。如今的商人却竞相贩卖好看而不实用的货物，用过分奢侈、有害的东西来迷惑百姓，骗取他们的财产，虽然对奸商来说有所收获，但是国家经济情况更会因此而失衡。这三种人，从外表看，虽然有勤勉而使家富的个人名声，但从实质上说，则有损害百姓、致使国家贫困的公开的事实。所以，执政者应该明确监督工商业，不要使其过度和伪诈，限制贬低流动性职业，不要使其独占民利，宽待并依靠务农之人，爱护尊重有才学之士，便会使民众富裕而国家太平。

五、杜绝奢靡，禁作淫巧

在《群书治要》中，反复强调的齐家治国，一定要以节俭为本，从君主到普通民众都要节约用度，不能崇尚奢侈之物，更要禁止奇技淫巧。

在《群书治要·崔寔政论》中，非常详细的讲到对奢侈之风盛行的危害性：

"夫人之情，莫不乐富贵荣华、美服丽饰、铿锵眩耀、芬芳嘉味者也。昼则思之，夜则梦焉，唯斯之务，无须臾不存于心，犹急水之归下、下（旧无此下字，补之）川之赴壑。不厚为之制度，则皆侯服王食，僭至尊，逾天制矣。是故先王之御世也，必明法度，以闭民欲，崇堤防以御水害。法度替而民散乱，堤防堕而水泛溢。顷者，法度颇不稽古，而旧号网漏吞舟。故庸夫设藻棁之饰，匹竖享方丈之馔，下僭其上，尊卑无别，礼坏而莫救，法堕而不恒。斯盖有识之士所为于邑而增叹者也。律令虽有舆服制度，然断之不自其源，禁之又不密。今使列肆卖侈功、商贾鬻僭服、百工作淫器，民见可欲，不能不买，贾人之列，户蹈逾侈矣。故王政一倾，普天率土，莫不奢僭者，非家至人告，乃时势驱之使然。此则天下之患一也。且世奢服僭，则无用之器贵，本务之业贱矣。农桑勤而利薄，工商逸而入厚，故农夫辍耒而雕镂，工女投杼而刺文。躬耕者少，末作者众，生土虽皆垦乂，故地功不致，苟无力稽，焉得有年？财郁蓄而不尽出，百姓穷匮而为奸寇，是以仓廪空而囹圄实。一谷不登，则饥馁流死，上下俱匮，无以相济。国以民为根，民以谷为命。命尽则根拔，根拔则本颠。此最国家之毒忧，可为热心者也。斯则天下之患二也。"

意思是：从人情看，没有人不喜欢富贵荣华，穿华丽的衣服，戴叮咚作响漂亮耀眼的首饰，天天吃的是美味佳肴。白天想这些，晚上梦这些，一心追求这些，无时无刻不记在心里，就像湍急之水下泻，大水奔向深壑。不规定严格的制度，大家就要和王侯一样讲究吃穿，甚至超过皇帝，违反国家法令制度了。所以古代帝王统治天下，一定要明确法度，借以封闭百姓的贪欲，如同高筑堤坝防止水灾一样。法度衰废则百姓散乱，堤坝堕毁则大水泛滥。现在的法度不参照以前好的法制，这就像过去人们说的网孔大得连能吞没船的大鱼也能漏掉。现在普通人家也雕梁画栋，一般人也享用满桌美食，小民阔绰超过高官，高贵低贱没有差别，礼仪败坏没人挽救，法律堕落没人维持。这就是有见识的人悲伤感叹的缘故吧。法令对乘车、穿衣虽有等级限制，可是对违法者不从源头杜绝，禁止又不严格。现今市场上都在卖奢侈工艺品，商人随意可以出卖僭越大官员的服饰，手工业者大肆制作奢侈品，百姓随心所欲，想买就买，商人之家，户户奢靡，超越等级享受。所以国家政策一旦偏差，普天之下，人们都去追求奢侈生活，这不是有人到各家宣传宣导，而是时势驱使他们这样做。这是天下祸害之一。现今社会风气奢华，没有实用价值的东西昂贵，农业反被轻视。务农种桑辛苦劳累而得利少，工商业安逸舒适而收入多。因此农夫放下农具去搞雕刻，妇女放弃纺织去搞刺绣。耕地的人越来越少，从事末业的人越来越多。荒地虽然都已开垦，但用在耕种上的心血却不多，如果不尽力耕种、精心收割，怎能有丰收的年成？财富集中在少数人手中，百姓穷困就会行奸为寇，因此仓库空虚，监狱人满。一旦粮食收成不好，就会有饿死流亡的人，国家和百姓都很穷，无法相互接济。国家以人民为根基，人民以粮食为生命。粮食没有了，根基就会动摇，根基动摇则国家危亡。这是国家最大的忧虑，可谓是令人焦心的事。这是天下祸患之二。

因此，在《群书治要》中多次讲到，治国要崇尚节俭。例如在《群书治要·政要论》里讲到：**"历观有家有国，其得之也，莫不阶于俭约；其失之也，莫不由于奢侈。"** 意思是：遍观家庭与国家，其取得成功，没有不凭借于俭约的；其导致失败，没有不是因为奢侈的。而在《群书治要·新语》中讲到：**"国不兴不事之功，家不藏不用之器。"** 在《群书治要·傅子》中讲到：**"上不征非常之物，下不供非常之求；君不索无用之宝，民不鬻无用之货。"** 意思是：在上者不征收奇巧的物品，下民不供奉额外的索求；国君不索取无用的珍宝，百姓不出卖无用的货物。

要做到节俭，必须要有行之有效的方法，在《群书治要》里也讲到，要对衣服和器具的使用列出贵贱等级。这在追求平等的现代人看来可能无法理解，但是，这种做法不仅可以遏制社会的奢侈之风，更能促使人们回归到修德的本位上来。

在《群书治要·袁子政书》中说道：**"夫服物不称，则贵贱无等。于是**

富者逾侈，贫者不及。小人乘君子之器，贾竖袭卿士之服，被文绣，佩银黄，重门而玉食，其中（中疑作于）**左右叱咄颐指而使。是故有财者光荣，无财者卑辱。上接卿相，下雄齐民，珍宝旁流，而刑放于贿。下而法侵，能无亏乎？"**

意思是：人们穿的衣服和使用的器物与自己的身份不相称，那就分不出贵贱的等级。于是，富有的人超越其等级享用，贫寒的人却达不到其等级应享用的标准。小人使用君子才应使用的器物，商人穿着卿士才应穿的衣服。他们穿用刺绣的衣带，佩戴金银首饰，住着高门大第，吃着美食珍馐，对于左右之人随意呵斥、颐指气使。因此，有钱财的光彩荣耀，无钱财的卑下屈辱。这些人对上交接卿相，对下逞威于平民，珍宝到处转送，有罪时也因贿赂而得以释放。这样一来，法律便不起作用，能没有损害吗？

在《群书治要》中还讲到，社会兴起奢靡之风，往往是世道衰落的信号。如在《群书治要·淮南子》中说道："**衰世之俗，以其智巧诈伪，饰众无用，贵远方之货，珍难得之财，不积于养生之具。**"意思是：衰败之世的风俗，是人们凭借智巧作假欺诈，雕饰众多无用的器具，重视远方而来的东西，珍视难得的财物，不注重生活必需品的积储。

我们看到，现在我们国家经济发展了，很多有钱人都喜欢买国外的奢侈品。据统计，仅仅二〇一二年的春节，中国人在海外消费奢侈品达七十二亿美元。有人对此发表言论：这些奢侈品是西方人给中国人的新型鸦片。中国人讲，俭以养德，要过节俭的生活。这种奢侈的生活，其实是在消自己的福报，乐极生悲，福享尽了就是祸了啊！现在很多人没有学习传统文化，不明白这些道理，需要赶紧补上这一课！

除了提出要去奢从俭外，《群书治要》中还提出非常重要的一点，就是要去除奇技淫巧。奇技淫巧，是指过于奇巧而无益的技艺与制品。

《群书治要·管子》中说道："**凡为国之急者，必先禁末作文巧。末作文巧禁，则民无所游食；民无所游食，则必农，民事农则富。**"意即治国的当务之急,一定要首先禁止生产奢侈品的雕饰奇巧之业。奇巧之业被禁止,人们就无法游荡求食;人们无法游荡求食就必然安心务农;人民从事农业国家就富裕了。

在《群书治要·孔子家语》中讲到,有四类罪犯,可以不用按照规定的时间、规定的司法程式来审判,其中一种就是制作奇技淫巧的人,孔老夫子说道:**"设奇伎奇器,以荡上心者,杀。"**

墨子像

具体什么是奇技淫巧?我们举个例子,在诸子百家中有一位墨子,代表墨家的学术流派。墨子在两千多年前的春秋战国时期,他用木头制作飞鸟,当时没有任何机械设备,没有汽油等燃料,墨子能让它在天上飞三天三夜不落地。墨子有这个本事,但是他却不用。我们看到,有一位研究墨子的教授写了一本书,他有这么一段评论(大意):我们的老祖宗,这墨子真是愚钝,如果他当时把木头飞鸟继续研究下来的话,那么没多久第一个上月球的就是我们中国人了,而不是美国;研究航空飞机的是我们中国人,而不是外国人。我们的大学教授、墨子专家都这么讲,真是错了!

墨子是如何看待这件事的?他的学生模仿他,也做了这个东西,墨子就跟他讲这是"奇技淫巧",是小技巧。你学做这个,还不如给一个农民做一个推粮食的车。为什么?这里面有很深的道理。学了传统文化之后,我们有一个体会,科技无限的发展、推进,人类一定是毁灭。汤恩比博士在上个世纪七十年代就讲过,科技只是一种手段,它有一种什么功能?它能服务人类的欲望。这个欲望被无限的刺激,无限的膨胀,结果人们就会远离正道,自取灭亡。中国老祖宗有智慧,孔明(诸葛亮)的木牛流马,为什么他做完那么先进的工具之后把他烧掉,而不留下?墨子为什么不让他的学生,去继续研究木制飞鸟?高科技还不如做个农民的牛车?他在道中行!道中行有什么好处?与天地万物共生、共荣,没有灾难。如果这些技巧让没有道德的人掌握了,那么给人类会带来很大的伤害。所以这绝对不是愚蠢,这里面的道理很深。

高科技的发展给人类带来了很多问题。我们看到报导,比如现在流行的某款手机,居然有一个年轻人为了得到一个手机去卖肾。还有一个女孩,为买这样一个手机,向母亲要钱,母亲没有钱,就和母亲吵架,结果被母亲不小心捂死了。《孟子》曾经说过:**"行一不义,杀一不辜,而得天下,皆不为也。"** 我们现在不学习古圣先贤的教诲,不知道伦常大道,自私自利,为了自己的欲望违背道德,没有分辨善恶的能力,黑白颠倒,失去人性,实在可悲!

今天,人类处在一个经济高速发展的商业社会,人类对自然资源的掠夺已经到了无可复加的地步。也许,只有当人类因为穷奢极欲而将地球资源耗尽的时候,才会明白中华先祖几千年来一直重农轻商、去奢崇俭的良苦用心了。

中华民族一直具有勤劳节俭的优良美德,正体现在历代先贤重农轻商、去奢崇俭的治国思想上,是我们重要的民族精神财富,更是值得全世界人学习和效仿的。

第十二章

偃武修文、以德怀远：《群书治要》的军事外交思想

中华民族历来爱好和平，不好战争。这一点，在《群书治要》中也深有体现。魏徵等人编撰《群书治要》之时，正值贞观初年，人民刚刚经历战乱之苦，因此魏徵等人劝谏太宗实行"偃武修文、与民生息"的治国政策，正是这一政策的推行，使得贞观年间农业得到大力发展，连年丰收，社会安定，政治清明。而在对待异族上，唐太宗则采取以德怀远的策略，被少数民族誉为"天可汗"。可见，《群书治要》中提倡的"偃武修文、以德怀远"的思想，对唐太宗的影响是非常大的。

一、修德怀远，以文化人

修德怀远，是指通过德政，笼络安抚远方的人，用恩惠、德政去安抚边远地区的民众。

在中国历史上，"修德怀远"的案例是非常多的。在《群书治要·尚书》中记载了当初大禹征伐有苗族未能成功，后听从伯益的建议，修习文德让有苗来归顺的故事。

舜帝的时候，有苗族叛乱，舜帝对大禹说：

"禹！惟时有苗弗率，汝徂征〔三苗之民，数千王诛。率，循也。徂，往也。不循帝道，言乱逆也。命禹讨之〕。**"禹乃会群后，誓于师曰："济济有众，咸听**

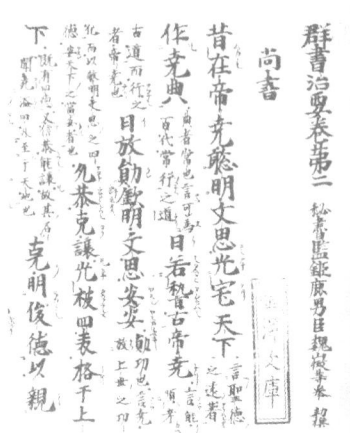

金泽文库《群书治要·尚书》书影

朕命〔会诸侯共伐有苗也。军旅曰誓,济济,众盛之貌也〕。蠢兹有苗,昏迷弗恭〔蠢,动也。昏,暗也。言其所以宜讨也〕;侮嫚自贤,反道败德〔狎侮先王,轻嫚典教,反正道,败德义也〕;君子在野,小人在位〔废仁贤,任奸佞〕;民弃弗保,天降之咎〔言民叛之,天灾之也〕。肆予以尔众士,奉词伐罪〔肆,故也〕。尔尚一乃心力,其克有勋。"三旬,有苗民逆命,益赞于禹曰:"惟德动天,无远弗届。满招损,谦受益,时乃天道〔自满者人损之,自谦者人益之,是天道之常〕。至诚(诚原作諴)感神,矧兹有苗〔至和感神,况有苗也。言易感也〕。"禹拜昌言曰:"俞!"班师振旅〔以益言为当,故拜受遂班师。兵入曰振旅,言整众也〕,帝乃诞敷文德〔远人不服,大布文德以来之也〕,舞干羽于两阶。七旬,有苗格〔讨而不服,不讨自来,明御之必有道也〕。"

意思是:舜帝说:"唉!禹呀!现今三苗不遵循帝道,就命你去讨伐他们吧。"(三苗的民众,多次冒犯天威。率,遵循的意思。徂,往的意思。不遵循帝道,指犯上作乱。于是命禹去讨伐三苗。)于是,禹便会聚各方诸侯,并在誓师大会上说:"众位官兵,都要听从我的号令。(调集各路诸侯共同征伐有苗。在大军出发前盟约叫"誓"。济济,人数众多的样子。)那蠢蠢欲动的三苗,昏庸糊涂,不恭不敬,轻慢君主,(蠢,蠢蠢欲动的意思。昏,昏暗的意思。说明为什么要征讨三苗。)妄自尊大,违反正道,败坏德义,(对先王毫无恭敬,把典章教化不当回事,违背伦常的正道,败坏社会道德规范。)有德行操守的人都散落在民间,追名逐利之徒则受到重用,(正直贤良的人被排斥,奸佞之徒纷纷被任用。)百姓背弃自己的国家不愿保护它,上天已经降罪于这片土地。(说的是人民背叛他,上天也降灾于他。)因此,我率领你们诸位,奉舜帝之命,讨伐其罪行。(肆,因此的意思。)只要大家同心尽力,必将在这次征战中建立功勋。"过了三十天，三苗之民（虽然暂时被武力所震慑，但内心里）还是不能顺从的接受禹的命令。益向禹建言说："只有德能够感动上天，无论多远，其感召力都可到达。自满会招致损害，谦虚会得到益处，这是天下至理。（骄傲自满的人会受到众人的厌弃或攻击，谦卑恭敬的人会得到众人的拥戴和帮助，这是大自然的法则。）至诚能感动神灵，何况这个三苗呢！（至诚冲和的心连神明都可以感动，何况是有苗呢？这里说的是人性本善的道理，一切人都可以通过德行来感化他。）禹接受其善言，说："很对！"随即整顿士兵，撤回了军队。（认为益的话是对的，所以虚心地接受，于是撤回军队。让军队回到原地叫"振旅"，是让众将士得到休整的意思。）于是，舜帝对苗民广泛进行礼乐的教化，（边远地方的人民不愿遵循王道的统治，可以通过努力进行礼乐教化，使他们心悦臣服地主动来归顺。）在宫殿两侧台阶前持盾牌、羽具，在一片祥和的音乐声中，演出祈祷幸福、和平的歌舞。七十天后，三苗主动前来归顺。（武力不能让对方屈服，放弃武力后却能让对方主动归顺，说明治理天下必定是有正确的途径可循的。）

《弟子规》上讲，"势服人，心不然，理服人，方无言"。自古以来，中国文化提倡行"王道"，而不提倡行"霸道"。所谓行"王道"就是用仁义道德来感化人，让人怀德；而行"霸道"是用武力征讨，用"霸道"来解决冲突，往往会带来更多的冲突。

二、好战必亡，忘战必危

有关古代的军事典籍，在《群书治要》中节录的篇幅不多，从节录的内容来看，魏徵等人非常明显地强调国家不能好战，只有在不得已的情况之下，才能用兵，用兵的目的是为了征伐不义、造福民众。

《群书治要·老子》中讲到：**"兵者，不祥之器，非君子之器，不得已而用之，恬惔为上**〔不贪土地，利人财宝〕**，胜而不美**〔虽得胜，不以为利美〕**，而美之者，是乐杀人也**〔美得胜者，是为乐杀人也〕**。夫乐杀人者，则不可以得志于天下矣。"** 意思是："凡兵戈甲胄，都是不吉祥的器物（兵革甲胄，都不是

古代战车

与人为善的器物),不是君子的器物,迫不得已才使用它(这是说,只有遭遇衰败或者变乱时,才用它来自卫),以恬淡为上(不贪求土地,不求取别人的财宝)。虽战胜敌人,不以其为美(虽然取胜,但不觉得欢喜)。如果认为兵器是好东西,那就是以杀人为乐了(以得胜为美,这就是以杀人为乐了)。要是以杀人为乐,就不能实现统治天下的心愿了。

《群书治要·老子》中还讲到:"**师之所处,荆棘生焉,大军之后,必有凶年。**"意思是:军队征战的地方,民生凋蔽,天地荒芜,大战过后,会大伤元气,必然会有灾荒之年。

我们看到,在中国历史上,一旦为君者好战,往往就会给国家留下巨大的隐患。

在《群书治要·典语》中就说道:

昔秦杖威用武,卒成王业,吞灭六国,帝有天下,而不斟酌唐虞以美其治,损益三代以御其世,尔乃废先圣之教,任残酷之政,阻兵行威,暴虐海内,故百姓怨毒,雄桀奋起,至于二世,社稷湮灭。非武不能取,而所守之者非也。传曰:"夫兵犹火也,不戢将自焚。"秦无戢兵之虑,故有自焚之祸。"好战必亡",此之谓也。

意思是:昔日秦国仗其威力而发动战争,很快完成了统一天下的大业,吞并六国,称帝于天下,但却不斟酌运用唐尧虞舜的治国方略来完善其治理;不是在夏、商、周三代法规的基础上适当增减来驾驭社会,却废弃先朝圣贤的教诲,任用残酷的政治,依仗兵力炫耀武力,残暴肆虐于天下,以至于百姓怨恨,雄杰奋起,到秦二世,国家即灭亡。并非其武力不能夺取政权,而是用武力保持政权就错了。《左传》上写道:"用兵就像是火，不收敛就会招致自焚。"秦朝的统治者没有收敛用兵的意思，所以导致自己毁灭自己的灾祸。"好战者必然灭亡，"说的就是这种情况。

而在《群书治要·典语》中也同时讲到"忘战必危"，其列举徐偃王的例子说道：

"**徐偃王好行仁义，不修武备；楚人伐之，身死国灭。天下虽安，武不可废。况以区区之徐，处争战之世乎！'忘战必危'，此之谓也。汉高帝发迹泗水，龙起丰沛；仁以怀远，武以弭难，任奇纳策，遂扫秦项，被以惠泽，饰以文德，文武并作，祚流世长。此高帝之举也。**"

意思是：徐偃王喜欢实行仁义之政，不整治军备，楚国出兵侵犯，自己被杀，国家灭亡。这是说即便天下安定，军备也不可废弃，更何况徐国这样的区区小国，且又处于你争我夺的时代呢！"忘记战争，国家必危"，说的就是这种情况。汉高祖刘邦发迹于泗水，帝业起始于故乡沛县之丰邑，用仁爱来安抚远方之民，用武力来消除危难，任用奇士、采纳良谋，遂扫灭秦朝与项羽，施惠泽于天下，又以文德进行整治，文治武功并用，国祚传承而朝代长久。这是汉高祖创业治国的举措。

可见，天下大乱时，国家要安定太平，就不能不重视国防力量，这是抵御外敌的屏障。为此，《群书治要》提出了治理国家要用"文治武功"。国家不可好战，但是也不可忘战。如《群书治要·司马法》中就说道："**故国虽大，好战必亡；天下虽平，忘战必危。天下既平，春搜秋狝，振旅治兵，所以不忘战也。**"意思是：国家虽然强大，好战必定灭亡；天下虽然安定，忘记战争必定危险。天下已经太平时，每年春秋两季还是要用打猎来进行军事演习，整顿和训练军队，这都是为了不忘记战争。

但是，战争毕竟是不吉祥的事情，因此在《群书治要》中，多处节录的内容都说明，必须谨慎用兵，更不可以用兵为乐。在《群书治要·政要论》中，说道："**圣人之用兵也，将以利物，不以害物也；将以救亡，非以危存也。故不得已而用之耳。然以战者危事，兵者凶器，不欲人之好用之。故制法遗后，命将出师，虽胜敌而反，犹以丧礼处之，明弗乐也。**"意思是说，圣人运用战争手段，是为了以此造福于民众，不是以此来祸害民众；是为了以此来拯救危亡，并非以此来危害生存，是迫不得已才运用的。然而，作战毕竟是危险之事，兵器毕竟是杀人器械，因此不希望人们喜好运用它。所以，圣人制定礼法，留于后代，凡命令将士出征，虽然战胜敌人而返回，还用办丧事的礼仪来对待，明确规定不准奏乐。

三、诛暴讨乱，仁义为怀

《群书治要》认为，用兵的目的在于诛暴讨乱，奉行天道。如《群书治要·三略》讲到："**圣王之用兵也，非好乐之，将以诛暴讨乱。夫以义而诛不义，若决江河而溉荧火，临不测而挤欲坠，其克之必也。所以必优游恬惔者何？重伤人物**〔兵者凶器，战者危事，相杀伤之道，故不果为也〕，**是天道也**〔天道乐生也〕。"意思是：圣明的君主用兵，不是喜好用兵，而是用以讨伐暴乱。以正义来讨伐不义，就像决开江河去浇灭微弱的火炬，就像在深渊的边缘去推挤一个将要坠落之物，其胜利是必然的。但圣王仍然会犹豫不决，保持清静无为，是什么原因呢？只是不愿过多地造成人和物的重大损失，是在奉行天道。

如在《群书治要·汉书》中，则进一步讲到："**救乱诛暴，谓之义兵，兵义者王；敌加于己，不得已而起者，谓之应兵，兵应者胜；争恨小故，不胜愤怒者，谓之忿兵，兵忿者败；利人土地货宝者，谓之贪兵，兵贪者破；恃国家之大，矜民人之众，欲见威于敌者，谓之骄兵，兵骄者灭。此五者，非但人事，乃天道也。**"意思是：制止叛乱、讨伐暴君，叫做"义兵"，用兵坚持正义者可称王；敌人来攻打自己，出于不得已而发兵应敌，叫做"应兵"，为应敌而出兵者必会胜利；为小事争夺、怨恨而不胜愤怒的，叫做"忿兵"，因一时愤怒而出兵者，必会失败；贪图别人土地财宝的，叫做"贪兵"，因贪婪而出兵者必然破败；倚仗国家强大，自恃人口众多，想以此使敌国害怕的，叫做"骄兵"，因骄傲自大而出兵者必然灭亡。这五种情况，不仅符合人情事理，也是上天的法则。

在《群书治要·司马法》中，则讲到："**古者以仁为本，以义治之，治之谓正**〔治民用兵，平乱讨暴，必以义〕。**是故杀人安人，杀之可也**〔以杀止杀，杀可以生也〕；**攻其国，爱其民，攻之可也**〔除民害，去乱君也〕；**以战去战，虽战可也。**"意思是：古人以仁爱为根本，以正义来治理，这种治理是公正的。因而，杀掉坏人是为了安抚大众，杀人是可以的；攻打别的国家是为了爱护其民众，攻打是可以的；用战争消除战争，即使进行战争，也是可以的。说明进行战争的前提必须是以仁爱为本。

而对于仁义之师的征讨，在《群书治要·孔子家语》中就如此说道："**夫明王之所征，必道之所废者也。是故诛其君而改其政，吊其民而不夺其财。故曰：明王之征也，犹时雨之降也，至则民悦矣。是故行施弥博，得亲弥众，此之谓还师衽席之上。**"意思是：贤明君王所征伐的敌国，必然是天道所废弃的，所以惩罚其国君而更改其政治，怜悯其民众而不夺其资财。所以说，贤明君王的征伐，就像天降及时之雨，大兵所到之处，人民喜悦呀！仁义之师征伐越远，得到的百姓就越多，这就是所谓高枕于衽席之上而无忧。

四、用兵之要，在得民心

在《群书治要》中，魏徵等人对于用兵的谋略节录很少，而指出修理好政事才是用兵取胜的关键，《群书治要·政要论》中讲到：

"**夫兵之要，在于修政，修政之要，在于得民心。得民心在于利之，利之之要，在于仁以爱之、义以理之也。故兵之要，在得众者，善政之谓也。善政者，恤民之患，除民之害也。故政善于内，兵强于外。**"意思是说：进行战争的关键在于整治国政，整治国政的关键在于取得民心，取得民心的关键在于利民，利民的关键在于用仁慈来爱护他们，用道义来管理他们。所以战争的关键在于得到群众拥护，意即要有好的政治。什么是好的政治？体恤人民的忧愁，消除人民的灾祸。所以，对内有好的政策，对外才有强盛的军队。

在《群书治要·政要论》中还讲到:"**历观古今,用兵之败,非鼓之日也,民心离散,素行豫败也;用兵之胜,非阵之朝也,民心亲附,素行豫胜也。故法天之道,履地之德,尽人之和,君臣辑穆,上下一心,盟誓不用,赏罚未施,消奸慝于未萌,折凶邪于殊俗,此帝者之兵也。德以为卒,威以为辅,修仁义之行,行恺悌之令,辟地殖穀,国富民丰,赏罚明,约誓信,民乐为之死,将乐为之亡,师不越境,旅不涉场,而敌人稽颡,此王者之兵也。**"

意思是:历览古今,战争的失败,实质上不在于作战的那些日子。如果民心相离相散,据往常之所行便可预料到失败。同样,战争的胜利,实质上不在于临阵的那些日子。如果民心亲近归附,据往常的行为便可预料到胜利。效法上天的规律,实践大地的德行,极尽人民的团结,君臣和睦,上下一心,不用对天盟誓,赏罚也未实施,奸心恶念在未萌发时便使其消除,凶兆妖异在刚反常时便使其夭折。这便是五帝的用兵之道。用恩德对待士兵,用威严作为辅助,养成仁爱正义的行为习惯,以平易近人的态度发布命令,开垦荒地,种植谷物,国家富强,百姓丰足;赏罚严明,誓约有信,人人乐意为国效命,将士乐意为其赴死;队伍不越过疆界,军旅不到达战场,敌人就会屈膝请降。这是王者的军队。

在《群书治要·孙卿子》中,魏徵等人节录荀卿的话说明,依靠权术谋略和作战形势不一定能够取得战争的胜利,要获得胜利根本在于得到民心和施行仁德。其中说道:

临武君与荀卿,议兵于赵孝成王前,王曰:"请问兵要。"临武君曰:"上得天时,下得地利,观敌之变动,

金泽文库《群书治要·孙卿子》书影

后之发，先之至，此用兵之要术也。"荀卿曰："不然。所闻古之道，凡用兵战攻之本，在乎一民也。弓矢不调，则羿不能以中微；六马不和，则造父不能以致远；士民不亲附，则汤、武不能以必胜也。故善附民者，是乃善用兵者也。故兵要在乎善附（旧无善字）民而已。"临武君曰："不然。兵之所贵者势利也，所行者变诈也。善用之者，莫知其所从出，孙、吴用之无敌于天下，岂必待附民乎？"荀卿曰："不然。臣之所道，仁人之兵，王者之志也。君之所贵，权谋势利，攻夺变诈也。仁人之兵，不可诈也；彼可诈者，怠慢者也。故以桀诈桀，犹有幸焉；以桀诈尧，譬之若以卵投石，若以指挠沸；若赴水火，入焉焦没耳！故仁人上下一心，三军同力；臣之于君，下之于上，若子之事父，弟之事兄；若手臂之捍头目，而覆胸腹也。诈而袭之，与先惊而后击之一也。"临武君曰："善！"陈嚣问荀卿曰："先生议兵，常以仁义为本。仁者爱人，义者循（循原作修）理，然则又何以兵为？凡所为有兵者，为争夺也。"荀卿曰："非汝所知也。彼仁者爱人，爱人故恶人之害之也；义者循理，循理故恶人之乱之也。彼兵者，所以禁暴除害也，非争夺也。故仁人之兵，所存者神，所过者化，若时雨之降，莫不悦喜。故近者亲其善，远方慕其德；兵不血刃，远迩来服，德盛于此，施及四极。"

意思是：楚将临武君与荀卿，在赵孝成王跟前讨论用兵之法。赵孝成王说："请问，什么是用兵的要领？"临武君答道："上得天时，下得地利，观察好敌人的动向，然后伺机出动，在敌人还没有到达之前，先占据有利地势，这就是用兵的要领。"荀卿说："不是这样。据我所知，古人用兵之法，凡用兵攻占的根本，在于使民心一致。若'弓'和'箭'不配套，即使是非常善于射箭的后羿也不能射中小目标；驾车的六匹马不协调，即使善驾车的造父也不能到达遥远的地方；士卒和人民要是不亲近、依附，那么商汤王和周武王亦不能有必胜的把握。所以，善于使人民归附的人，就是善于用兵之人。所以说，用兵最重要的是在于使人民归附自己罢了。"临武君反驳道："并非如此。兵家所重视的是有利的形势，所实行的是机变诡诈。善于用兵的人，（变化迅速，神秘莫测）使敌人无法了解他从哪里出动。孙武和吴起采取这种战术而无敌于天下，难道一定要等待人民归附吗？"荀卿反驳说："不是这样，我所讲的是仁德之君的军队，能称王天下者的志向。你看重的只是权术谋略和作战形势有利以及攻城掠地、变化多诈。仁德之人的军队，不能靠诡诈来取胜。那些能够被欺骗的，只是一些懈怠、轻敌的军队。所以，只有夏桀这样的昏君欺诈像夏桀那样的君主，还有侥幸成功的可能。如果靠夏桀这样的昏君去欺诈像尧帝一样的君主，就好比用鸡蛋去碰石头、用手指搅动开水；又好比投身水火，深入其中就会被烧焦、淹没。因此说，仁人的军队上下一心，全军协力；臣子对待君主，下级对待上级，如同儿子侍奉父亲、弟弟侍奉兄长；如同手臂保护头脑、眼睛，掩护胸腹一样自然；对这样的军队用欺诈之术突袭对方，同先惊动对方然后攻击是一样的结果。"临武君说："对！"陈嚣问荀卿说："先生谈论战争，总是将仁义作为根本，'仁'的意思是爱人，'义'的意思是顺理。既然这样，那么为何还要打仗呢？凡所建立军队的人，都是为了争城夺地啊！"荀卿说："并非像你所理解的那样。仁德的人爱护人民，正由于爱护人民，所以憎恨那些害人的人；坚持正义的人讲求道理，正由于讲究道理，所以憎恨人民中作乱、扰乱义理的人。军队，是用以禁止暴虐、消除祸害的，并不是为争城夺地的。因此仁者的军队所驻守之地，百姓视其为神明；所经过之地的百姓受到教化，像及时雨从天而降，没有不欢喜的。因此，近处的人喜爱他们的善良，远处的人仰慕他们的德行，军队不用流血战斗，远近的人都来归附。具有如此大德，影响就会遍布四海。"

五、谨慎择将、上兵伐谋

在《群书治要》中，魏徵等人对如何择将、如何率领，也有所节录，认为要慎重选择将领，如在《群书治要·六韬》中讲到：**"兵者，国之大器，存亡之事，命在于将也。先王之所重，故置将不可不审察也。"** 意思是：军队是国家最重要的支柱，它关系着国家的存亡大事，而军队的命运就掌握在为将的手里。为历代君王所重视,因此设置将领不可不慎重审察。还讲到将领要爱护士兵,如《群书治要·孙子》:"**视卒如婴儿,故可与之赴深溪;视卒如爱子,故可与之俱死。**"意即关怀士卒像关照婴儿一样,那么士卒就可与将帅共赴深谷(而不畏艰险);对待士卒像对待心爱的儿子一样,那么士卒就可与将帅同生死共患难。

此外,在《群书治要》中还讲到,战争是耗费国力的行为,如果不通过军事行动而取得战争的胜利,才是最好的。以此提醒唐太宗不要好战,应偃武修文,与民生息。

在《群书治要·尉缭子》中说道:"**战再胜,当一败。十万之师出,日费千金,故百战百胜,非善之善者也;不战而胜,善之善者也。**"意思是:战争频繁胜利,其实相当于失败。动用数十万人的军队,其军费每天高达千金。所以说,百战百胜,不是最好的胜利;不用打仗而取得胜利,那才是最好的胜利。

在《群书治要·孙子兵法》中,则讲到:"**不战而屈人之兵,善之善者也**〔未战而敌自屈服也〕。**故上兵伐谋**〔敌始有谋,伐之易也〕,**其次伐交**〔交,将合也〕,**其次伐兵**〔兵形已成〕,**下攻攻城**〔敌国已收其外粮城守,攻之为下〕。**故善用兵者,屈人之兵而非战也,拔人之城而非攻也,毁人之国而不久也。**"

意思是:不交战而使敌兵屈服,才是用兵策略中最好的。因而最好的用兵策略是以谋略来讨伐,其次是以外交手段来讨伐,再其次是以军队来讨伐,最下等的进攻是攻城。因此善于用兵者,使敌军屈服却不用战争的办法,夺取敌城而不用强攻的办法,毁灭敌国而不采用持久用兵的办法。

《群书治要》还指出,为将者不能贪

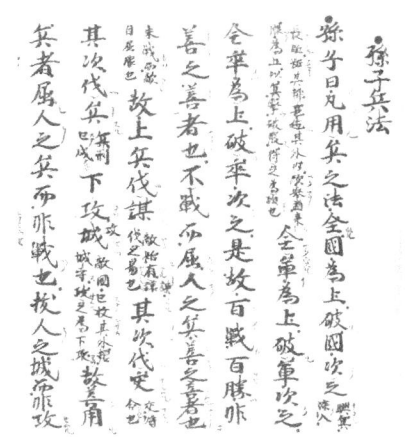

金泽文库《群书治要·孙子兵法》书影

爱爵禄金银。在《群书治要·孙子兵法》中讲到：

"兴师十万，出征千里，百姓之费，公家之奉，日千金；内外骚动，不得操事者，七十万家〔古者八家为邻，一家从军，七家奉之。言十万之师举，不事耕稼者凡七十万家也〕。相守数年，以争一日之胜，而爱爵禄百金，不知敌之情者，不仁之至也，非民之将也，非主之佐也，非胜之主也。"

意思是：大凡发兵十万，出征千里，百姓的耗费、公家的开支，每日耗资千金；国家内外扰动，人们疲惫地奔波于路途，不能安心从事耕作的，约有七十万家。双方相互防守，数年来只为争夺一朝的胜利。如果将领只贪爱爵禄金银，尚不了解敌方真实情况的话，那就是最大的不仁了！这种人，不配为人之将领，不配为君主之辅臣，也不是胜利的把握者。

总之，《群书治要》的军事思想，主张修习文德教化，不可好战；同时也指出不能忘记战争，要重视国防，以防外敌入侵。体现了中华民族历来爱好和平、崇尚道德的民族精神，以及古圣先王的王道精神，这在今天仍旧有着巨大的现实意义，值得现代人学习和反思。

第十三章

虚心纳谏、忠言直谏：《群书治要》的纳谏思想

纳谏与进谏，是古代君臣治国中最常见的现象。在中国历史上，魏徵是著名的谏臣，唐太宗则是以善于纳谏著称的明君。《群书治要》作为魏徵等人向太宗谏言的"谏书"，书中节录了大量有关君主纳谏和臣子进谏的言论，体现了魏徵等人的纳谏思想。

唐太宗从《群书治要》中取得的一个很大的思想收获就是："**纳谏则国治，杜谏则政乱。**"唐太宗认为个人的才智是有限的，即使帝王也不例外。他说："**人欲自照，必须明镜；主欲知过，必藉忠臣。主若自贤，臣不匡正，欲不危败，岂可得哉？**"他又说："**人君须得匡谏之臣举其愆过。一日万机，一人听断，虽复忧劳，安能尽善哉？**"为了进一步加强中央集权以巩固统治，唐太宗提倡集思广益，将"好自矜夸，护短拒谏"视为亡国之道，因而多次向群臣警示道："**观古之帝王，有兴有衰，犹朝之有暮。皆为蔽其耳目，不知时政之得失。忠正不言，邪谄者日进。既不见过，所以至于灭亡。**"（见《贞观政要》）唐太宗作为权力的中心，之所以能虚心纳谏，正是由于他透过《群书治要》所提供的历史这面镜子，清醒地意识到在争夺、维护皇权的斗争中，自己处在各种各样人的包围之中，一如他所说的"**人主唯有一心，而攻之者甚众，或以勇力，或以辩口，或以谄谀，或以奸诈，或以嗜欲，辐辏**（形容人或物聚集像车辐集中于车毂一样）**攻之，各求其售，以**

取宠禄。人主稍懈而受其一，则危亡随之"（见《资治通鉴》）。因而，唐太宗对群臣强调："**君有过失，臣须极言。朕闻卿等规谏，纵不能当时即从，再三审思，必择善而用之。**"通过复杂的治国实践，他深知"**国之安危，资于辅弼**"（见《魏郑公谏录》）。贞观十一年，唐太宗在手谕里进一步强调说："**夫为人臣，当进思尽忠，退思补过，将顺其美，匡救其恶，所以共治也。**"（见《贞观政要》）唐太宗常对群臣说："**人欲自见其形，必资明镜；君欲自知其过，必待忠臣**"，"**如虞世基等谄事炀帝以保富贵，炀帝既弑，世基等亦诛。公辈宜用此为戒，事有得失，毋惜进言**"（见《资治通鉴》）。唐太宗能够善于纳谏，而又能择其善者用之，并明白"兼听则明，偏信则暗"的真谛，从而少犯错误，这在古代的君王中是十分少见的。而这些，可以说和他从《群书治要》一书中得到启示不无关系。

从《群书治要》节录的大量的关于君王纳谏、臣子进谏的内容中，可以总结出一个结论：一个国家、一个团队，领导者能够广听谏言，下属能够忠直进谏，才能兴旺。

一、从谏则圣，杜谏则乱

一个人的才智是有限的，即使帝王也不例外。因此，要做一个明君，就一定要听取众人的意见，要广纳谏言。《群书治要·尚书》中讲到："**惟木从绳则正，后从谏则圣。**"意思是：木板按绳墨来锯解，则会平直；君主听从臣下的劝谏，则会圣明。说明为君者要善于纳谏。

在《群书治要·汉书》中，也讲到："**明主垂宽容之听，崇谏争之官，广开忠直之路，不罪狂狷之言。然后百僚在位，竭忠尽谋，不惧后患；朝廷无谄谀之士，元首无失道之愆。**"意谓圣明的君主能宽容地听取下边的谏言，尊崇谏官的地位，广开忠直之路，不怪罪颠狂耿介之人的话。只有这样才能使朝中百官安居其位，竭尽忠诚与智谋，不害怕有后患。如此，朝廷就会没有谄媚阿谀的人，皇帝就会没有不合道义的过失。

我们看到，大凡英明的君主，往往都是虚心纳谏的人。唐太宗李世民就是其中最有代表性的。同样,汉高祖刘邦,他之所以能够成就大业,也和他能够听取谏言有很大的关系。在《群书治要·汉书》的张良传中,记载了这样一个例子:

> 张良,字子房,韩人也。沛公欲以二万人击秦峣关下军,良曰:"秦兵尚强,未可轻。臣闻,其将屠者子贾竖,易动以利,愿沛公令郦食其持重宝啖秦将。"秦将果欲连和俱西,良曰:"此独其将欲叛,士卒恐不从,不如因其解击之。"沛公乃引兵击秦军,大破之,遂至咸阳。秦王子婴降沛公。沛公入,秦宫室帷帐狗马重宝妇女以千数,意欲留居之。樊哙谏,沛公不听。良曰:"夫秦为无道,故沛公得至此。为天下除残去贼,宜缟素为资。今始入秦,即安其乐,此所谓助桀为虐〔资,质也。欲令沛公反秦奢,俭素以为质也〕。且忠言逆于耳利于行,良药苦于口利于病,愿沛公听樊哙言。"沛公乃还军霸上。

张良像

意思是:张良,字子房,韩国人。沛公刘邦打算用两万兵力攻打秦朝在峣关的守军,张良说:"秦军势力还很强大,不可轻视。我听说那里的守将是屠户的儿子,这样的市侩容易用钱财使他动摇,希望沛公派郦食其携带贵重宝物收买秦将。"峣关的守将果然(背叛了秦朝)愿跟沛公联合一道西进。张良说:"这仅是那些秦将想要反叛,士兵们恐怕不会依从,倒不如趁敌人麻痹松懈时袭击他们。"沛公于是领兵进攻秦军,大败敌人。沛公军队遂进逼咸阳,秦王子婴投降了沛公。沛公见秦宫的帷帐、狗马、重宝、美女数以千计,有心想留下住在那里。樊哙规劝他不要这样,沛公不听。张良进谏说:"秦朝因为不施仁政,所以沛公才能打到这里。替天下人铲除残暴,除去强贼,应穿素服,以朴素来提高资望。现在才进入秦都,就立即要享受安乐,这就是人们常说的'助纣为虐'。再说'忠言逆耳利于行,良药苦口利于病',希望沛公能听从樊哙的劝告。"于是沛公便率军队返回灞上。

如果为君者行为偏失正道,又不能听从臣下的谏言,则会有身灭国亡的危险。在《群书治要》中，就节录了大量的君王不能听从进谏而导致灭国的实例。

在《群书治要·国语》中说道："厉王失道，芮伯陈诰作芮良夫解。芮伯若曰：余小臣良夫，稽首谨诰：天子唯民父母。致厥道，无远不服；无道，左右臣妾乃违〔道，谓德政。违，叛之〕。民归于德，德则民戴，否德民仇。兹允效于前，斯不远〔信验于前世，不远也〕。商纣弗改夏桀之虐，肆我有周有家〔举桀行恶灭亡，以为戒也〕。呜呼！唯尔天子，嗣文武之业；唯尔执政小子，同先王之臣。昏行内顾，道王不若〔同，谓位同也。昏，暗也，言教王为不顺〕，专利作威，佐乱进祸，民将弗龛〔专

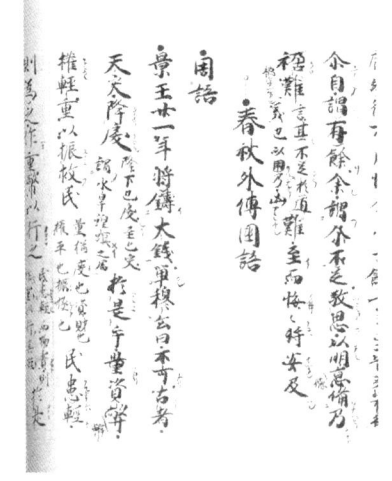

金泽文库《群书治要·国语》书影

利侵乱，进不善也〕。治乱信于其行，唯王暨尔执政小子攸闻〔行善则治，行恶则乱，皆所闻知也〕。古人求多闻以鉴戒，弗闻是惟弗知〔言古人患不闻，故有所不知也〕。尔闻尔知，弗改厥度，亦惟艰哉〔知而不改，无可如何，故曰难也〕？夫后除民害，不唯民害，害民乃非后，唯其仇〔是与民为怨仇〕。民至亿兆，后一而已，寡弗敌众，后其殆哉〔言上下无义，对共相怨，则寡者危已〕！乌乎！野禽驯服于人，家畜见人而奔，非禽畜之性，实惟人民亦如之〔人养之故扰服，虽家畜，不养则畏人，治民亦然也〕。今尔执政小子，惟以贪谀事王〔专利为贪，面从为谀〕，不对以备难，下民胥怨，财单力竭，手足靡措，弗龛戴上，不其乱而〔言民相与怨上，上加之罪，民不堪命，必作乱也〕？惟祸发于人之攸忽，咎起于人攸轻。心不存焉，变之攸伏〔言人所轻忽，则祸之所起〕。尔执政小子，弗图大艰，偷生苟安，爵以贿成〔苟安，无远虑。贿成，不任德〕。贤智拑口，小人鼓舌，逃害要利，并得其求，唯曰哀哉〔贤者隐默以逃害，小人佞谄以要利，各得其求，故君子为之哀也〕！我闻曰：'以言取人，人饰其言；以行取人，人竭其行。饰言无庸，竭行有成。'唯尔小子，饰言事王，实蕃有徒。尔自谓

有余，余谓尔不足，敬思以明德，备乃祸难〔言其不足于道义也。以，用。乃，汝〕。**难至而悔，悔将安及？"**

意思是：周厉王丧失治国之道，芮伯上书劝诫，写作了《芮良夫解》。芮伯这样说："小臣芮良夫，叩首敬告：天子是万民的父母。得治国之道，再远的诸侯部族都没有不归服的；丧失治国之道，自己的近臣、妻妾都会背叛。百姓归附有德之人。有德则百姓拥戴，无德则百姓仇恨。这确已被前代验证，并不久远。商纣王沿袭夏桀的暴虐，于是使我们周朝拥有了天下。唉！您是天子，继承了文王和武王开辟的事业。虽然那些执政的人地位等同于先王的大臣，却行为愚昧，只顾自己，诱导大王不顺从（先王之法），独占利益，滥用权威，助长动乱，招引祸害，百姓将不予供奉。'治乱取决于治理者的作为'。大王和您的执政者们是知道的。古代的人企求多一些谏言，以作为未知之事的借鉴，那是由于尚不知道（该怎么做）。而您已听说了，也知道了，却不改正自己的做法，也是由于艰难吗？君王为民除害，除去的不只是百姓之害，因为祸害百姓，就不是百姓的君主了，而是他们的仇人。百姓多达亿万人，君王却只有一人，寡不敌众，君王将非常危险啊！唉，野鸟能被人驯服，家畜见了生人却会逃跑。这不单是鸟兽的本性，人民实际上也同这一样。现在您那些执政的人，只用贪婪和阿谀奉承来侍奉大王您，不应对防备灾难（之策），下层臣民共同抱怨，财力枯竭，手足无措，从而不供奉拥戴君主，不是将要作乱了吗？灾祸产生于人的疏忽，错误发生于人的轻视。凡事不放在心上，就伏下了变乱的祸根。您的那些执政者，不考虑国家艰难，苟且求生，贪图眼前安逸，当官凭行贿来实现。贤智之人闭口不言，奸邪小人鼓唇弄舌。（贤者）躲避祸患，（小人）设法取利。两者均得其所求，只能说令人痛心啊！我听说：'以言谈取人，人会巧言令色；以所作所为取人，人将竭尽其能。巧言令色没有功用，竭力办事必有所成。'那些执政者，用巧饰之言侍奉君王，其门徒确实众多。您自认为有余，我以为不足。要慎重考虑，并显明道德，防备灾难的降临。一旦灾难发生了再后悔，后悔又怎能来得及呢？"

可惜芮伯的谏言，周厉王并没有听从。在《群书治要·史记》里还记载到：

厉王即位，好利，近荣夷公。芮良夫谏曰："王室其将卑乎？夫荣公好专利，而不知大难。夫利，百物之所生也，天地之所载也，而有专之，其害多矣。天地百物皆将取焉，何可专也？所怒甚多，而不备大难，以是教王，王其能久乎？夫王人者，将导利而布之上下者也。使神人百物无不得极〔极，中也〕，犹日怵惕，惧怨之来。今王学专利，其可乎？匹夫专利，犹谓之盗，王而行之，其归鲜矣。荣公若（若原作有）**用，周必败。"王不听，卒以荣公为卿士，用事。王行暴虐侈傲，国人谤王。**

西周胡簋

意思是：厉王登位，贪图财利，亲近荣夷公。大夫芮良夫劝谏厉王说："王室大概要衰微了吧！荣夷公喜欢独占财利而不知道会有大祸。财利，是由众多物类产生的，是大自然所赐予的，如果有人独占了它，其祸患必然会很多。天地众人都打算取得一份，怎么能独占呢？独占财利，就必然要招来很多怨怒，而又不知防备大祸，用这样的思想行为来引导君王，君王怎么能够长久安宁呢？作为一个君王，应奖励生产、开发地力，公平地分配给上上下下的人，使天神、人民和万事万物无不各得其分。即便如此，还要每天警惕，怕招来怨恨。现在您却要独占财利，这能行吗？普通人独占财利，还被称为强盗。您如果干这样的事，归附您的人就会很少了。荣夷公若被重用，周朝必定会衰败。"厉王不听，还是用荣夷公为卿士，让他主管国事。厉王施行暴虐的统治，奢侈骄傲，国都的民众都议论他的过失。

根据史书记载，周厉王在位期间，重用奸佞荣夷公，不听贤臣周公、召公等人劝阻，实行残暴的"专利"政策，奴役百姓，不让他们有丝毫的言论自由，以至于行人来往，只能以目光、眼神来示意。由此周朝国势更加衰落，朝政更加腐败。百姓怨声载道、民不聊生，于是开始聚众起义，冲进王宫，试图杀掉厉王，史称"国人暴动"。厉王只好逃出镐京，越过黄河，逃到周朝边境—彘（今山西北部）。周共和十四年（前828年）死。

芮良夫是一个很有政治智慧的人，他看到周厉王重用荣夷公，就知道国家的政治必将出现重大问题。芮良夫对荣夷公的认识是非常准确的，他知道荣夷公是一个非常贪婪的人，贪欲无尽，喜欢独占财物。芮良夫认为：天下的财富要由天下人来分享，这是天经地义的事。如果天下的财富被一个人独占，这个人必将成为天下人的公敌。又说：作为国王，应当为天下人谋福利。只有国民生活富足，国家才能长治久安；国王只想着占有国民的财富，国民就必将生活困窘，国民没有了生路，国家就必定难以安宁。

周厉王有芮良夫这样的良臣而不用，有芮良夫这样的良言而不听，最终遭致祸乱，客死他乡，实在是可悲可叹。这样的结局正是因为不能听取臣下的谏言而导致的。

唐太宗因为受到历史上这些亡国昏君事例的警醒，尤其是看到隋炀帝因为不听谏言而亡国的教训，因此非常注意听取臣下的谏言，前车之鉴让唐太宗更加明白兼听的重要性和偏信的危害性。唐太宗重视"兼听"的事例很多。从贞观初年始，他就诏令五品以上的官员必须轮流在禁中的中书省值宿，以备随时召见。每次召见时，唐太宗都赐坐交谈，详细询问外面的情况，力求掌握朝廷政策对百姓是利还是弊，了解政令的得失与教化的成败。

贞观二年正月的一天，唐太宗突然问魏徵道："人主何为而明，何为而暗？"魏徵对曰："兼听则明，偏信则暗。昔尧清问下民，故有苗之恶得以上闻；舜明四目，达四聪，故共、鲧、欢兜不能蔽也。秦二世偏信赵高，以成望夷之祸；梁武帝偏信朱异，以取台城之辱；隋炀帝偏信虞世基，以致彭城阁之变。是故人君兼听广纳，则贵臣不得拥蔽，而下情得以上通也。"唐太宗听了非常赞同。

唐太宗认为**"天下之广，四海之众，千端万绪"**，为避免个人局限性，要**"须合变通，皆委百司商量，宰相筹画，于事稳便，方可奏行"**。唐太宗主张群臣献策献计，集思广益，目的就是要消除政事"一人独断"可能带来的严重后果。纳谏也许不能解决所有问题（皇帝一天能听多少谏言呢），但是纳谏可以使领导者修正行为、准确掌握国家基本形势，更重要的是可以使人民相信一切问题都能上达天听，从而使得这个社会拥有了一个压力释放口。如果领导者不能纳谏，则无法知晓民情，对事情无法做出正确判断，下属的积极性也会大大减低，领导者的决策就很难保证正确，一旦如此，就会给国家带来巨大的危险。

二、亲近谏臣，远离谀臣

从理上讲，人都明白听从谏言的重要性，但是，在现实中却难以真正做到。在中国历史上，很多君主就是如此，原因是君主常常喜欢听赞美的话，而不喜欢听忠直的谏言，因此常常被奸佞的小人所迷惑。

在《群书治要·后汉书》中讲到：**"人君莫不好忠正而恶谗谀，然而历世之患，莫不以忠正得罪，谗谀蒙幸者，盖听忠难，从谀易也。夫刑罪，人情之所甚恶；贵宠，人情之所甚欲。是以世俗为忠者少，而习谀者多。故令人主数闻其美，稀知其过，迷而不悟，至于危亡也。"**意思是：人君没有不喜好忠正而厌恶谗谀的，然而历代的祸患，没有人不是因忠正而获罪、因谗谀受宠。听忠言困难，从谄谀容易啊！刑罪是人情之所厌恶的；贵宠是人情之所向往的。所以世俗是忠正者少而习惯谄谀的多。所以会让人主听赞美之言多，知自身过失少，执迷不悟，直至危亡。

魏徵等人在节录《群书治要》时，节录了许多君主因听谗谀之言而亡国灭身的史实，来提醒为君者要远离谗谀之臣。例如历史上秦二世偏听赵高、汉元帝偏听石显、隋炀帝偏听虞世基，都因此而导致国家衰亡。这样的例子在《群书治要》史的部分记载的非常多。

以人情来讲，人都爱听赞扬、漂亮的话，不喜欢听人指出自己的缺点。在《群书治要·中论》里面讲到：**"先民有言，人之所难者二：乐知其恶者难；以恶告人者难。夫唯君子，然后能为己之所难，能致人之所难也。"**

意思是：过去有人说过，一般人难做到的有两点：一是乐于知道自己的错误难；二是把他人的错误告知对方难。只有成为君子之后，才能做自己难做的事，就是乐于知道和勇于改正自己的缺点；也才能求得别人去做难做的事，就是求得别人把自己的过失告知自己。

另外，在《群书治要·申鉴》中也说道：

"人臣之患，常立于二罪之间，在职而不尽忠直之道，罪也；尽忠直之道焉，则必矫上拂下，罪也。有罪之罪，邪臣由之；无罪之罪，忠臣致之。"

意思是：臣子的忧虑，常处于"二罪"之间。任其官职却不行忠贞正直之道，这是一罪；若尽其忠贞正直之道，则必然会违背上意、得罪同僚，也是一罪。怕罪及自身的"罪责"，是奸臣自己带来的；不怕罪及自身的"罪责"，是忠臣自己招致的。

金泽文库《群书治要·申鉴》书影

因此，从人的常情来讲，做一个敢于谏言的臣子，是非常不容易的。所以，做君主的要得到这样真正敢于直言进谏的臣子，是非常难得的。这种谏臣，才是能够使得国家兴盛。匡正领导者错误的，是真正称职的臣子。

在《群书治要·韩诗外传》中记载了这样一个故事：

赵简子有一臣子叫周舍，在赵简子门下站了三天三夜。赵简子派人去问他，说："你想见我有什么事？"周舍回答说："希望做一个直言敢谏的臣子，手拿着笔墨竹简，跟随在君主的后面，对君主的过错，每天都有记载，每月都有集成，每年都有效验。"从此以后，简子生活在哪里，周舍就与他一起生活在哪里；简子出行，周舍与他一起出行。过了不久，周舍死了。后来赵简子与各位大夫一起在洪波台饮酒，喝到正高兴的时候，简子突然哭泣起来。诸位大夫都赶紧离开坐席站起来，说："我们有罪，但是不知道自己有什么罪。"简子说："各位大夫都没有罪。过去我的朋友周舍有言，说：'千羊之皮，不若一狐之腋；众人之唯唯，不若直士之愕愕。'（一千张羊皮，不如一片狐腋；有许多人唯唯诺诺，不如一个真正士人的直言相谏。）过去商纣王的臣子都默默无言，结果商朝灭亡了；周武王的臣子都直言敢谏，结果周朝兴盛起来。自从周舍死了以后，就没有听到过我的过失了。我的灭亡没有多久了，因此我才悲泣。"

一个领导者的身边，如果有直言进谏的人，就能够减少领导者的过失；如果没有人能够匡正领导者的过失，就会造成"一人独断"的情况。一个人的智慧是有限的，而且，没有直言进谏的人，领导者身边必然是谄谀之人。身边尽是谄谀之人，而领导者不会灭亡，是从没有过的事情。

因此在《群书治要·孙卿子》上讲到："**谄谀者亲，谏争者疏；修正为笑，至忠为贼；虽欲无灭亡，得乎哉？**"说明，如果阿谀奉承者被亲近，直谏者被疏远，正直之士被其讥笑、最忠诚者被其残害，即使想不灭亡，能不灭亡吗？

因此，作为领导者，一定要鼓励臣子直言进谏，远离谄媚的谀臣，这不仅是兴国之道，更是领导者的保身之道。

三、臣谏至难，虚心听纳

做臣子能够直言进谏，是十分不易的。因此，做君主的要能够虚心听纳臣下的谏言，勇于改正自己的过失。

在《群书治要·晋书》里面讲到："**凡关言于人主，人臣之所至难。而人主苦不能虚心听纳，自古忠臣直士所慷慨也。其甚者，至使杜口结舌。**"意思是：凡进言关乎君主，这是作臣子者很难的事。而遗憾的是君主不能虚心听取、采纳，这是从古至今忠臣直士深为感慨伤叹的事。这样做，更为严重的是,使进言者从此闭口不敢言政事。

在《群书治要·汉书》里面,引用东方朔的《非有先生》之论:朔直言切谏,上常用之。设"非有先生"之论,其辞曰:"非有先生仕吴,进不称往古以厉主意,退不扬君美以显其功,默然无言者三年矣。吴王怪而问之,曰:'谈何容易!夫谈有悖于目、咈于耳、谬于心,而便于身者,或有悦于目、顺于耳、快于心,而毁于行者,非有明王圣主,孰能听之?'吴王曰:

东方朔像

'何为其然也?中人以上,可以语上。先生试言,寡人将听焉。'先生对曰:'昔者,关龙逢深谏于桀,而王子比干直言于纣。此二臣皆极虑尽忠,闵主泽不下流,而万民骚动,故直言其失,切谏其邪者,将以为君之荣、除主之祸也。今则不然(旧无今则不然四字,补之),反以为诽谤君之行,无人臣之礼,戮及先人,为天下笑,故曰谈何容易。是以辅弼之臣瓦解,而邪谄之人并进,遂及飞廉、恶来革等〔二人皆纣时佞臣也〕。二人皆诈伪,巧言利口,以进其身;阴奉雕琢刻镂之好,以纳其心;务快耳目之欲,以苟容为度。遂往不戒,身没被戮,宗庙崩阤,国家为墟。故卑身贱体,悦色微辞,愉愉呴呴,终无益于主上之治,则志士仁人不忍为也。将俨然作矜严之色,深言直谏,上以拂主之邪,下以损百姓之害,则忤于邪主之心。历于衰世之法,如果邪主之行,固足畏也。故曰谈何容易。于是吴王惧然易容,捐荐去几,危坐而听。先生曰:'接舆避世,箕子阳狂。此二子者,皆避浊世以全其身者也。使遇明王圣主,得赐清燕之闲,宽和之色,发愤毕诚,图画安危,揆度得失,上以安主体,下以便万民,则五帝三王之道,可几而见也。故伊尹蒙耻辱、负鼎俎以干汤,太公钓于渭之阳以见文王,心合意同,谋无不成,计无不从。深念远虑,引义以正其身,推恩以广其下,本仁祖义,褒有德,禄贤能,诛恶乱,总远方,壹统类,美风俗。此帝王所由昌也。上不变天性,下不夺人伦,则天地和洽,远方怀之,故号圣王。于是裂地定封,爵为公侯,传国子孙,名显后世,民到于今称之,以遇汤与文王也。太公、伊尹以如此,龙逢

比干独如彼，岂不哀哉！故曰谈何容易。'"

意思是：东方朔直言切谏，武帝往往采纳。又作《非有先生论》，其文章中说："非有先生在吴国做官，他进见时不称颂往古之事来激励君主的意旨，退朝后不传扬君主的善行来显扬其功绩，沉默无言已有三年了。吴王觉得奇怪就询问他，非有先生说：'向君主进言很不容易呀！进言有违背君主之所见、背逆君主之所闻、不符合君主心意却对君主自身有利的，也有使君主看得喜悦、听着顺耳、心中高兴却会毁坏君主品行的。如果没有圣明的君王，谁能判断这些话呢？'吴王说：'你为什么认为是这样呢？具有中等以上才智的人，就可以与之谈论高深的道理。先生试着说说，寡人一定会认真听的。'先生对曰：'昔日，关龙逄很深刻地劝谏夏桀，王子比干率直地向商纣进言。这两位大臣，都是竭尽思虑与忠诚，怜惜君主的恩泽不能传播到下层，以致万民骚动，所以直言君主的过失，恳切谏诤其邪恶行为的人，那是为了增加君主的荣耀、消除君主的祸患。可是今天就不是这样的，反而认为这是诽谤君主的行为，缺乏做人臣的礼节，先人也跟着受辱，为天下人所耻笑，所以说向君主进言很不容易！正是因此，辅佐君王的重臣被分裂，而那些奸邪谄媚的人一齐入朝为官，甚至连飞廉、恶来都得到了重用。这两个人都是诡诈之人，以其花言巧语、能说善辩，来求得自身的晋升；以暗里进献雕刻精细的玉器，使君主接纳自己的心意。他们努力使君主的耳目之欲称心如意，以苟且容身为做事的尺度，君主则往往不加戒备，以至于身被杀戮，宗庙崩毁，国家成为废墟。所以，自身故作卑贱，面带喜色，言辞婉转巧妙，语言温和动听，终究无益于主上的治国，确实是志士仁人不屑于干的事啊。他们将俨然显现出端庄严肃的容色，恳言直谏，上能纠正君主的邪念，下能减少百姓的祸害，那么就会与心术不正之君的心意抵触，言辞将超越于乱世的法律。如果是这样，邪主的所作所为，必会令人畏惧啊！所以说，向君主进言很不容易。'此时，吴王惧然改变神色，撤去草席，离开靠身的桌几，端正地坐着来听。非有先生说：'接舆远避社会，箕子佯装疯癫。这两位贤人,都是逃避污浊的世道来保全其身者。假使他们遇到圣明的君主,能赐予其清静安适的空闲、宽容温和的脸色,使其发愤竭尽忠诚,策划国家安危大事,考察国家政事得失,对上使君主身心安泰,对下使人民生活安逸,那么五帝三王的治世之道,差不多就可以看到了。所以伊尹蒙受着曾为奴隶的耻辱,负鼎持俎而干谒商汤的政事;姜太公垂钓于渭水北岸,以便进见周文王,君臣之间心合意同,谋无不成,计无不从。他们深思远虑,援引正义来端正其身,推究自己之所爱,扩展到天下之人,根据仁义的原则,使有德之人聚集,给贤能之才以厚禄,诛罚奸恶乱党,汇集远方之民,统一法令条例,使风俗美好。这些都是帝王得以昌盛的原由。在上不改变天性,对下不使人伦丧失,那么天地就会和洽,远方之民归向君王,所以叫做圣王。于是,君王裂土封疆,给他们以公侯爵位,传国于子孙,声名著称于后世,人民到现在还在称颂他们,这是因为他们遇到了商汤和文王啊。太公、伊尹是如此显荣,而关龙逢、比干偏偏是那样的遭遇,难道不令人伤悲吗?所以说,向君主进言不容易呀!'"

臣子向君主谏言是如此不易,因此,明智的君主一定能够虚心听纳谏言,体恤臣下进谏之不易。在这一点上,唐太宗在历代帝王中是非常出色的。

唐太宗有一个"回天之力"的真事:当时,唐太宗下令,要把洛阳破败了的乾元殿修饰一番,以备作为到外地巡视的行宫。对于皇帝来说,想要修理一下小小的行宫,本来是小事一桩。可是,有一个小官张玄素,却上了一道奏折,痛陈此举不妥。他说,修了阿房宫,秦朝倒了;修了章华台,楚国散了;修了乾元殿,隋朝垮了。这都是历史的教训。现在,我们唐朝百废待兴,国力哪里比得上当年的隋朝?陛下在国家的破烂摊子上,继续役使饱受战乱之苦的百姓,耗费亿万钱财,大兴土木。陛下没有继承前代帝王的长处,继承的却是百代帝王的弊端。如果从这一点看,陛下的过失远远超过了隋炀帝。这是一道笔锋犀利、击中要害的奏折。小小的张玄素,竟敢把英明的君主唐太宗比作昏聩的暴君隋炀帝,冒犯天威。这不是拿鸡蛋往石头上撞吗？满朝文武都为他捏一把汗，人们都在观察唐太宗的反应。假如不是唐太宗，而是别的皇帝，看到这一大不敬的奏折，当即会雷霆震怒，不仅张玄素人头落地，而且会株连九族。但是，唐太宗就是唐太宗，他不仅没有怪罪张玄素，反而下令召见他。此时的唐太宗想进一步地试一试张玄素的胆量，就直问道，卿说我不如隋炀帝，那么，我和夏桀、商纣相比，怎么样呢？要知道，夏朝的桀王和商朝的纣王，都是历史上臭名昭着的暴君。唐太宗这样问，自有深意。张玄素却直截了当地答道，如果陛下真的修了乾元殿，那就和夏桀、商纣一样昏乱。听到这句答语，唐太宗不仅没有发怒，反而被深深地感动了。他想，一个小官，敢于冒死直谏，为了什么，还不是为了他的江山社稷？因此，唐太宗收回了他的谕旨，停止重修乾元殿。并且表扬了张玄素，同时赏给他五百匹绢。对此事一直关注的魏徵，听到了这个完满的结局，颇为感触地叹道，张公论事，有回天之力，这都是高尚道德的君子说的话呀！这个"回天之力"的真事，充分地说明了唐太宗的虚心纳谏和能够改过。

除了能够虚心纳谏，更重要的是要能够改正过失。对臣下的谏议，唐太宗"每闲居静坐，则自内省，恒恐上不称天心，下为百姓所怨"。作为一个君王，有这样反省自己错误的心胸和气魄是难能可贵的。贞观元年，太宗诏令，官员凡假造官阶和阅历的，不自首就处死刑。后来，果然查出有造假的人，唐太宗判他们死刑。大理少卿戴胄认为依照唐律不应该处死刑，反对皇帝一生气就杀人的做法，唐太宗收回了成命。贞观三年，唐太宗下诏"关中免二年租税，关东给复一年。"但不久就变了卦，魏徵批评他"追悔前言，二三其德。"唐太宗虚心接受了魏徵的意见。贞观五年，唐太宗在盛怒之下轻信谗言，错杀了大理丞张蕴古，经房玄龄澄清事实后，十分后悔，随后诏令："自今有死罪，虽令即决，仍三覆奏乃行刑。"贞观六年，唐太宗欲封禅泰山，（封禅，封为"祭天"，禅为"祭地"，是指中国古代帝王在太平盛世或天降祥瑞之时的祭祀天地的大型典礼。）魏徵屡次劝说太宗：百姓生活尚未十分殷实，仓廪尚虚，国力尚弱，此时祭告天地，以为帝王功业已就，十分不妥。唐太宗随即打消了封禅的念头。

正是因为唐太宗能够虚心听纳谏言，才成就了贞观年间谏诤蔚然成风、君臣共商国事的良好风气，是"贞观之治"中最引人瞩目的亮点。

四、国之将兴，贵在谏臣

古人讲，为政之道，惟在得人。而在人才之中，最难能可贵的就是敢于直谏的谏臣。在《群书治要·政要论》中说道："**国之将兴，贵在谏臣；家之将盛，贵在谏子。**"国家要兴旺，可贵的在于有进谏的臣子；家庭要兴旺，可贵的在于有进谏的孩子。可见，谏臣对国家的重要。

因此，《群书治要·孙卿子》中，更是将"谏"、"争"、"辅"、"弼"之臣视为国君之宝："**君有过谋过事，将危国家、陨社稷之具也，大臣、父兄，有能进言于君，用则可，不用则去，谓之谏；有能进言于君，用则可，不用则死，谓之争；有能比智同力，率群臣百吏，而相与强君矫君，以解国之大患，除国之大害，成于尊君安国，谓之辅；有能抗君之命，窃君之重，反君之事，以安国之危，除君之辱，谓之弼。故谏、争、辅、弼之人，社稷之臣也，国君之宝也，明君之所尊所厚也，而暗主惑君为己贼也。**"意思是：君主有错误的谋略、错误的行为，且将会有危害国家、毁灭社稷的情形时，大臣或父兄中若有人能够向君主进言，被采纳就留下，反之就离去，这叫做"谏"；有人能向君主进言，如果被采纳就留下，反之则宁可一死，这叫做"争"；有人能亲近智士，同心协力，率领群臣百吏一起说服君主，纠正君主的错误，以化解国家大患，消除国家大害，完成尊重君主、安定国家的大业，这就叫"辅"；有人能抗拒君命，窃据君主重权，回转君主之事，以使国家转危为安，消除君主的耻辱，这叫做"弼"。所以说，能够"谏"、"争"、"辅"、"弼"之人，是社稷之重臣，君主之珍宝。英明的君主尊敬并重用他们，而昏愦糊涂的君主却认为是自己的叛贼。

《群书治要·孝经》里面说道："**天子有争臣七人，虽无道，不失其天下**〔七人者，谓大师、大保、大傅、左辅、右弼、前疑、后丞，维持王者，使不危殆〕；

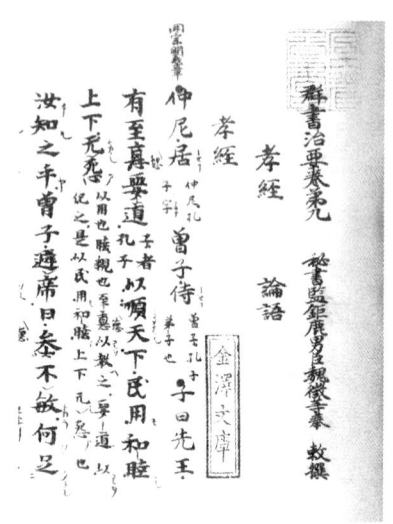

金泽文库《群书治要·孝经》书影

诸侯有争臣五人，虽无道，不失其国；大夫有争臣三人，虽无道，不失其家〔尊卑辅善，未闻其官〕；士有争友，则身不离于令名〔令，善也。士卑无臣，故以贤友助己〕；父有争子，则身不陷于不义。故当不义则争之。从父之命，又焉得为孝乎〔委曲从父命，善亦从善，恶亦从恶，而心有隐，岂得为孝乎〕？"

意思是：天子有七位直言谏诤之臣，即便天子无道，尚不至于失掉其天下；诸侯有五位直言谏诤之臣，即便诸侯无道，尚不至于失去其国；大夫有三位直言谏诤之家臣，即便大夫无道，尚不至于失去其家；士人若有直言规劝的朋友，则自己不会背离美好的名声；父母有直言规劝的儿女，则自不会陷于不义。所以，面对不合礼义的事情时，就要直言相劝，一味地听从父母之命，又怎能算做孝子呢？

《弟子规》上讲："亲有过，谏使更。"父母亲有过错的时候，应该劝谏父母改正过失；同样，身为臣子，领导有了过失，也必须要劝谏领导。劝谏父母是"孝"，劝谏领导是"忠"。如果领导有了过失而不能够进谏，则有失为臣之道。

同时，君主要想得到敢于直谏的臣子，首先自己要做一个开明的君主。如果君主不开明，不能够虚心纳谏，臣子知道进谏无用，就不会进言。因为即使进言，如果君主不能够虚心听取，也和无人进谏没有两样。因此，为君者一定要虚心纳谏，广开言路，才能让臣子敢于进谏，君臣辑穆才能治理好天下。

五、苟顺非忠，直谏乃贤

《群书治要》在反复强调为君者要听取臣下谏言的同时，也指出为臣者要敢于向君主忠直进谏，认为匡扶君主，敢于谏言是臣子的基本责任。

因此在《群书治要·政要论》中讲到："夫谏争者，所以纳君于道，矫枉正非，救上之谬也。上苟有谬而无救焉，则害于事，害于事则危道也。故曰："危而不持，颠而不扶，则将焉用彼相？"扶之之道，莫过于谏矣。故子从命者，不得为孝；臣苟顺者，不得为忠。意思是：谏争，是为了把君主拉回到正确的治国之道上来，纠正其偏差与缺点，挽救君主的谬误。君主如果有谬误之处而无人去纠正，就会有害于国事，有害于国事就会步入危途。所以说："有危机而不帮助，跌倒了而不扶持，什么时候用得着你的帮助呢？"而扶助的办法，没有比进谏更好的了。所以说做儿子的唯命是从，不能说就是孝顺；做臣子的苟且顺合，不能说就是忠君。

《群书治要》在节录史书的时候，选取了许多忠诚直谏的臣子的谏言和史实。例如，在《群书治要·后汉书》里面，就节录了寒朗直谏的故事：

> 寒朗，字伯奇，鲁国人也。守侍御史，与三府掾属，共考案楚狱颜忠、王平等，辞连及随乡侯耿建、朗陵侯臧信、护泽侯邓鲤、曲成侯刘建。建等辞未尝与忠平相见。是时显宗怒甚，吏皆惶恐，诸所连及，率一切陷入，无敢以情恕者。朗心伤其冤，试以建等物色，独问忠、平，而二人错愕不能对。朗知其诈，乃上言建等无奸，专为忠、平所诬，疑天下无辜，类多如此。帝乃召朗入，问曰："建等即如是，忠、平何故引之？"朗对曰："忠、平自知所犯不道，故多有虚引，冀以自明。"帝曰："即如是，四侯无事，何不早奏，而久系至今耶？"朗对曰："臣虽考之无事，然恐海内别有发其

金泽文库《群书治要·后汉书》书影

奸者，故未敢时上。"帝怒骂曰："吏持两端，促提下。"左右方引去，朗曰："愿一言而死。小臣不敢欺，欲助国耳，诚冀陛下一觉悟而已。臣见考囚在事者，咸共言妖恶大故，臣子所宜同疾，今出之，不如入之，可无后责。是以考一连十，考十连百。又，公卿朝会，陛下问以得失，皆长跪言旧制，大罪祸及九族。陛下大恩，裁止于身，天下幸甚。及其归舍，口虽不言，而仰屋窃叹，莫不知其多冤，无敢忤陛下者。臣今所陈，诚死无悔。"帝意解，诏遣朗出。后二日，车驾自幸洛阳狱，录囚徒，理出千余人。论曰："左丘明有言：仁人之言，其利博哉！晏子一言，齐侯省刑。若钟离意之就格请过，寒朗之廷争冤狱，笃矣乎？仁者之情也！"

意思是：寒朗，字伯奇，鲁国人。官守侍御史，和三府属官一起审理楚王刘英谋反一案中颜忠、王平等人，供词中牵连到随乡侯耿健、朗陵侯臧信、护泽侯邓鲤和曲成侯刘建等人。刘建等人说和颜忠、王平等从来没有见过面。这时候显宗明帝非常恼怒，官吏们都很惶恐，凡有牵连的人，都被关押起来，没有人敢为他们说情。寒朗为他们蒙冤而伤心，试着以刘建的形貌单独审问颜忠、王平，但他们两人仓促之间回答不上来。寒朗知道其中必然有诈，于是向皇帝说明刘建等人没有奸邪行为，乃是颜忠、王平所诬陷的，怀疑天下无辜的案子大多和这种情况一样。明帝就召寒朗入宫，问道："就算刘建等人如此，但忠、平二人为什么要攀扯他们？"寒朗回答说："忠、平二人自知他们所犯的事是大逆不道的，所以就多捏造牵连一些党人，企图为自己洗刷。"明帝说："就算是这样，四位列侯无事，但为什么不早奏明，而久系狱中直到今天呢？"寒朗回答说："臣虽然考察他们没有犯什么罪，可是恐怕国内另外有揭发他们作奸犯科的人，所以没有敢及时奏明圣上。"明帝发怒骂道："做官耍两面派手法，马上拿下。"左右的人正要把寒朗拉下去，寒朗说："希望能让我说句话再去死。小臣不敢欺瞒，是想辅助国家罢了，确实期望陛下能够明察啊。臣看到拷问囚犯的当事人，都一起说罪恶多么重大，做臣子的都应共同嫉恨，开脱他们不如收拾他们，这样不会引起后患。所以拷问一个人就牵连出十个人，拷问十个人就会牵连出一百个人。再者，公卿朝会，陛下询问得失，大家都长跪说，旧的法典大罪要祸灭九族，陛下的大恩德，才只到自身，天下值得庆幸。等到他们回家，口里虽然不说，却在仰望屋顶私下叹息，没有人不知道他们大多是蒙冤的，只是没有人敢违忤陛下的金口玉言。臣今天所说的话，是真实情况，死而无悔。"明帝怒气平息，诏命将寒朗放出。过了两天以后，皇帝亲自去洛阳监狱查看审理囚徒的罪状，清理出一千多人的冤案。论赞说："左丘明说：仁者的话，有很大的益处啊！因为晏婴的一句话，齐景公就减轻了刑法。像钟离意解衣受刑，寒朗廷争冤狱，实在是忠诚呀，那是仁者的真情啊！"

寒朗的直言进谏，言之有据，入情入理，无懈可击。明帝听了十分震撼，顿然醒悟，怒气也消了。这件一千多年前的冤案，在寒朗的据理力争之下，终于得到了制止。

《群书治要》节录许多臣子直言进谏的内容，不仅是褒扬忠臣高尚的节操，另一面也是为了向领导者说明臣子进谏之难。《群书治要·政要论》中说道："**直谏者也，然则咈人之耳，逆人之意，变人之情，抑人之欲，不尔不为谏也。虽有父子兄弟，犹用生怨隙焉。况臣于君，有天壤之殊，无亲戚之属，以至贱干至贵，以至稀间至亲，何庸易耶？恶死亡而乐生存，耻困辱而乐荣宠，虽甚愚人犹知之也，况士君子乎？今正言直谏，则近死辱而远荣宠，人情何好焉？此乃欲忠于主耳。夫不能谏则君危，固谏则身殆。贤人君子，不忍观上之危，而不爱身之殆。故蒙危辱之灾，逆人主之鳞，及罪而弗避者，忠也、义也。深思谏士之事，知进谏之难矣。**"

这一段旨在说明，直言规劝往往会不顺他人之耳，违逆他人心意，改变他人的情趣，抑制他人的欲望，但不这样便不是规劝。即便是父子兄弟，往往也会因之而产生怨恨或感情上的裂痕，何况臣下对于君主，存在天壤之别且无亲戚关系，要以最低贱的身份冒犯最尊贵者，以最疏远的关系使其最亲密者疏远，谈何容易？不愿死亡而乐于生存，羞于困苦受辱而乐于荣耀受宠，即便是很愚笨的人也是知道的，何况士人君子呢？现今，用正直之言进行规劝，是走近死亡和耻辱而远离荣耀与宠爱，就人的感情而言，谁会喜好呢？这都是欲尽忠诚于君主而已。若不能直言规劝则君主危急，坚持直言规劝则自己危险，但贤臣君子不忍看到君主危急，不顾及自身的危险，所以才蒙受危险受辱之祸，背逆人主之意。明知会获罪却不回避的原因，就在于忠心为君，就在于坚持正义。深思直言规劝之人的所为所遇，便会明白以直言来规劝君主的难处了。

贞观六年，唐太宗因为御史大夫韦挺、中书侍郎杜正伦、秘书少监虞世南、着作郎姚思廉等人所奏的事很合心意，召见时对他们说："我曾把从古以来臣子尽忠的事迹一一看过，如果遇到圣明的君主，自然就能够诚心规谏，但如像关龙逢、比干那样的处境，就不免身遭杀戮株连家人。做君主不容易，做臣子也难。我又听说龙可以驯养得听话，但喉下有逆鳞。你们就敢于犯逆鳞，各自进上奏书。常能这样，我难道还怕宗庙社稷会倾覆吗？每想到你们一片忠心，一刻也不能忘怀，所以设宴共用欢乐。"还给每人赏赐了数量不等的绢。

一般人都知道，臣子直言进谏会给自身带来危难，历史上很多忠臣，都是因为进谏而引来杀身之祸，可见进谏之难。但是，真正的臣子，即使明知自身有危险，也冒死进谏，实在是因为真正的忠臣，心系的是天下苍生，国家社稷。因此，《周易》上讲到：**王臣蹇蹇，匪躬之故。王臣蹇蹇，终无尤也。**

意思是：君王的臣仆为君国而忠直谏诤，不是为了自身的私事啊，君王的臣仆为君国而忠直谏诤，虽屡陷艰难，但这样做始终没有过失。做为臣子，处在危难时，更要坚守岗位，履行自己的职责，做到坚定不移，这才是真正地为君王效忠，所以说"王臣蹇蹇，匪躬之故"。臣子在艰难困苦时还能履行职责，坚持王臣之道，使君王得以保全，没有比这更好的了。所以我们看到，在历史上，许多忠臣往往传家久远，子孙有福。

六、臣不敢言，国之大患

一个国家，一个团队，如果没有敢于谏言的臣子，这是最大的忧患。在《群书治要·后汉书》中，从反面讲到臣子不能谏言是国家最大的忧患，其中说道："'国家之患，孰为大？'对曰：'**大臣重禄不极谏，小臣畏罪不敢言，下情不上通，此患之大者**'。"意思是："大臣看重俸禄不能极谏，小臣畏罪不敢直言，下情不能上达，这就是国家最大的祸患。"

在《群书治要·汉书》里面，还讲到：**"群臣皆知其非，然不敢争。天下以言为戒，最国家之大患也。"** 意思是：群臣都知道这样做是不对的，但却无人敢争辩。天下人以进言为禁戒，这是国家最大的忧患。

在历史上，隋炀帝同样也是因为不喜人谏而亡国的。在对待谏言上，隋炀帝曾放言："我性不喜人谏。"隋炀帝时期曾经一次捕获"盗贼"两千余人，并下令全部斩首。负责司法的大理丞张元济觉得案情可疑，推勘发现这些人中具有重大嫌疑的只有九人，最后能定罪的不过五人。但是却无人敢向隋炀帝汇报，于是两千余人同时被斩。一直到农民起义星火燎原之时，隋炀帝还在处罚向他汇报真实情况的人，于是大家都保持沉默。

所以《群书治要·孔子家语》中说道：**"汤武以谔谔而昌，桀纣以唯唯而亡。君无争臣，父无争子，兄无争弟，士无争友，其无过者，未之有也。"** 意思是：商汤、周武王由于群臣的直言进谏而繁荣昌盛，夏桀、商纣王因为群臣的惟命是从而导致灭亡。国君无直言规劝的大臣，父亲无直言规劝的孩子，兄长无直言规劝的弟弟，士人无直言规劝的朋友，要想不犯过错，这是不可能的事情。在《群书治要·孝经》中讲到：**"天子有争臣七人，虽无道，不失其天下。"** 天子有七位直言谏诤之臣，即便天子无道，尚不至于失掉其天下。

此外，《韩诗外传》中说道：**"千羊之皮，不若一狐之掖；众人之唯唯，不若直士之谔谔。"** 昔者纣默默而亡，武王谔谔而昌。意即"一千张羊皮，不如一片狐腋；有许多人唯唯诺诺，不如一个真正士人的直言相谏。"

过去商纣王的臣子都默默无言,结果商朝灭亡了;周武王的臣子都直言敢谏,结果周朝兴盛起来。

君主能纳谏,臣子敢直谏,是"贞观之治"得以成就的重要原因,而作为"谏书"的《群书治要》,其纳谏和进谏的思想,更是值得我们后人深思和学习的。

第十四章

考功按绩、励精图治：《群书治要》的吏治思想

吏治，就是对官吏的治理，包含对官吏的选拔、任免、考核、监察和奖惩等诸多方面。官吏是国家政治生活的重要层面。如何管理官吏，使其充分发挥统治效能，是一个令历代统治者及思想家都十分关注的焦点问题。一个国家的治理关键在于吏治，吏治腐败，就会有亡国的危险；吏治清明，社会往往就安定繁荣。

贞观时期，是一个政治清明的时代，这与唐太宗有一套完整的吏治思想体系是分不开的。唐太宗清楚地认识到，"官吏贪求"是导致隋末农民起义的重要原因，而清明的吏治则是实施"轻徭薄赋"等种种政治政策的重要环节和保证。为此，针对"民少吏多"的弊端，大力并州县，裁减内外官吏，节省政府开支，减轻人民赋役负担。重视选用廉吏，特别是地方长官人选。唐太宗曾把各地都督、刺史的名字写在屏风上，**"得其在官善恶之迹，皆注于名下，以备黜陟"**。并派大员巡行全国，升迁廉吏，惩治贪官。他**"深恶官吏贪浊，有枉法受财者，必无赦免……随以所犯，置以重法"**。再就是广开言路，虚心纳谏。经过数年乃至十数年的艰巨努力，终于形成了历史上著名的"贞观之治"。

太宗即位之初，就决心革除当时冗官过多的弊病，精简国家机构和政府官员。他认为，治理国家的根本，在于选择官吏；而选择官吏，要注

重品质。他强调**"官在得人,不在员多。"**并比喻道:**"千羊之皮,不如一狐之腋。"**力主裁减官员,量才授职。贞观初年,唐太宗命宰相房玄龄精简中央机构,文武官员由二千多人减至六百四十三人。同时针对因州县设置剧增而造成的百姓少、官吏多的状况,对地方行政机构**"大加并省(裁减)"**,裁并了许多州县。后来又依山河形势,把全国划分为十道,共设三百余州,一千五百余县。

唐太宗特别注重选用廉吏。唐代的法律对"主守盗"(贪污)、"以财行求"(行贿)、"因事受财"(受贿)、"受所监临财物"(侵吞公物,收受属下财物,包括送礼)、"请求"(请托)、"乞索"(勒索)、非法役使属下和百姓、侵夺百姓私人田产等,都有具体的量刑规定。还规定官员不许经商放贷,不许通过代理人经商,家属也不能在其辖区内经商放贷,不许利用职权参加外贸活动。另外,还有官吏任职的回避制度,地方官避本籍,中央高官近亲避京畿,中央高官子弟避监谏官,亲戚避同署联事。官吏犯罪,还要追究其上级和同僚的连带责任。关于提高行政效率,法令也有明确规定。如公文的收受周转均有时日限制,超时要处分,延缓、扣压有罪。

唐太宗还采取一系列措施简政省官,精简了机构,整饬了吏治,大大提高了国家各级机构的效能;同时减少了国家对冗官余吏不必要的开支,相应地减轻了人民负担。这样,就为唐朝初期出现"贞观之治"的繁荣盛世,打下了重要基础。

官僚机构庞大臃肿、人浮于事,是封建社会严重的弊端。这种状况,一来使得行政机构重叠,官员职责不清,互相推诿责任,办事效率很低;二来众多官员的俸禄,成为封建国家一项数目很大的财政支出,加重了人民的经济负担。所以我国历史上比较有作为的皇帝,一般都重视精简官僚机构;而在他们当中,唐太宗则是最突出的。

贞观年间,唐太宗提倡的精简机构、提倡廉洁、惩治腐败、考核百官等吏治思想,这些都可以在《群书治要》一书中找到依据。可见,《群书治要》中的吏治思想对唐太宗的影响。而《群书治要》里面提出的一系列吏治思想，对今天社会来说，同样具有巨大的借鉴价值。

一、严格考核，依绩奖罚

首先，《群书治要》提出要对官员的政绩进行严格的考核，并根据政绩进行提拔、奖励和罢免、处罚。如在《群书治要·尚书》中说："**三载考绩，三考，黜陟幽明，庶绩咸熙。**"意思是：舜帝三年考察一次政绩，经三次考察后，罢免昏官，提拔贤明，于是众多事业都得以兴盛。在《群书治要·周礼》中也讲到："**岁终，则令百官府各正其治，受其会。三岁，则大计群吏之治而诛赏。**"意思是：到了年底，则令各级官府勘定出一年的治理成绩，太宰予以统计。每三年，对各级官员的政绩进行一次考核，并给予奖赏或处罚。

对于官员的考核内容，在《群书治要·汉书》中，有详尽的说明，如节录杜恕奏疏的内容说道："**其欲使州郡考士，必由四科者，皆有事效，然后察举，试辟公府，为亲民长吏，转以功次补郡守者，或就增秩赐爵，是最考课之急务也。**"意思是：州郡考察人才时，必须从德行、言语、政事、文学四方面衡量。如果这四科都很优秀，然后再进行考察举荐，由三公试用，再担任基层长官，转而按政绩排序升任郡太守，有的可随即增加品级，赐与爵位等等，可谓是当前考核官吏中最为紧要的工作。可见古人对于官员的考核，是非常有智慧的。

二、精简机构、减少官吏

《群书治要》提出，政府要精简机构，减少官吏，减少政府开支，达到减轻人民负担的目的。如《群书治要·傅子》中讲到："**量时而置官，则吏省而民供。吏省则精，精则当才而不遗力。**"意即要衡量时势设置官吏，这样则官吏少而百姓易于供给。官吏少则精干，精干能人尽其材、不遗余力。而在《群书治要·袁子政书》中也讲到："**夫有不急之官，则有不急之禄，国之蜂贼也。明主设官，使人当于事。人当于事，则吏少而民多。民多则**

归农者众,吏少则所奉者寡。"意思是:国家有不急需却设立的官职,就有相应的俸禄,这是国家的害虫。英明君主设官,使人数和政事相称。人数和政事相称,则官吏数少而百姓相对多。百姓多则务农的人数自然也就多了,官吏少则人民的负担就可以减轻。

《群书治要》的这一吏治思想,在贞观年间就得到很好的贯彻,贞观初年,太宗大力并州县,裁减内外官吏,极大地节省了政府开支,减轻了人民的赋役负担。

三、重视孝廉,依能授官

《群书治要》还提出了要重用廉吏,依能授官的思想。在中国古代,对于选官用人,非常重视官员的德行,而在官德当中,最重要的是"孝"和"廉"。因此,从汉朝时期起,就有了"举孝廉"的察举制度。

如《群书治要·汉书》中说道:**"孝武之世,郡举孝廉,又有贤良文学之选。于是名臣辈出,文武并兴。汉之得人,数路而已。"**意思是:孝武帝时,郡国推举孝廉,另有贤良文学的推选。于是名臣辈出,文武并兴。汉王朝能得到人才,仅此几种途径而已。在《群书治要》节录的大量忠臣中,大部分都是通过"举孝廉"而入仕的,这些人物几乎都成为了忠君爱民的好官,可见古人"举孝廉"的制度,是极具智慧的。

在《群书治要·晋书》中记载了一个吴隐之的例子,说明了吴隐之从一位孝子成为一位廉吏的故事:

吴隐之,字处默,濮阳人也。早孤,事母孝谨,爱敬着于色养,几灭性(性原作邺)**于执丧。居近韩康伯家。康伯母,贤明妇人,每闻隐之哭,临馔**

金泽文库《群书治要·晋书》书影

辍餐，当织投杼，为之悲泣。如此终其丧，谓伯曰："汝若得在官人之任，当举如此之徒。"及伯为吏部，超选隐之。遂阶清级，为龙骧将军广州刺史。州之北界有水，名曰"贪泉"，父老云："饮此水者，使廉士变节。"隐之始践境，先至水所，酌而饮之。因赋诗曰："古人云此水，一歃怀千金。试使夷齐饮，终当不易心。"在州清操愈厉，化被幽荒。诏曰："广州刺史吴隐之，孝友过人，禄均九族，处可欲之地，而能不改其操，飨惟错之富，而家人不易其服，革奢务啬，南域改观，朕有嘉焉，可进号前将军，赐钱五十万，谷千斛。"

意思是：吴隐之，字处默，濮阳郡人。他早年丧父，事奉母亲孝顺谨慎，特别是注重以和颜悦色来奉养母亲。母死，他过度伤悲，差点丧失了性命。他和韩康伯家是邻居。康伯的母亲是一位贤明老妇，她每听到吴隐之的哭声，吃饭时就停下不食，织布时就丢下梭子，同声哭泣。就这样到吴母丧满除服，她对韩康伯说："你以后如果做了官，应当推举像他这样孝敬父母的人。"韩康伯到吏部为官时，便推荐提拔吴隐之。从此吴隐之进入官吏行列，当上了龙骧将军、广州刺史。广州的北界有水名叫"贪泉"，当地父老传说："饮了这个泉水的人，会使清廉的官员改变节操而贪污"。吴隐之踏入广州地界，先到贪泉去舀水来喝，并赋了一首诗："古人云此水，一歃怀千金。试使夷齐饮，终当不易心。"意思是说，古人说这里的水，人喝了之后就会变得贪婪。但如果是伯夷和叔齐这样的贤人，他们即使喝了此水，也决不会改变自己的初心。他在广州刺史任内，清廉操守较前更为严格，这种良好的风气，一直影响到边远的地区。晋安帝司马德宗颁诏褒扬、嘉奖说："广州刺史吴隐之，孝行过人，把他所得的俸禄，均分给他的九族。他处在巨大的利益面前却能不改变自己的清操。有着非常富裕的条件，家人却仍穿着布衣不加改换。他坚持革奢务俭，致使南方各地的不良社会风气得到了改变。朕对他的这种作风非常嘉许，赏赐他'前将军'的称号，赐钱五十万，谷千斛。"

在重视官员品德的同时，《群书治要》也提出了要考核才能、并且依据才能授予官职的思想。如在《群书治要·典语》中讲到:"**夫料才核能,治世之要也。**"意思是:评估考核官员的才智和能力,是治理国家的要务。进而讲到:"**若任得其才,才堪其任,而国不治者,未之有也。或有用士而不能以治者,既任之,不尽其才,不核其能,故功难成而世不治也。**"意思是:如果所任是适合于本岗位的人才,或者才能确实能担当大任,而国家却治理不好,这是没有听说过的。也有任用了有一定特长的人,但国家并没有因为他们而治理好的情况,那是因为虽然任用,却不能人尽其才,不仔细考察其才能长项,所以事业难成,国家不治啊。

四、亲民之吏,不可数迁

《群书治要》还多次提及要重视基层官员。因为基层官员,是直接和百姓打交道的,如果基层官员贪污腐败,那么百姓的利益就会得不到保障,即使国家的政策再好,也未必能够让百姓享受到政策的实惠。

《群书治要·傅子》里面讲到:"**最亲民之吏,百姓之命也。国以民为本,亲民之吏,不可以不留意也。**"意思是:最接近百姓的官吏,关系到百姓的性命。国家以民为根本,对直接亲近百姓的官吏不能不关注啊!

一个地方有好的基层官员,不仅是国家之福,也是百姓之福。因此,国家选拔官员,一定要选拔能够为民谋福利的官员,而作为地方管理,应该以爱民、教民、为民谋福利为天职。

在《群书治要·鹖子》里面还讲到:"**故十人爱之,则十人之吏也;百人爱之,则百人之吏也;千人爱之,则千人之吏也;万人爱之,则万人之吏也。**"

意思是:因此,十个人喜爱他,就是十个人的官吏;一百个人喜爱他,就是这一百个人的官吏;一千个人喜爱他,就是这一千个人的官吏;一万人喜爱他,就是一万人的官吏。

在《群书治要·贾子》里面,记载了一位基层县官的故事:

梁国有个大夫名叫宋就,担任地处边境县的县令,与楚国接壤。梁、楚两国边亭都种着瓜。梁国边亭勤劳,经常灌溉瓜田,瓜长势很美;楚国边亭偷懒,很少浇灌瓜田,瓜长得很差。楚国边防县令对自家瓜长势太差感到恼火,也嫉恨梁国边亭比自己出色,因而夜间偷盗、破坏梁国边亭的瓜,致使很多瓜藤枯死了。

梁亭人发现后,去请示县令宋就,要报复,去践踏楚亭瓜藤。宋就即摇摇头说:"怎么可以这样做呢?与人结怨,是招祸的门径。人家对我们不好,我们也对人家不好,这多么狭隘呢!你们如果听我的话,那应以诚感人,每夜派人暗中为楚亭浇瓜地,不要让他们知道。"

于是,宋就派人偷偷地到楚国边亭,夜间仔细灌溉楚国的瓜,所以楚国的瓜长势逐渐变好。楚国边亭对此感到奇怪并秘密观察,发现原来是梁国边亭帮他浇灌。楚国县令和楚王知道这件事后,深深为宋就以德报怨的行为所感动,自觉惭愧,就以重礼对梁王表示感谢,并请求两国交好。

有句老话说:"将败而为功,因祸而得福。"老子说:"以德报怨。"

宋就虽然是一个小小的县官,但是促成了两个国家建立友好的关系。这也告诉我们,治国平天下,不是一定官居高位才能做到,自己有仁德,在哪个位置上都能够治国平天下。

在《群书治要》中,不仅提出要重视基层官员,要求选择孝廉之人为官,同时还对基层官员的任职期限的长短也提出了建议,指出不能频繁地调动官职。

如在《群书治要·三国志》中陆凯奏疏的内容说道:**"今州郡职司,或莅政无几,便征召迁转,纷纭道路,伤财害民,于是为甚。"**意思是:州县在职官员,有的到任没多久,就又下令升官或者转任他职,频繁(迎新送旧)于路途,害民又伤财,数这种情况最为严重。

在《群书治要·傅子》中也有类似的观点,尤其是对于基层的官吏,不可频繁地更换。其中说道:**"重亲民之吏而不数迁。重则乐其职,不数迁则志不流于他官。乐其职,而志不流于他官,则尽心恤其下。尽心以恤其**

下，则民必安矣。"意思是：应重视亲近百姓的基层官吏，不频繁调迁。重视则他们乐于尽职尽责，不频繁调迁则其心志不会转向其他官位。乐于其职，心志不转向其他官位，就会尽心体恤其辖区民众。尽心体恤其辖区民众，民众就安定。

所以古人施行三载九考，然后根据政绩提拔或者罢免官员，是很有道理的。如果官员的调动很频繁，为官者往往就会热衷于政绩工程，做一些容易出成绩的事情，而不会去做长远的事情，因为长远的事情，往往不是一两天能够出成绩的。

金泽文库《群书治要·晏子》书影

在《群书治要·晏子》中记载了这样一个故事，说明治理一个地方，不能够急于求成：

景公委派晏子任阿城的最高长官。过了三年，诋毁晏子的话就传遍全国。景公很不悦，便召回晏子欲将其罢免。晏子谢罪说："君主，我已知道我的过错，请允许我再去治理阿城，三年之后，好名声必会传遍全国。"景公便又委派他去治理阿邑。三年之后，好名声果然传遍全国。景公喜悦，召回晏子欲赏赐他。晏子推辞不受。景公问为什么不愿受赏，晏子答道："以前，我治理阿城的时候，修筑小路，加强住宅、里巷门户防务，以致邪恶之人憎恨我；提倡生活节俭、力行孝顺父母、热爱兄长，惩罚苟且、懒惰的人，以致懒惰之人怨恨我；判决诉讼不包庇显贵、豪强，以致显贵豪强厌恶我；身边同事有所求，合法的给予，不合法的不给，以致左右之人讨厌我；接待地位显贵之人，亲近程度不超过礼义规定，地位显贵之人不喜欢我。于是，三种邪恶之人在外边毁谤，两种谗佞之人在内部毁谤，因此，三年内这些毁谤都传到您的耳边了。如今，我改变了原来的做法，停止修筑小路，放松住宅、里巷门户防务，邪恶之人便高兴；不推崇生活节俭、尽力孝顺父母、亲爱兄长，不惩罚苟且懒惰之人，懒惰之人便高兴；判决诉讼时偏袒显贵豪强，显贵豪强便高兴；身边之人有所求，全都答应，我左右之人便高兴；接待地位显赫之人，亲近程度超过礼义规定，地位尊贵之人便高兴。因此，三种邪恶之人在外部称赞，两种逸佞之人在内部称赞，于是三年内，我的好名声就传到您的耳边了。以前，我受到责备的那些事情，实际上应该受到奖赏；如今，我受到奖赏的这些事情，实际上应该受到责罚，所以我不敢接受赏赐。"景公听罢，深有所悟，便将国家政事委托给他。

一个真正好的基层官员，往往能够给一个地方的百姓带来福分。例如在《群书治要·后汉书》中，记载了卓茂和鲁恭推行教化、免受蝗灾的史实：

"卓茂，字子康，南阳人也。以儒术举，迁密令。视民如子，举善而教，口无恶言，吏民亲爱，而不忍欺之。治密数年，教化大行，道不拾遗。平帝时，天下大蝗，河南二十余县，皆被其灾，独不入密界。"

意思是：卓茂，字子康，南阳郡人。以儒学被举为仕郎，提升为密县县令。他爱民如子，举善而教化，说话和善从不伤人，吏民爱戴不忍欺瞒他。卓茂治理密县几年，教化大行，道不拾遗。西汉平帝时，天下遭受严重的蝗灾，黄河以南有二十多个县，都受到蝗灾，只有密县没有受灾。

五、以德赐爵，依功施禄

《群书治要》还讲到，要慎重对待封官赐爵，要以德赐爵，以功受禄，无德者不可居高位，无功者不能受厚禄。

如节录《群书治要·典语》说道："**先王重于爵位，慎于官人。制爵必俟有德，班禄必施有功。是以见其爵者昭其德，闻其禄者知其功。然犹诫以威罚，劝以黜陟；显以锡命，耀以车服。故朝无旷官之讥，士无尸禄之责矣。夫无功而受禄，君子犹不可，况小人乎？**"意思是：古代圣明的君王对赐爵非常重视，对封官非常慎重。帝王赐予爵位，一定要等待有道德的人；分赐俸禄，一定要给予有功劳的人。因此，看一个人的爵位，便明了其品德；听到一个人的俸禄，便知道其功绩。然而，还需要以刑罚给以警诫，以黜免和晋升进行劝勉，以赐封官职的诏书使其显贵，以相应的车马袍服使其荣耀。这样，则朝廷没有因空缺官位而带来的讥讽，为官者也没有因只拿薪俸不做事而招致的指责。无功而受禄，即便是君子，也不可以，更何况小人呢？进而说明：**"官得其人，方类相求，虽在下位，士以为荣也。俗以货成，位失其守，虽则三公，士以为辱也。"** 意即官职给予合宜之人，士人之间就会同气相求，虽然处于较低的位置，他们也会认为是一种荣耀。如果风气是钱能买官，居官而失其职守，就算是位居三公，士人也认为是一种耻辱。在《群书治要·傅子》中，也有类似的观点：**"爵禄者，国柄之本，而贵富之所由，不可以不重也。然则爵非德不授，禄非功不与。"** 意思说：封爵授禄，是国家权力的根本，也是实现富贵的正路，不能不予以重视。既如此，就应是无德的不授爵位，无功的不给俸禄。

同时，《群书治要》中，也教导为官者德行要和自己的官位相配。如在《群书治要·汉书》中讲到：**"德不称位，能不称官，赏不当功，刑不当罪，不祥莫大焉。"** 这一点，对只求谋官营利，不修道德的小人来说，实在是最好的忠告。在《周易》里，则说道：**"德薄而位尊，知小而谋大，力少而任重，鲜不及矣。"** 意思是：德行浅薄而身居尊位，智慧狭小而图谋大事，力量薄弱却担当重任，很少没有灾祸的。

六、重视俸禄，赏罚公平

贪污腐败，在历朝历代的吏治中都是一个大难题。因此，在《群书治要》中，除了强调要重视官员的道德修养，以德选人外，也在具体措施上提出了如何使官员清廉的办法，提倡精简官职、适当增加官员俸禄。

如在《群书治要·傅子》中讲到：**"欲治其民，而不省其事，则事繁而职乱。知省其职，而不知节其利、厚其禄也，则下力既竭，而上犹未供。薄

《采薇图》

其禄也，则吏竞背公义、营私利，此教之所以必废而不行也。"意思是：想治理百姓，却不精简政事，就会导致事务繁多而职责混乱。知道精简官职，却不知道节制财用，增加他们的俸禄，则在下位者财力已尽，而君上还没有充分的供给。这样俸禄微薄，则官吏竞相违背公义、谋求私利，这就是教化废弃不能推行的原因。

在《群书治要·傅子》中，也讲到要重视官员俸禄的问题，其中说道：

"夫授夷叔以事，而薄其禄，近不足以济其身，远不足以及室家，父母饿于前，妻子馁于后。不营则骨肉之道亏，营之则奉公之制犯。骨肉之道亏，则怨毒之心生；怨毒之心生，则仁义之理衰矣。使夷、叔有父母存，无以致养，必不采薇于首阳、顾公制而守死矣！由此言之，吏禄不重，则夷叔必犯矣。"

意思是：如果交给伯夷、叔齐这样正直的人去从政，却只给微薄的俸禄，近不能养活自身，远不够赡养全家，父母受饿，妻子儿女没饭吃，他们不营谋私利则养家糊口都有亏缺，营谋私利则违犯奉公守法的规矩。养家糊口尚有亏缺，就会有怨恨之心；有怨恨之心，仁爱礼义就丧失了。假如伯夷、叔齐有父母在，又无力赡养，他们一定不去首阳山采薇充饥、顾念公制而守节以死。由此说来，官吏俸禄不足，即使伯夷、叔齐也必犯禁令。

孤竹君的两个儿子伯夷、叔齐，因都不肯登王位，相率而逃至西伯姬昌处，为西伯所养。后来西伯之子武王伐纣，二人当路扣马而谏，武王以为义士，不杀。二人作为商朝遗民，相携隐入首阳山，采薇而食，至于饿死。

在《群书治要·刘廙政论》也讲到："**夫为政者，莫善于清其吏也。故选托于由夷，而又威之以笃罚，欲其贪之必惩、令之必从也，而奸益多、巧弥大，何也？知清之为清，而不知所以清之，故免而无耻也。日欲其清，而薄其禄，禄薄所以不得成其清。**"意思是：治理政事，最好莫过于使其官吏廉洁清正。所以，选拔并委托政事于许由和伯夷这样的人，且又以重罚加以威慑，希望实现有贪必惩、有令必从。但伪诈之举却日益增多，虚浮不实之风却越来越严重，这是何故？是因为知道怎样算是清廉，却不知怎样才能实现清廉，所以人们只求逃避惩罚而并无廉耻之心。君主希望官吏清廉，而减少其俸禄，岂不知俸禄太低，正是很难实现其清廉的原因。"

需要说明的是，《群书治要》中所指的增加俸禄，只是要求官员的俸禄能够足够奉养家室，而非一味增加官员的俸禄。要实现廉政，仅仅依靠增加俸禄，是远远不够的，最重要的还是要选拔廉洁的人才和注重官德的教育。

此外，《群书治要》也讲到要注重赏罚，如《群书治要·申鉴》中说道："**赏罚，政之柄也。明赏必罚，审信慎令，赏以劝善，罚以惩恶。**"意思是：奖赏与处罚，是为政的重要手段。该奖赏的一定要奖赏，该处罚的一定要处罚；并要查证确实，慎重决定。要通过奖赏，引导人们向善；要通过处罚，儆戒人们作恶。

赏罚的原则，最重要的就是公平。在《群书治要·左传》中记载了这样一个故事：

鲁宣公二年，郑国公子归生接受楚国的命令去攻打宋国，宋国华元率兵迎战。将要开战时，华元宰羊犒赏战士，可是却不给他的车夫羊斟吃。等到作战时，羊斟就说："前日分发羊肉，由你做主；今天战车进退的事，由我做主。"于是羊斟就故意把华元乘的战车赶进敌阵，宋军因此大败。

在《群书治要·汉书》里面也讲到：**"孝文皇帝时，贵廉洁，贱贪污，赏善罚恶，不阿亲戚，罪白者伏其诛，疑者以与民，无赎罪之法。故令行禁止，海内大化，与刑措无异。"** 意思是：孝文皇帝时，崇尚廉洁，卑视贪污，奖善罚恶，不偏袒亲戚，罪行明了无误者接受应有的惩罚，罪证有疑点的听从民意处理，取消以钱财赎罪之法。所以令行禁止，国内风俗大变，和刑罚废弃不用没有什么差别。类似的言论在《群书治要》节录的典籍中随处可见。

总之，《群书治要》中的吏治思想，不仅提出注重对官员进行道德的教化，也提出要注重制度的建设和具体措施的推行，通过两者的结合，以实现清明的吏治，值得今人学习。

第十五章

勤修政事、以德化灾：《群书治要》的抗灾思想

近年来，世界各地自然灾害频频发生：地震、海啸、龙卷风、水灾、旱灾、火灾等，给人们的生活造成了巨大的影响和损失。灾难为什么会如此频繁？如何化解这些自然灾害？通过学习《群书治要》中的抗灾思想，或许可以为我们带来新的启示。

中国历来是一个自然灾害频发的国家，从原始社会起，中国的先民便开始了与自然灾害的抗争，形成了萌芽的救灾思想。此后，在中国几千年的历史发展过程中，人们与自然灾害进行了不屈的抗争，并在实践中产生了一系列的救灾思想，体现了古人高度的智慧，不仅反映了中华民族自强不息、不屈不挠的抗争精神，更反映了中国古人对于自然灾害起因的高度认识和化解灾祸的高度智慧。

一、人反德为乱，天反时为灾

中国古人一直宣导"天人合一"的思想，主张身心和谐、人际和谐、社会和谐、人天和谐。认为人应该和自然和谐相处，一切行为举止都应该和自然规律相应，以此实现人与自然的和谐。这种思想，深深地影响了古人对于自然灾害的认识。

例如，在《群书治要》中，摘录了许多言论，指出灾异现象的发生是

上天对人们的警示，人们违背自然规律，就会感召天地的变异和自然灾害的发生。

如《群书治要》节录了中国最古老的经典——《周易》中的论述："**天垂象，见吉凶，圣人则之。**"告诉人们，上天的各种征兆垂示，使人们看出吉凶，圣人便遵照天意来行事。

"**天垂象，见吉凶**"并非封建迷信，而是自然界的一种因果规律。因为人们"只知其然不知其所以然"，古人认为，人间的伦理秩序，道德规范都是和天地之道相合的，也体现在自然之天所显示的现象中。而天象的变异则和人的行为有着密切的联系，这些变异往往预示着祸或福将降临人间。这一点也就成了中国古人认识世界和行事的准则。

《群书治要·春秋左氏传》中讲到："**天反时为灾，地反物为妖，民反德为乱。乱则妖灾生。**"意思即上天不按四时运行就会发生灾害，大地违反万物属性就会产生妖异，百姓违反道德规范就会发生祸乱，有了祸乱则妖异和灾害便会发生。这一段话进一步说明了人违反伦理道德是自然灾害产生的根源。

实际上，"人违背自然规律，违背伦理道德，就会引发自然灾害。"这一思想在中国古代许多的经典中都有论及。

在另一部古老的经典《周书》上则说道："**天子见怪则修德，诸侯见怪则修政，大夫见怪则修职，士庶见怪则修身。**"用现代的话来说，意思是：国家元首看到怪异现象则要修明德政，地方长官看到怪异现象则要修明政事，各级官员看到怪异现象则要努力做好本职工作，平民百姓看到怪异现象则要加强自身修养。

实际上，在中国历史上，历代帝王对灾异现象都心存戒惧，一旦发生自然灾害，常常都会发布罪己诏，反省自己。绝大多数帝王都能够根据其礼制的规定，在灾异期间素服斋戒，贬膳废乐，退避正殿，反躬自责，直到灾异结束。有时还要颁布罪己诏，宣布大赦，让臣下上书直言，举荐人才等。在这方面，最让儒生们称颂的是汉文帝，公元前一七八年，发生了一次日食，文帝为此下诏说："朕闻之：天生民，为之置君以养治之。人主不德，布政不均，则天示之灾以戒不治。乃十一月晦，日有食之，谪见于天，灾孰大焉！朕获保宗庙，以微眇之身托于士民君王之上，天下治乱，在予一人，唯二三执政，犹吾股肱也。朕下不能治育群生，上以累三光之明，其不德大矣。令至，其悉思朕之过失及知见之所不及，丐以启告朕，及举贤良方正能直言极谏者，以匡朕之不逮。"

汉文帝把日食发生原因归咎于自己，表现了少有的反求诸己精神，他的做法，开后世帝王发生重大灾异时下"罪己诏"之先河。

在《群书治要·后汉书》里，也节录汉明帝在发生日食之后所下的"罪己诏"：

八年，日有蚀之，诏曰："朕以无德奉承大业，而下贻民怨，上动三光。日蚀之变，其灾尤大；永思厥咎，在予一人。群司勉修职事，极言无讳。"于是在位者，皆上封事，各陈得失。帝览章深自引咎，乃以所上班示百官。诏曰："群寮所言，皆朕之过。人冤不能理，吏黠不能禁，而轻用民力，缮治室宇，出入无节，喜怒过差；永览前戒，竦然兢惧。徒恐薄德，久而致怠耳。"

日食图

意思是：永平八年，发生日蚀，（汉明帝）下诏书说："朕因没有德行，继承帝位，致使老百姓抱怨，对上也扰动了日月星三光。发生日蚀，灾祸更为严重。反思这样的罪过，在朕一人。群臣们应勉力职守，畅开言路不要有所隐讳。"于是凡在职的官吏都上书奏事，各自陈述政务的得失。明帝看过奏章，甚为引咎自责，就用所上奏章让百官传看。诏书说："群臣所奏之事，都是朕的失误。如老百姓蒙冤而不能申理，官吏狡黠而不能禁止；随便动用民力，缮治宫宇，出入没有节制，喜怒过度。察阅以前的教训，使我悚然感到惊惧。只恐怕修德不够，时间久了将造成惰怠的后果。"

在《贞观治要》里面，也记载了唐太宗面对灾异反躬自省，让臣下进谏的故事：

贞观十一年，大雨，谷水溢，冲洛城门，入洛阳宫，平地五尺，毁宫寺十九，所漂七百余家。太宗谓侍臣曰："朕之不德，皇天降灾。将由视听弗明，刑罚失度，遂使阴阳舛谬，雨水乖常。矜物罪己，载怀忧惕。朕又何情独甘滋味？可令尚食断肉料，进蔬食。文武百官各上封事，极言得失。"

意思是：贞观十一年，天降大雨，谷水河泛滥成灾，冲毁了洛阳城门，淹进洛阳宫，平地水深五尺，毁坏宫寺十九处，淹没民房七百多家。唐太宗对侍从的大臣们说："是我没有德行，所以皇天才会降灾。大概是因为我视听不明、刑罚失当，才使阴阳错乱，雨水反常吧。现在是应该抚恤百姓，反省我自己过失的时候了。我还有什么心情独自安享这些珍馐美味呢？传我令，停止供应肉类食品，只进蔬菜素食。另外，让文武百官都上书奏事，畅言政事得失。"

汉文帝、汉明帝、唐太宗，可以说都是中国历史上优秀的帝王，他们之所以能够成为一代明君，和其能够反躬自省是分不开的。

实际上，中国古人认为，无论上至帝王，下至百姓，面对灾难的时候，都要自我反省，反躬修德。正如《周书》所说的："**天子见怪则修德，诸侯见怪则修政，大夫见怪则修职，士庶见怪则修身。**"

可惜，古代这种做法，却随着社会的进步、科学的普及而消失了。但是，我们想一想，如果一个人对连上天都毫无顾忌，那又怎能对他人生起怜悯、恻隐之心呢？

二、人违伦常，灾异之源

中国古人认为，灾异现象的发生和人违背常道有着密切的关系。在《左传》上讲到："人弃常，则妖兴。""常"是什么？常是常道，是应该必须遵守的原理原则、儒家讲的"五常"："仁、义、礼、智、信"。人如果舍弃掉了"常"，换句话说，他不仁、不义、不讲礼、不讲信用，这个人就是妖。无论他在社会上的地位多高，他有多少财富，他已不能称作人了。儒家认定人的标准是要做到"仁、义、礼、智、信"，这是做人的五个基本条件。如果人违背了做人的基本条件，那么就和禽兽无异，不能称其为人了。

前面我们曾经提到《群书治要·春秋左氏传》中的**"天反时为灾，地反物为妖，民反德为乱，乱则妖灾生。"**意即上天不按四时运行就会发生灾害，大地违反万物属性就会产生妖异，人们违反道德规范就会发生祸乱，有了祸乱则妖异和灾害便会发生。进一步指出了人违反伦理道德是产生灾异的根源。

在《群书治要·汉书》中也说道：**"天德无私亲，顺之和起，逆之害生。此天文地理人事之纪也。"**意思是：上天的品德是没有私爱，顺应它，和谐就会兴起；违背它，祸害就会发生。这就是天文地理人事的准则。这也是教导人们，要顺从天道，如果不顺从天道，违背天道，就会带来灾祸。

在《群书治要·后汉书》中则讲到：**"天地之性，阴阳正纪，隔绝其道，则水旱为灾。"**意思是：天地的本性，是阴阳配合，正常运行，如果违反了正道，就会发生水患的灾异。

在《群书治要·礼记》中更是讲到："**男教不修，阳事不得，谪见于天，日为之食；妇顺不修，阴事不得，谪见于天，月为之食。**"意思是：男子没有教化，外部事务不合于天道，上天就会责备，其象征就是日蚀；妇女没有柔顺，内室事务不合于天道，上天也会责备，其象征就是月蚀。

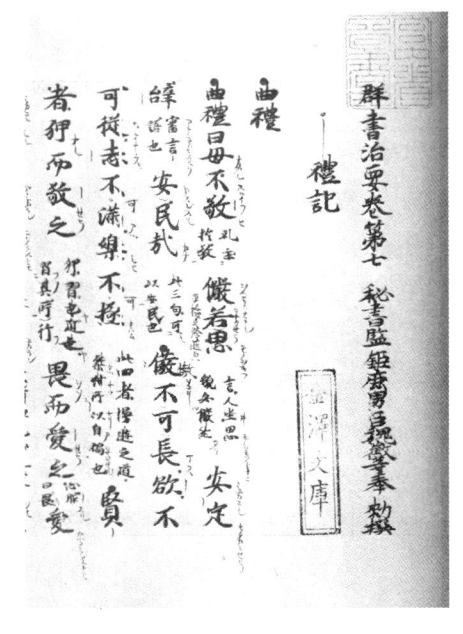

金泽文库《群书治要·礼记》书影

中国古人的这些认识，在现代人看来也许不可理解，甚至认为是迷信，但实际上并非如此。中国古代圣贤人心地清净，他们完全明了宇宙人生的规律，认识到人与天地万物是一体的，人的一举一动对世间万物都会产生影响，这已经被现代科学所证实。

而在中国古代的史书中，也记载了许多真实的事例，证明了人通过修习德行，推广伦理道德的教育，确实可以消灾免难。在《群书治要》中，也节录了两位官员因为清正廉明、爱民如子、善于德教，从而使得辖区内免遭灾难的事例。

在《群书治要·后汉书》中记载了鲁恭推行教化、免受蝗灾的史实，卓茂的实例前边已有提及，下边是鲁恭的实例：

鲁恭，字仲康，扶风人也。太傅赵憙（旧无太傅赵憙四字，补之），**举恭直言，拜中牟令。恭以德化为治，不任刑罚。建初七年，郡国螟伤稼，犬牙缘界，不入中牟。河南尹袁安闻之，疑其不实，使仁恕掾肥亲往廉之。恭随行阡陌，俱坐桑下，有雉过，止其傍。傍有童儿，亲曰：" 儿何不捕之？" 儿言雉方将雏。亲瞿然而起，与恭诀曰：" 所以来者，欲察君之治迹耳。今虫不犯境，此一异也；化及鸟兽，此二异也；竖子有仁心，此三异也。久留徒扰贤者耳。" 还府，具以状白安。是岁嘉禾生中牟，安上书言状，帝异之。**

鲁恭，字仲康，扶风郡人。太傅赵憙鲁恭为人敢于直言，举荐做了中牟县令。鲁恭以德治理，不用刑罚。建初七年，郡国螟虫危害庄稼，中牟和邻县犬牙接界，但螟害没有进入中牟。河南尹袁安听到这件事，怀疑这种情况不是事实，让仁恕掾名叫肥亲的去察看这件事。鲁恭陪同这位吏员一同到田间，坐在桑树下边。有野鸡飞过，停在旁边，旁边有童儿。肥亲说：" 儿童们为什么不捕捉野鸡呢？" 儿童说：" 野鸡还要喂养它的鸡娃。" 肥亲忽地起立，和鲁恭告别说：" 我这次来的原因，是想察看您的政绩啊。现在蝗虫不犯中牟县境，这是奇异之一也；教化施及于鸟兽，这是奇异之二也；连小孩子都有仁爱之心，这是第三件奇异的事啊。我久留此间，只能白白地打扰贤者。" 回到府中，肥亲将看到的情况向袁安禀报。这一年，嘉禾生于中牟县，袁安上书报告了这些情况，光武帝对此感到惊异。

受到西方科学影响的现代人，往往认为中国古人的这些言论是迷信，不符合现代科学理论。但是，如果我们认真深入学习古人的教诲就会发现，古人的观点并非迷信，而是有极深的道理，其揭示的是大自然运行的规律，是亘古不变的真理。

三、循礼修德，化解灾难

既然灾难的根源是人违背伦常道德，那么，要化解灾难，就必须从根本上来化解，也就是要返躬修德。中国古人告诉我们，只要人能够懂得反省，能够返身修德，就能够消除灾异。

在《群书治要·孔子家语》上面，记载了孔老夫子和哀公谈论如何面对灾异的对话：

哀公问于孔子曰："夫国家之存亡祸福，信有天命，非唯人耶？"孔子对曰："存亡祸福，皆在己而已，天灾地妖，弗能加也。"

意思是：哀公问孔子说："一个国家的存亡祸福，确实是由上天注定、不是人力所能改变的吗？"孔子回答说："存亡祸福，全在于人自己罢了。天时的反常现象、地上的怪异事物，是不能施加存亡祸福的。"

孔老夫子的话，肯定了人的力量，指出了存亡祸福的根本在于人，人的一举一动不违背常道，即使是上天也不能加祸于人。如果人的行为举止违背常道，即使是上天想护佑，也不能够确保没有灾祸发生。

所以夫子向哀公举了殷王帝辛的例子加以说明：

"昔者殷王帝辛之世〔帝辛，纣也〕，有雀生大鸟于城隅焉，帝辛介雀之德〔介，助也，以雀之德为助也〕，不修国政，殷国以亡。此即以己逆天时，得福反为祸者也。又其先世殷王字太戊之时，道缺法邪，以致夭孽，桑谷生朝，七日大拱。太戊恐骇，侧身修行，三年之后，远方慕义，重译至者，十有六国。此即以己逆天时，得祸转为福者也。"

意思是：从前殷商国王帝辛（商纣王）时期，有一只雀在城墙角生下一只大鸟，帝辛以为有鸟雀的大德相助，便不整治国家政事，殷朝因此灭亡。这就是，虽然得到祥瑞但自己违背天时最后反而成为灾祸的实例。还是在他的先祖殷朝的太戊时期，政事衰败而法规不正，以致出现了灾异，桑谷共生于朝堂，七天就长得比一拱还粗大。太戊惊恐万状，忧惧不安地修养自己的品行。三年之后，远方仰慕他的仁义，通过译使而来谒见的，就有十六个国家。这就是自己原先违背天意，虽然有不祥之兆，但自己返躬修德，最后反而转化为福祉的实例。

夫子最后讲到："**故天灾地妖，所以儆人主也；寤梦征怪，所以儆人臣也**〔儆，戒也〕。**灾妖不胜善政，梦怪不胜善行。能知此，至治之极也，明王达此也。**"

意思是：天降的反常现象与地上的怪异事情，都是用以警戒君主的；睡梦中的怪异征兆，都是用以警告臣民的。反常与怪异之事不能战胜良善的政治，梦中的怪异不能战胜良善的作为。如果能够知道这个道理，天下就能达到大治了，只有世上最贤明的君王才能做到这一点啊。

因此，中国古人提出了应该通过循礼修德的方法来化解灾变。例如《群书治要·春秋左氏传》中讲到："**上下和睦，周旋不逆**〔动顺理也〕。**是以神降之福，时无灾害。**"意思是：君臣上下和睦相亲，人们的行为举动不违背义理，所以神明就会降之以福，一年四季都没有灾害。

《群书治要·周书》中讲到："**敬思以明德，备乃祸难**〔言其不足于道义也，以，用。乃，汝〕，**难至而悔，悔将安及？**"意思说：要慎重考虑，并显明道德，防备灾难的降临。一旦灾难发生了再后悔，后悔

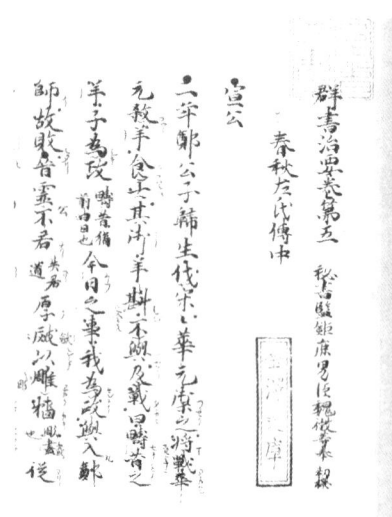

金泽文库《群书治要·左传》书影

又怎能来得及呢？"

而在《群书治要·孝经》中更是说道："昔者明王之以孝治天下，是以天下和平〔上下无怨，故和平〕，灾害不生〔风雨顺时，百谷成熟〕，祸乱不作〔君惠臣忠，父慈子孝，是以祸乱无缘得起也〕。故明王之以孝治天下也如此〔故上明王所以灾害不生，祸乱不作，以其孝治天下，故致于此〕。"进一步说明，古昔的明哲圣王，用孝道治理天下，因此天下和平，不发生灾害，也不会出现祸乱。只要圣明的君王以孝道治天下，就会如此。

《群书治要·三国志》中，也讲到："夫灾变之发，皆所以明教戒也，惟率礼修德，可以胜之。《易传》曰：'上不俭，下不节，孽火烧其室。'又曰：'君高其台，天火为灾。'此人君苟饰宫室，不知百姓空竭，故天应之以旱，火从高殿起也。"意思是：凡是灾害和反常现象的发生，都是上天用来表明教导和告诫的，只要遵循礼制、培养道德，就能够防止它。《易传》上说：'在上的君主不俭朴，下面的臣民不节约，就会有灾祸之火烧毁房屋。'又说：'君主高筑楼台，天火就会造成灾害。'意思是说：君主如果只知道修饰宫殿，不知道老百姓已经贫穷至极，那么上天就会降下旱灾，并让高大的殿堂起火。

四、破除迷信、修德免灾

在《群书治要》中，除了强调要通过修德来免除灾殃外，还极力强调要破除"迷信"，不能相信"巫术"。实际上，古人通过返身修德、推行道德教化来实现消灾免难，其实是高度科学的。

在《群书治要·吕氏春秋》中，就记载一个周文王化解灾难的例子：

周文王立国八年，寝疾五日，而地动东西南北，不出周郊。百吏皆请曰："臣闻地之动也，为人主也。今王寝疾，请移之。"文王曰："若何其移之也？"对曰："兴事动众，以增国城，其可以移之乎！"文王曰："天之见妖，以罚有罪也。我必有罪，故天以此罚我也。今兴事动众，以增国城，是重吾罪也。不可〔重，犹益也。移咎征于他人，是益吾咎〕。昌也请改行重善以移之，其可以免乎！"于是谨其礼秩、皮革，以交诸侯；饬其辞令、币帛，以礼豪士。无几何，疾乃止〔止，除〕。立国五十一年而终。

意思是：周文王在位第八年，卧病五日时，发生地震，震动范围未超出国都四郊。百官都请求说："我们听说，地震的发生都是因为人主的缘故。现在大王已卧病在床，请设法将灾祸转移至别处。"文王说："怎样使其转移呢？"回答说："动用民众，大兴土木工程，来加高国都的城墙，大概可以转移灾病吧！"文王说："上天显现不正常状况，是用以处罚有罪的人。我肯定是有罪过，所以上天用地震来罚我。现在如果兴师动众来加高国都的城墙，这可是加重我的罪过啊！不可以这样办。请允许我改用多做善事来转移它，这样或许可以免除我的灾病吧！"于是，文王严格控制礼仪、官俸开支和皮革制品的使用，以其节余开支来结交诸侯；谨慎其辞令，备好币帛，用以礼遇卓越人才。不久，文王的病就好了。他在位五十一年时才去世。

在《群书治要·春秋左氏传》中也记载齐景公的一个故事，说明不能迷信巫术来消灾。

二十六年，齐有彗星〔出齐之分野〕，齐侯使禳之〔禳，除〕。晏子曰："无益也，祇取诬焉〔诬，欺也〕。天道不谄〔谄，疑也〕，不贰其命，若之何禳之？且天之有彗，以除秽也。君无秽德，又何禳焉？若德之秽，禳之何损？"

天坛祈年殿

这一段是说：鲁昭公二十六年，齐国有彗星出现，齐景公想要请巫师祭祷消灾。晏婴说："这没有什么用，只能招来欺骗。天道不会接受巴结奉承，也不会背离其原有的意志，为什么要去祭祷？况且天上有彗星，是用来扫除污秽的。君主没有污秽的德行，又何必祭祷呢？如果德行有污秽，即使祭祷，又能减轻什么呢？"说明只有修德才能消除灾难,用"迷信"的巫术是无益的。

在《群书治要·新序》里面,则记载了齐景公另一件事情,说明齐景公修德感动上苍。

昔者齐景公之时,大旱三年,卜之曰:"必以人祠,乃雨。"景公曰:"凡吾所以求雨者,为吾民也。今必使吾以人祠,乃且雨,寡人将自当之。"言未卒,而天大雨,方千里。何也?为有德于天,而惠于民也。

意思是:从前齐景公作君主的时候,天大旱三年,占卜的谶语说:"一定要用人做祭品,才会下雨。"景公说:"我之所以求雨,就是为了我的百姓。假如一定要叫我用人来祭献,然后才下雨,就杀了我去充当祭品吧。"他的话还没有说完,方圆千里的地区就下起了大雨。这是为什么呢?就是因为他一心为民造福的诚意,感动了苍天。

在《群书治要》中,除了强调通过修德来化解灾难外,也提出了要有预防灾难的储备制度,以及发生灾难之后要大力赈灾,听取忠直之臣的谏言,不能设宴作乐,要大赦天下等具体的应对灾害的措施。

在《群书治要·周书》里面说道:**天有四殃:水、旱、饥、荒。其至无时,非务积聚,何以备之?《夏箴》曰:"小人无兼年之食,遇天饥,妻子非其有也;大夫无兼年之食,遇天饥,臣妾舆马非其有也;国无兼年之食,遇天饥,百姓非其百姓也。"**

意思是:天降的灾害有四种,即水灾、旱灾、饥年、荒年。它们的到来没有定时,若平时不进行储备,用什么东西来防备呢?《夏箴》有规戒之文说:"平民没有隔年的粮食,遇到天降灾荒,妻子儿女都会失去;大夫没有隔年的粮食,遇到天降灾荒,家丁、小妾、车马都会失去;国家没有隔年的粮食,遇到天降灾荒,天下百姓就不是自己的臣民了。"

《群书治要·礼记》中也讲到:"国无九年之蓄,曰不足;无六年之蓄,曰急;无三年之蓄,曰国非其国也。三年耕,必有一年之食;九年耕,必有三年之食。以三十年之通,虽有凶旱水溢,民无菜色。然后天子食,日举以乐〔民无食菜之饥色,天子乃日举乐以食也〕。"意思是:国家没有九年的储备,是不富足；没有六年的储备，是危急；如果没有三年的储备，国已不称其为国了。耕种三年，确保储存一年的食用；耕种九年，确保储存三年的食用。倘若三十年一以贯之，即使遇到凶年和水旱之灾，民众也不致挨饿。这样以后，天子每天用餐时可以奏乐享受。

在《群书治要·后汉书》中则说道："**信任忠良，平决臧否。使邪正毁誉，各得其所；宝爱天官，唯善是授。如此，咎征可消，天应可待。**"说明应该信任忠良，公平地处理政事，使事情的邪正分明，各得其所，慎重使用手中的权力，只任用正直善良的人。这样，灾祸的征兆就可以消失，相应的祥瑞天象就会指日可待。

中国古人重视道德教化，其作用是多方面的。我们看到，在社会兴盛时期，道德教化行于天下，往往就能达到"风调雨顺、国泰民安"的效果。如果道德教化衰落，往往就会垂现灾异。这些现象，史书里都有大量的记载。实际上，现代量子科学已经证明了人的意念对于事物的影响力，日本科学家江本胜博士的水试验就证明，人的意念会影响水的结晶。实际上，中国古人早就知道：人的意念，对天地万物都会产生影响。所以，中国古人一直教导人们要心存善念，修习德行。

五、减少杀戮、赈济天下

中国古人讲，"上天有好生之德"，杀戮是残暴之极的行为，是在不得已的情况下才实施的行为。因此，古圣先王也教导人们不要轻易进行杀戮。

在《群书治要·礼记》中讲到："**年不顺成，则天子素服，乘素车，食无乐**〔自贬损也〕。**君无故不杀牛，大夫无故不杀羊，士无故不杀犬豕**〔故，谓祭祀之时〕。**君子远庖厨，凡有血气之类，弗身践也**〔践当为剪，声之误。剪，犹杀也〕。"

意思是：如果年景不顺、收成不好，天子要穿素服、乘素车，吃饭时也不奏乐。国君没有大事不杀牛，大夫没有大事不杀羊，士人没有大事不杀狗和猪。君子应远离厨房，凡有杀牲之类事情，不要亲自去做。

在《群书治要·周礼》中则讲到："**大丧则不举，大荒则不举，大札则不举，天地有灾则不举，邦有大故则不举**〔大荒，凶年也。大札，疫疠也。天灾，日月晦食也。地灾，崩动也。大故，刑杀也。《春秋传》曰：司寇行戮，君为之不举〕。"意即凡国家有大丧、有灾荒、有疫病流行，天地有灾异（指日蚀、月蚀、地震等），国家有重大事故，均不得杀牲设宴。

对于这一点，中国传统文化中，儒家和道家都是不主张杀生的，认为这是违背天道的行为。

《朱子治家格言》里面讲到："**勿贪口腹而恣杀生禽。**"不要为了贪口福，就杀害动物。而在佛家，则讲的更为详细。佛门的一位古德——愿云禅师有一首劝世诗：

千百年来碗里羹，怨深似海恨难平；

欲知世上刀兵劫，但听屠门夜半声。

佛家认为，我们所有的灾难和战争莫不与杀生吃肉有着直接或间接的联系。今天，人类为了满足口腹之欲，所造的杀业之重，是以前所没有的。殊不知万物有灵性，一因一果真实不虚。蚂蚁虽小也知道贪生怕死，当我们端起碗，想一下这些可爱的生灵，在临死以前凄惨的目光，何忍下口！我们只知道吃肉时的美味，有谁想过这背后的惨烈呢？！更别说以后还会招致种种的恶报。

因此，在中国古代，凡是发生大的灾难，帝王都要大赦天下，减免徭役，大力赈济灾民。

更为难得的是，贤明的君主此时更会反省自己，在政事上是否出现失误。如《群书治要·后汉书》中讲到："**昔成汤遭旱，以六事自责曰：'政不节耶？使民疾耶？宫室荣耶？女谒盛耶？苞苴行耶？谗夫昌耶？'**"意思是：过去商汤遭遇旱灾，以六件事自责说："政治不节制吗？使用民力紧急吗？宫室太豪华了吗？女子乱政了吗？行贿盛行吗？逸人猖獗吗？"

在《群书治要·论语》中，孔老夫子则引述了商汤的说道："**朕躬有**

罪，无以万方；万方有罪，罪在朕躬〔无以万方，万方不与也；万方有罪，我身之过〕。"中国古代帝王这种"万方有罪，罪在朕躬"的自我反省精神，确实是值得现代领导者学习和效仿的。

中国古人深信"天人合一"的道理，尤其在出现自然灾害的时候，贤明的帝王往往首先会反省自己，并带领群臣百姓修德化灾。在《群书治要·汉书》中讲到：

"国家将有失道之败，而天乃先出灾害，以谴告之；不知自省，又出怪异，以警惧之；尚不知变，而伤败乃至。以此见天心之仁爱人君，而欲止其乱也。自非大无道之世者，天尽欲扶持而全安之。事在强勉而已矣。强勉学问，则闻见博而智益明；强勉行道，则德日起而大有功。此皆可使还至而立有效者也。夫人君莫不欲安存，而恶危亡，然而政乱国危者甚众，所任者非其人，而所由者非其道也。"

金泽文库《群书治要·汉书》书影

意思是：国家即将失道和衰败时，上天就会先出现灾害来责备、告知其国；如果还不能自己反省，又会出现怪异现象来对他加以警告而使其害怕；如果还不知改变，那么伤害和摧残就会到来。由此可见上天之心是爱人君的，而且想阻止其胡作非为。假如不是太无道的朝代，上天都想扶持并使其国家保全安定。事情都在于自强自勉罢了。奋发努力钻研学问，那么见闻就会广博而才智更加高明；努力行道，那么德政就会一天天兴起而大有功绩。这些都是可以迅速做到而且立刻会见效的方法呀！人君没有不想使其国家安稳存在而厌恶危亡的，可是政治混乱、国家危急的为数很多，这是因为所任用的不是合适的人，且所遵从的不是正确的治国之道。

通过这一段话，我们看出，一个国家或者一个王朝之所以由盛转衰，现代社会之所以出现种种自然灾害和道德危机，最重要的原因就是，忽视了古圣先贤的治国常道。所以，在《群书治要·魏志》中讲到：

"**诚宜思齐往古圣贤之善治，总观季世放荡之恶政。所谓善治者，务俭约，重民力也；所谓恶政者，从心恣欲，触情而发也。惟陛下稽古，世代之初，所以明赫，及季世，所以衰弱，至于泯灭，足以动心诫惧矣。**"

意思是：实在应当好好考虑如何才能达到古代圣贤君主的完美政治，总揽各个朝代末期放荡的恶劣政治（来作为鉴戒）。所谓好的政治，主要是提倡节约，珍视民力；所谓恶劣的政治，就是随心所欲，想干什么就干什么。希望陛下认真考察一下古代的政治，开国之初为什么会清明兴盛，到末期为什么会衰弱以至于灭亡，就足以触动内心而产生戒惧了。

写着"风调雨顺""国泰民安"的钱币

中国古人常讲："**风调雨顺，国泰民安。**"《群书治要》节录了《汉书》董仲舒的《天人感应疏》里的一段内容："**善治则灾害日去，福禄日来。夫仁义礼智信，五常之道，王者所当修饰也。五者修饰，故受天之祐，而享鬼之灵；德施乎方外，延及群生也。**"意思是：国家治理好了，灾害就会一天天消失，福禄就会一天天来临。仁、义、礼、智、信五常之道，是欲行王道的君主所应当研修整治的。这五个方面能得到整治，就可以受到上天的赐福，使鬼神来享受其祭祀；仁德遍施于方域之外，延及生灵万物。中国古人将伦理道德的教化视为消除灾祸的根本之方，实为至论。

而且，现在科学家也提出了和中国古圣先贤同样的应对灾难的观点，美国量子力学家布莱登博士在谈到如何化解灾难时提出：唯有全人类**"弃恶扬善、改邪归正、端正心念"**，才能化解地球的灾难，并将世界引向到更好的走向。今日，人类的科技技术空前发达，但是在大自然面前依然是不堪一击，实在应该好好思考中国古人的这些教诲，方能找到新的出路。

第十六章

崇善即昌、从恶必报：《群书治要》的因果思想

因果报应，也称果报。所谓"因"是种因，为能生；"果"是结果，为所生。由此因得此果，即为因果。世界一切事物都处在因果联系之中，依因果法则而生灭变化，所谓"因缘和合而生"，"因缘离散而灭"。佛教传入中国后，其因果报应之说迅速融合了中国本土的报应观念，发展成为一种具有中国特色的因果报应思想，作为中国传统文化中极为重要的一部分，长期而广泛地影响着中国人的整个精神世界。在古代社会得到上至圣人先哲、下至贩夫走卒的广泛承认，渗透到人们的思想行为、民俗信仰乃至文化的各个层面。

早在佛教传入中国之前，在中国传统文化的典籍里面，就已经体现出了因果报应的思想，我们从《周易》、《左传》这些经典中就可以看到。由此可见，因果报应的思想，并非为佛教所独创，而是世间万事万物所共有的发展规律。中国古代的圣人，早就发现了这一点，从而对人们进行伦理道德的教化，目的就是让人能够敦伦积德、趋吉避凶。

千百年来，这种善恶果报的因果思想一直深刻影响着中国人，**"善有善报、恶有恶报"**、**"种瓜得瓜，种豆得豆"**的道理几乎妇孺皆知。而在人们的日常生活中，许多成语也体现了这种因缘果报的思想，比如："欠债还钱，杀人偿命。""躲得过初一，躲不过十五。""人无远虑，必有近

忧。""满招损,谦受益。""瓜熟蒂落,水到渠成"等等。

因果思想其实就是自然规律。举个例子:天冷了,你要加衣服,如果你违背这个规律,你会感冒。"因果规律"说明,一个人的所作所为,都逃不了"因果",造善业得善报,造恶业得恶报,并且丝毫不爽。一个人作恶却不受报是完全不可能的。而且,在因果面前人人平等,不管贵为帝王,还是平民百姓,任何人都受制于这一规律,没有人能超出这一规律之上。实际上,如果人们能够真正相信因果,就不敢再造作恶业,社会也就自然安定和谐了。

中华文化,之所以能够流传数千年,其中的核心思想,其实就是教人因果。圣人教导我们道德仁义礼,如果违背了它们,就会有凶灾;如果遵循它们,就能得到吉祥。如魏徵在《群书治要序》中讲到:**"左史右史记事记言,皆所以昭德塞违,劝善惩恶。"** 说明中国古代史官记录历史事件和言论,都是为了彰明美德,杜绝违逆,劝人为善,惩罚罪恶,也就是教育人们认识因果教育。

在《群书治要》中,同样也节录了大量关于善恶、因果的言论与史实,体现了"善有善报、恶有恶报"的因果铁律。

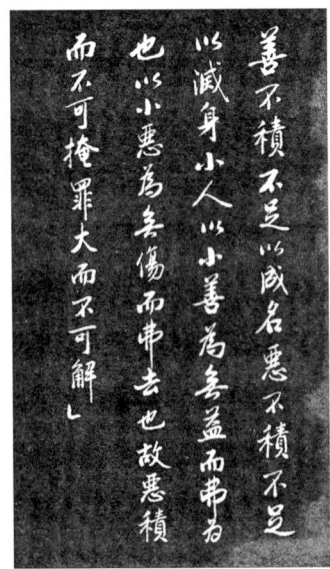

一、善有善报、恶有恶果

中国人自古以来就崇尚因果思想,相信善恶报应。

在《群书治要》中,关于善恶、祸福、因果的言论比比皆是,发人深省。如《群书治要·周易》中讲到:**"善不积,不足以成名;恶不积,不足以灭身。""德薄而位尊,知小而谋大,力少而任重,鲜不及矣。"** 意思是:"德行浅薄而身居尊位,智慧狭小而图谋大事,力量薄弱却担当重任,很少没有灾祸的。在《群书治要·尚书》中则讲到："**惠迪吉，从逆凶，惟影响。**"意思是：顺随正道则吉利，依从背逆则凶险，其效应就像影子与形体、回声与音响一样。"**作善，降之百祥；作不善，降之百殃。**"意思是：上天对行善者，就会赐予各种吉祥；对作恶者就会降给各种灾祸。《群书治要·汉书》中也说道："**夫瑞生必于嘉士，福至实由善人，在德为瑞，无德为灾。**"意思是：祥瑞天象的出现，必然是由于有高尚品德的人士带来了福音。有德就会有祥瑞，无德就会有灾祸。在《群书治要·三国志》中则讲到："**恶不可积，过不可长。**"意思是：恶行不能积累，罪过不可增长。在《管子》中，则讲到："**失天之度，虽满必涸**""**上下不和，虽安必危。**"意思是：违忤自然的法则，虽一时强盛，后必衰弱灭亡。上下不和，虽一时安定但必有危机。在《群书治要·文子》中，也说道："**夫有阴德者，必有阳报；有隐行者，必有昭名。**"意思是：暗中有恩于人的行为，一定会得到明显的回报；有他人所不知的高尚品行的人，一定会有显著的名声。

在《群书治要》中，还节录了大量的故事，来说明善恶报应的道理。在《群书治要·汉书》中节录了于公的故事，说明善有善报的道理：

于定国，字曼倩，东海人也。其父于公为郡决曹，决狱平。罗文法者，于公所决皆不恨。郡中为之生立祠，名曰"于公祠"。定国少学法于父，为廷尉。其决疑平法，务在哀鳏寡，罪疑从轻，加审慎之心。朝廷称之曰："张释之为廷尉，天下无冤民；于定国为廷尉，民自以为不冤。"迁御史大夫。为丞相。始定国父于公，其闾门坏，父老方共治之。于公谓曰："少高大闾门，令容驷马高盖车。我治狱，未尝有所冤，子孙必有兴者。"至定国为丞相，子永为御史大夫，封侯传世云。

意思是：于定国，字曼倩，东海郡人。他父亲于公为东海郡判决案件的官员，判决案件很公平。凡遭受到法律制裁的人，对于公所判决的案子都无怨言。郡里为了表彰于公建立了一个祠堂，名曰"于公祠"。定国少年时跟从父亲学习法律，后来做了廷尉。他判处疑案持法公平，务求做到哀怜鳏寡之人，罪证有疑点时从轻处置，格外保持详察谨慎之心。朝廷上下都称赞他说:"张释之做廷尉,天下没有受冤枉的人;于定国做廷尉,百姓自认为不受冤枉。"于定国被迁升为御史大夫,后官至丞相。当年,定国父亲于公所住的巷子门坏了,同乡的父老们正要一起整修,于公对大家说:"稍微把巷子的门修得高大一些,使其能让四匹马拉的高盖车通过。我办理狱案,从来没有冤枉的,后世子孙必定会有兴旺发达的人。"到于定国做丞相时,儿子于永为御史大夫,几代人都封侯传世。

于公的故事,可以说是善有善报的最好证明。说明确实如《周易》上说的:"积善之家,必有余庆。"实际上,像于公这样的例子,在史书上随处可见。

同样,关于恶有恶报的例子,也是屡见不鲜。我们看到,历史上的昏君、佞臣,没有一个得到善终的。而且,这种恶报到来之快,真的就如古人所说:"善恶之报,如影随形。"

在《左传》里面,记载了这样一个故事:

卫侯使赂周歂、冶廑。曰:"苟能纳我,吾使尔为卿。"周、冶杀元咺及子适、子仪。公入,祀先君,周、冶既服,将命,周歂先入,及门,遇疾而死,冶廑辞卿。

意思是:在(僖公三十年)卫成公派人贿赂周歂、冶廑,说:"如果能接纳我当国君,我就让你们做卫国的卿。"周、冶二人杀了大夫元咺、国君子适和子仪。卫成公回国,在太庙祭祀先君,周、冶二人已经穿好卿的礼服,准备接受任命,周歂先进太庙,刚走到门口,突然发病而死。冶廑害怕了,便辞去了卿位。

这个故事在演义小说《东周列国志》里面有更加详细的叙述:

卫成公复位之后,择日祭享太庙。不负前约,封周歂、冶廑并受卿职,使之服卿服,陪祭于庙。是日五鼓,周歂升车先行,将及庙门,忽然目睛反视,大叫:"周歂穿窬小人,蛇豕奸贼。我父子尽忠为国,汝贪卿位之荣,戕害我命。我父子含冤九泉,汝盛服陪祀,好不快活。我拿你去见太叔及子瑕,看你有何理说?吾乃上大夫元咺是也!"言毕,九窍流血,僵死车中。冶廑后到，吃一大惊，慌忙脱卸卿服，托言中寒而返。卫成公至太庙，改命宁俞、孔达陪祀。还朝之时，冶廑辞爵表章已至。卫成公知周歂死得希奇，遂不强其受。未逾月，冶廑亦病亡。可怜周、冶二人止为贪图卿位，干此不义之事，未享一日荣华，徒取千年唾骂，岂不愚哉？

《群书治要·周易》里面说："**德薄而位尊，智小而谋大，力小而任重，鲜不及矣。**"一个人德行浅薄而地位高贵，智慧低下而图谋大事，力量微弱而身负重任，这样的人没有几个是不遭受祸害的。像周歂、冶廑两个人贪图官位而行不义之事，结果灾殃即刻到来，足见因果报应之迅速。

在《群书治要·墨子》中则说道："**爱人利人者，天必福之；恶人贼人者，天必祸之。是以天欲人相爱相利，而不欲人相恶相贼也。昔之圣王禹、汤、文、武，兼爱天下之百姓，率以尊天事鬼。其利人多，故天福之，使立为天子，天下诸侯，皆宾事之。暴王桀、纣、幽、厉，兼恶天下之百姓，率以诟天侮鬼。其贼人多，故天祸之，使遂失其国家，身死为戮于天下后世，子孙毁之，至今不息。**"意思是：爱护人、利于人者，天必定赐福给他；憎恨人、残害人者，天必定降祸于他。以此可见上天希望人们相互友爱、相互帮助，而不希望人们相互憎恨、相互残害。以前的圣君禹、汤、文王及武王，爱天下所有的百姓，率先来尊崇上天、敬重鬼神，给予世人的好处很多，所以天佑护他们，使他们被立为天子，天下的诸侯都归顺侍奉他们。暴君桀、纣、幽王及厉王，厌恶天下所有的百姓，率先咒骂上天，侮慢鬼神，残害百姓极多，所以上天降祸给他们，使他们丧失自己的国家，身遭杀戮，并受到天下人的羞辱，后代子孙咒骂他们，直到现在仍不停止。

二、积善之家，必有余庆

《周易》里说道："**积善之家，必有余庆；积不善之家，必有余殃。**"这是告诉我们，一个人积德累行，不仅可以免己身之患，更能庇佑子孙。

在《群书治要·左传》里面，记载了一个故事，说明"积善之家，必有余庆"的道理：

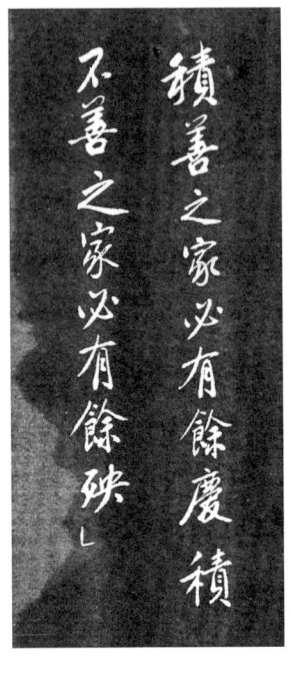

四年，楚子灭若敖氏。其孙箴尹克黄〔箴尹，官名。克黄，子文孙也〕使于齐，还，及宋，闻乱。其人曰："不可以入矣。"箴尹曰："弃君之命，独谁受之？君，天也，天可逃乎？"遂归复命，自拘于司败。王思子文之治楚国也，曰："子文无后，何以劝善？"使复其所。

这段话的大意是：鲁宣公四年，楚庄王消灭了若敖氏。子文的孙子克黄官拜箴尹，出使齐国，返回时途经宋国，听到了国内动乱的消息。传递消息的人说："不可以再回到楚国了。"箴尹说："废弃君主的命令，有哪个人会接受我呢？君主就等于是上天，难道可以逃避天吗？"于是克黄就回到楚国复命，并且把自己绑起来，到刑官那里去投案。楚庄王想起以前子文治理楚国的功劳，于是就对群臣说："子文如果没有留下后代，用什么来劝人为善？"于是让克黄仍旧担任原来的官职。

楚庄王消灭若敖氏，原因是若敖氏与楚国王室发生冲突，若敖氏族人叛乱。而克黄作为若敖氏的族人，没有被诛杀，而且还担任原职，原因就是因为克黄的祖父子文在做楚国令尹时，一心为公，积功累德，所以庇荫子孙。

子文，就是斗子文，是楚国著名的令尹。令尹，是春秋时期国家的最高官员，相当于我们现在的总理，他上任之初就以自家的财产来资助楚国，后世称之为"毁家纾难"。在担任令尹的二十余年间曾两去其职，也从不对此感到报怨。若敖族自子文开始世为令尹、司马。过去斗子文三次辞去令尹的职务，家里连一天用来生活的积蓄都没有，这是体恤百姓的缘故。成王听说斗子文几乎吃了上顿就没有下顿，因此每逢朝见时就预备一束干肉，一筐干粮，用来送给子文。成王每当增加子文的俸禄时，子文一定要逃避，直到成王停止给他增禄，他才返回朝廷任职。

楚成王在位时子文的亲戚犯了法，被廷理（官名，掌管司法）拘捕。廷理知道犯人是令尹的亲戚之后，便很快地释放了他。子文听说，马上召见廷理，严辞责备说："国家所以要设立你这个廷理的官职，就是为了惩处恶人，维护君王的命令、国家的法律。真正负责的官员应该严于执法，不畏权势。你现在不按法律办事，私自释放不法之徒，实在是居心不公，于理不容啊！作为执法官吏，怎么能看我私人的情面而违背法律呢？我身为令尹，百姓的表率，我的亲戚犯法有据，如果你将他无罪开脱，岂不是在告诉百姓，我在徇私枉法吗？与其让我活着不讲道义，还不如死了好！"于是，就把亲戚送交廷理，说："若不依法办理，那我就不活了。"廷理害怕，就依法处置了他的亲戚。成王听说了这件事，还来不及穿鞋，就急忙赶到子文的家里说："寡人年幼，设置的廷理人选不当，违反了您老人家的意愿。"于是，以执法不公的罪名罢免了廷理，对子文更加尊重，请他治理内政。楚国的百姓们知道后，交口称颂："有了这样公正无私的令尹，我们这些人还有什么可担忧的呢？"于是奔相走告，相互歌唱："子文之族，犯国法程，廷理释之，子文不听，恤顾怨萌，方正公平。"

有人对子文说："人活着就是求个富贵，但你却逃避它，为什么呢？"他回答说："当政的人是庇护百姓的，百姓的财物空了，而我却得到了富贵，这是使百姓劳苦来增加我自己的财富，那么我离死亡也就不远了。我是在逃避死亡，不是在逃避富贵。"所以楚庄王在位的时候，灭了若敖氏家族，只有子文的后代存活了下来，直到现在还居住在郧地，做着楚国的良臣。

宋朝的司马光曾经讲过一段话，他说：**"遗金于子孙，子孙未必能守；遗书于子孙，子孙未必能读；不如积阴德于冥冥当中，以为子孙长久之计。"**你留金钱给子孙，子孙未必能守得住；你留一些书给子孙，子孙未必能读。所以你看古代为人父母的，他们想的是什么？积厚福，积阴德，庇荫后代，绝对不是只为自己一生的享乐而已。所以他有这种德行，他就可以庇荫后代，而且还因为他冥冥当中都在积阴德，他的所有言语行为都树立了良好的典范，使得他的后代子孙能够像他学习。所以有这种认知的父母，他的家道都可以绵延几百年、几千年不断。

《群书治要·春秋左氏传》中说：**"三代之令王，皆数百年，保天禄。夫岂无僻王，赖前哲以免也**〔言三代亦有邪僻之君，但赖其先人以免祸耳〕"。意思是：夏、商、周三代圣王，都能享国几百年，保全上天赐予的福分！难道这期间就没有品行不正之君吗？都是依仗其圣祖的阴德而免除了灾祸啊！

《群书治要》在节录史实时以真实的故事来说明此道理，如在《群书治要·后汉书》中节录杨震的事迹来说明这一道理：

杨震，升迁东莱郡太守时，路过昌邑，从前他所举荐的茂才王密做了昌邑县令，到了夜间怀金十斤来送给杨震，杨震说："我这个故友了解你，你不了解故友，是为什么呢？"王密说："夜间没有人知道的。"杨震说："天知，神知，我知，你知，怎能说无人知道呢？"王密羞愧地离去了。后来杨震转任涿郡太守。他为人公正廉洁，子孙们经常吃粗食淡饭，外出时步行，不乘车，老朋友中年纪长的，有人让他为子孙置产业，杨震说："让后世人称他们是'清白官吏的子孙'，以此作为给他们的遗产，不也是很丰厚的吗？"

《群书治要》不仅节录了杨震的事迹，更进一步节录了杨震的儿子杨秉和孙子杨赐的事迹，他们在杨震去世后均位至三公，成为品行忠正的良臣，堪称"积善之家，必有余庆"的最好例证。

三、作恶多端，必遭恶报

"善有善报，恶有恶报"，在《群书治要》中，也节录了许多败德之君、乱臣贼子的恶报事例。如夏桀、商纣、胡亥等败德昏君，要么被人讨伐，丧国亡家，要么被奸佞之臣所害；同样，奸佞之臣虽一时得宠，却难逃被诛的恶报，像李斯、赵高等人，无一不是最好的说明。

在《群书治要》中节录的许多历史人物，他们的人生遭遇，无一不是因果报应的最好说明。如在《群书治要·史记》中节录的白起的故事，就是中国历史上著名的因果报应的实例。

白起者，郿人也，善用兵，事秦昭王。昭王使白起为上将军，前后斩首虏四十五万人。赵人大震，使苏代厚币说秦相应侯曰："武安君所为秦战胜攻取者七十余城，南定鄢、郢、汉中，北禽赵括之军，虽周、召、吕望之功，不益于此矣。今赵亡，秦王王，则武安君必为三公，君能为之下乎？虽无欲为之下，固不得已矣。秦尝攻韩，围邢丘，困上党，上党之人，皆反为赵，天下不乐为秦民之日久矣。今亡赵，北地入燕，东地入齐，南地入韩、魏，则君之所得民，亡几何人。故不如因而割之，无以为武安君功也。"于是应侯言秦王曰："秦兵劳，请许韩、赵之割地以和，且休士卒。"王听之，皆罢兵。武安君由是与应侯有隙。秦复发兵，使王陵攻赵。陵战少利。秦王欲使武安君代陵将，武安君言曰："秦虽破长平军，而秦卒死者亦过半，国内空。远绝河山而争人国都，赵应其内，诸侯攻其外，破秦军必矣。不可。"秦王强起武安君，武安君遂称病笃。应侯请之，不起。于是免为士伍，迁之阴密〔属安定〕。武安君病，未能行。秦王乃使人遣白起，不得留咸阳中。武安君既行，出咸阳西门十里，至杜邮。秦昭王与应侯群臣议，曰："白起之迁，其意尚怏怏不服，有余言。"秦王乃使使者赐之剑自裁，武安君遂自杀。

意思是：白起是郿邑人，善于用兵，服事秦昭王。昭王派白起做上将军进攻赵国，前后斩杀和俘虏共计四十五万人。赵国人十分震惊，派苏代带了重礼去游说秦国的丞相应侯道："武安君替秦国攻下和占领的有七十多个城邑，向南平定了鄢邑、郢都和汉中，向北消灭了赵括的军队，即使是古代的周公、召公和吕望的功勋也不能超过这些了。如果赵国灭亡，秦王统治天下，那么武安君一定位列三公，您甘愿处于他的下位吗？即使不愿处于他的下位，也是不可能的了。秦国曾经进攻韩国，包围邢丘，围困上党，上党的百姓都转而归附赵国，天下人不愿做秦国的百姓为时已经很久了。现在灭亡赵国，它北部的土地会落入燕国之手，东部的土地将会落入齐国之手，南部的土地将会落入韩国和魏国之手，那么秦国能得到的百姓和土地就没有多少了。所以不如趁此机会割得韩、赵两国的土地，不要再让武安君建立更大的功勋了。"于是应侯向秦王说道："秦国的军队疲劳了，请您允许韩、赵两国割让一部分土地来讲和，权且让士兵们休息一下。"秦王听从了应侯的话，双方都停止了军事行动。白起从此与应侯有了嫌隙。秦国再次出兵，派王陵进攻赵国。王陵作战收获不大。秦王想派白起代替王陵统兵，白起说道："现在秦国虽然歼灭了长平的赵军，但秦国士兵死亡也超过半数，国内空虚。远涉山河去夺取别人的国都，赵军在里边接应，各国军队从外面进攻，打败秦军是必然的。还是不要打了吧！"秦王强令白起就职，白起就声称病情严重。应侯去请他，他不肯上任。于是秦王免去白起的官爵，将他降为士兵，让他迁往阴密居住。白起病了，没有立即动身。秦王便派人去驱逐白起，命令他不得留在咸阳城中。白起动身，走出咸阳城西门十里，到达了杜邮。秦昭王跟应侯和大臣们商议道："白起被驱逐，他的心情还是郁郁不乐，不服气，有怨言。"秦王便派使者赐给白起一把剑，让他自刎，白起就自杀了。

根据《史记》的记载，白起伏剑自刎时曾说：**"我何罪于天而至此哉？"** 良久，又说：**"我固当死。长平之战，赵卒降者数十万人，我诈而尽坑之，是足以死。"** 于是自杀。

白起作为秦国的将领，虽然为秦统一全国立下了大功，但是，由于其杀戮太多，自己最后也被迫自杀，可见，因果报应实在是真实不虚的。在道家的经典《太上感应篇》里就说道：**又枉杀人者，是易刀兵而相杀也。** 意思是：冤枉杀人的人，就像换刀相杀一样。

我们看到，在中国历史上，那些执法严苛的酷吏，也是很少有善终的，之所以如此，就是因为没有仁德，违背天道。一个人，违背天道，作恶事，哪有不遭恶报的道理呢？

此外，在《群书治要·三国志》节录陆凯的奏疏中说道：当时负责殿堂警卫的将领何定，为人奸滑，善于逢迎谄媚，受到孙晧的宠信而担任要职。陆凯就当面责备他说:**"卿见前后事主不忠,倾乱国政,宁有得以寿终者?何以专心奸邪,秽尘天听?宜自改厉。不然,方见卿有不测之祸矣。"**意思是说"你看古往今来侍奉君主不忠心、扰乱朝政的奸臣,难道有得以善终的吗?你为什么只做奸邪之事,使圣上的耳朵蒙上污秽和尘土?你要好生改悔,不然的话,就要看到你遭受不测之祸了。"

据《三国志》记载,何定确实如陆凯所言,最后被诛。

扰乱朝政的奸臣难得善终,这既可从《群书治要》中节录的奸佞之臣的命运上可以看到,也可以从《二十四史》的大量史料上得到明鉴。其实,只要我们留心观察,这样善恶报应的例子,在我们生活中也随处可见。所以善恶报应的因果规律从来都是真实不虚的。

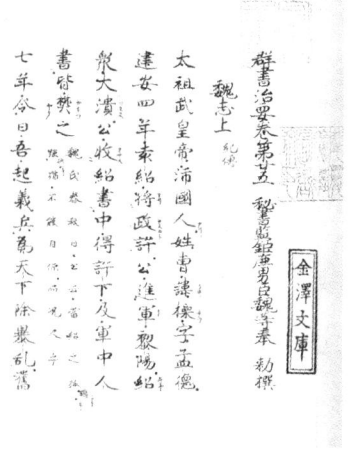

金泽文库《群书治要·魏志》书影

四、明了因果,洞悉祸福

中国古代的圣人、贤人,不仅深信因果的道理,更能够根据因果的规律判断出一个人的吉凶祸福。

在《群书治要·春秋左氏传》里有许多这样的记载:

晋程郑卒,子产始知然明〔前年,然明谓程郑将死,今如其言,故知之〕。**问为政,对曰:"视民如子,见不仁者,诛之,如鹰鹯之逐鸟雀也。"子产喜,以语子大叔,且曰:"他日吾见蔑之面而已**〔蔑,然明名〕**,今吾见其心矣。"**

意思是:晋国程郑去世(然明一年前便知其将死),子产才真正了解了然明。他向然明请教为政之道,然明回答说:"对待百姓要像爱护子女一样,看到不仁不义者就责罚之,就像鹰鹯追捕鸟雀那样。"子产很高兴,把这些话告诉子太叔,并且说:"往日我只看到然明的表面而已,现在我看到他的内心了。"

这位然明是春秋时期郑国（在今新郑一带）的大夫，他是郑穆公的曾孙，虽然相貌丑陋，却机智过人。当时，郑国负责外交的官员公孙挥访问晋国，晋国的大臣程郑深得晋平公的宠信，让他担任了军队的统帅，地位显赫。程郑恐怕树大招风，引来祸患，就向公孙挥求取保身之计，公孙挥难以回答。回到郑国后，公孙挥向然明请教。然明说："看来程郑的处境已经非常危险了，不然，程郑就是想逃到国外去。其实，只要勇于居人之下，一切问题就解决了。如果一个人已经登上高位，却觉得不称职而要求降低官位，这是明智之举。但是，程郑这种人只是有疑心病，他并不舍得降低自己的官位。看来，他将要在忧心中而死亡了。"第二年，程郑果然因为忧心而死。

第二个故事，是讲吴公子札预知叔孙穆子的灾祸的事情。

二十九年，吴公子札来聘，见叔孙穆子，曰："子其不得死乎〔不得以寿死也〕？好善而不能择人。吾子为鲁宗卿，而任其大政，不慎举，何以堪之？祸必及子焉〔昭四年，竖牛作乱〕。"

意思是：鲁襄公二十九年，吴国的公子札前来鲁国访问，见到叔孙穆子说："您恐怕不得善终吧！（因您）喜欢行善事却不能选择贤人。您身为鲁国宗卿，又承担着国政，却不知慎重荐举人才，怎么可以呢？灾祸必然会降临到您身上。"

叔孙穆子，是春秋时鲁国大夫，叔孙氏，名豹。官司马。鲁襄公十一年（公元前五六二年），季武子作三军，三分公室，他参与其事。主要负责外交事务，曾多次代表鲁国参加重大盟会，后死于其子竖牛制造的家乱中。

根据《韩非子·内储说》的记载，鲁国执政叔孙豹宠爱家臣竖牛。相传，这位竖牛是叔孙豹流亡齐国时一个和他私通过的女人的孩子，叔孙豹有个儿子叫壬，竖牛嫉妒并想害死他，就带他去见鲁君。鲁君赏给壬一个玉环，壬不敢佩戴，让竖牛请示叔孙豹。竖牛说："我已经替你请示过了，你戴吧。"然后去问叔孙豹："您怎么不让壬去见国君呀？"叔孙豹说："小孩子见什么国君呀"。竖牛说："他早就见过国君了，国君赏给他玉环他都戴上了。"叔孙豹叫来壬一看,果然如此,"怒而杀壬"。叔孙豹还有个儿子叫孟丙,竖牛也想除掉他。叔孙豹给孟丙铸了一口钟,孟丙不敢敲,让竖牛请示叔孙豹。竖牛说:"敲吧,我替你请示过了。"叔孙豹听见钟声后说:"孟丙不请示就擅自敲钟。"便把他赶走了。孟丙逃到了齐国。一年后,竖牛假装替孟丙向叔孙豹谢罪,叔孙豹就让竖牛召回孟丙,竖牛没去召人,却跟叔孙豹说:"孟丙很生气,不肯回来。"叔孙豹十分震怒,派人杀了孟丙。两个儿子死后,叔孙豹病了,竖牛独自侍奉他,不让别人进入,不给他东西吃,硬把叔孙豹给饿死了。竖牛密不发丧,带着叔孙豹的财宝逃往齐国。

季札之所以能够见微知著,预知叔孙豹的命运,因为他不仅仅是一位有智慧的人,更是一位有德行的人。

季札是周朝吴国人,因受封于延陵一代,又称"延陵季子"。他的祖先是周朝的泰伯,曾经被孔子赞美为"至德"之人。泰伯本是周朝王位继承人,但父亲太王,有意传位给幼子季历以及孙子昌。于是泰伯就主动把王位让了出来,自己则以采药为名,逃到荒芜的荆蛮之地,建立了吴国。

数代后,寿梦继承了吴国王位。他的四个儿子当中,以四子季札最有德行,所以寿梦一直有意要传位给他。季札的兄长也都特别疼爱他,认为季札的德行才干,最足以继承王位,所以都争相拥戴他即位。但是季札不肯受位,坚持把王位让给哥哥。

哥哥诸樊觉得自己的德能,远在季札之下,一心想把持国的重任托付给他,但被季札婉言谢绝了。他说:曹国之人想拥立贤能的子臧为国君,来取代无德的曹王,但被子臧所拒绝。为了坚守臣民应有的忠义,并打消国人拥立的念头,

季札像

子臧离开曹国，奔走到了宋，使曹国的君主仍然得以在位执政。子臧谦恭无争的美德，被人们赞美为能"守节"的盛德之人。前贤的殷鉴历历在心，国君的尊位，哪里是我季札所希求的呢？虽然我无德，但祈求追比贤圣，则是念念在心啊。

季札的厚德感动了吴国之人，他们如同众星拱月般，一心想要拥戴季札为王。不得已之下，季札退隐于山水之间，成日躬耕劳作，以表明他坚定的志节，才彻底打消了吴人的这个念头。

有一次，吴国派遣季札出使鲁国。到了鲁国，季札听到了蔚为大观的周乐。季札以深密的感受力和卓绝的见识，透析了礼乐之教的深远蕴涵，以及周朝的盛衰之势，语惊四座，使众人为之侧目。听到《唐》，他听出了思接千载的陶唐氏遗风。听到《大雅》，他在乐曲深广的气魄里，听到了文王之德。当《魏》歌四起，那"大而宽，俭而易"的盟主之志，辉映着以德辅行的文德之教。一直到《招箾》舞起的时候，季札惊叹道："这是最令人叹为观止的至德乐章，就如同苍天无不覆盖，大地无不承载。就算是盛德之至，也是无以复加了。"

季札出使郑国之时，见到了子产。他们一见如故，就好像是多年的知心之交。季札对时局有着异常明晰的洞察力，临别前，他语重心长地对子产说："郑国的国君无德，在位不会很久，将来国家的王位，一定会传到你的手中。你统理郑国的时候，务必要谨慎，务必以礼来持国。否则郑国很难避免败亡的命运。"言之谆谆。当子产目送季札远去时，仍然觉得音犹在耳，心里不禁万分怅惘。

吴王诸樊一直到过世之前，都还念念不忘弟弟季札。他留下遗训，让后人将王位依次传给几位弟弟，这样最终就能传到幼弟季札的手里，以满先王寿梦生前的遗愿。继位的吴王夷昧临终前，要把王位传给季札，但被季札再一次拒绝了。为了表明自己坚定的决心，他再度归隐而去。

孔子曾经说过："**泰伯其可谓至德也已矣，三以天下让，民无得而称焉。**"司马迁赞美季札是一位"见微而知清浊"的仁德之人。贤者的谦恭礼让、非凡气宇和远见卓知，一直在中国历史的长空中，闪耀不绝。

在《群书治要·春秋左氏传》中，还节录申无宇预知楚国公子围的命运的一个例子：

三十年，楚公子围杀大司马蒍掩而取其室。申无宇曰："王子必不免。善人，国之主也。王子相楚国，将善是封殖，而虐之，是祸国也。且司马，令尹之偏〔偏，佐也〕**，而王之四体也。绝民之主，去身之偏，刈王之体，以祸其国，无不祥大焉！何以得免**〔为昭十三年弑灵王传〕**！"**

意思是：在鲁襄公三十年，楚国公子围杀了大司马蒍掩并夺取了他的家产。申无宇说："王子围一定不能免于祸难。贤人，是国家的支柱。王子围为楚国令尹，应该扶植贤人，现在却虐杀他们，这是危害国家。况且司马，是令尹的副职，更是国君的四肢。如今王子竟锯断国家的支柱，除去自己的副职，斩断君主的四肢，而危害他的国家，没有比这再大的不祥了！怎么能免于祸难？"

公子围即楚灵王，是楚共王的次子，他后来杀了侄儿楚郏敖自立，即位后改名熊虔。他偏爱细腰美女，"楚王好细腰，宫中多饿死"，就是指他。楚灵王穷奢极欲，楚灵王六年，造章华宫，又称细腰宫；对外穷兵黩武，公元前五三一年，蔡灵侯至楚，楚灵王杀之，蔡国灭亡。楚灵王十一年（前五三〇年），派兵围徐，威胁吴国。前五二九年楚国人民推翻了他的统治，灵王逃亡，随从相继离去，最后吊死郊外。灵王有二子熊禄（世子）、熊罢敌，都被蔡公熊弃疾杀死。

而这位申无宇，也是一位非常有远见、办事有定力，进退有度的敬业之臣。

史书记载，公元前五三一年，楚灵王在陈地、蔡地、不羹等处筑城，派他的小弟弟、为楚国立下汗马功劳的公子弃疾做蔡公。为此，楚王向申无宇征求意见。先知再次名言迭出："择子莫如父，择臣莫如君。"他举例说，郑庄公在栎地筑城安置了子元，使昭公的位子坐不稳。齐桓公在谷地筑城而安置了管仲，到现在齐国还得到利益。**"五大不在边，五细不在**

庭。"五种大人物不在边境,五种小人物不在朝廷。亲近的人不在外边,寄居的人不在里边。现在国君的弟弟弃疾在外边,国君应该注意才好。

楚王循着申无宇的思路问了下去,国都城墙高大,怎么样?申无宇的回答是,在郑国的京地、栎地发生了郑昭公被杀事件,在宋国的萧地、亳地发生了宋公子子游被杀事件,在齐国的渠丘发生了公孙无知被杀事件,在卫国的蒲地、戚地发生了卫献公被驱逐事件。从这些事件来看,国都城高池深,无济于事。**"末大必折,尾大不掉。"** 树枝大了一定折断,尾巴大了就不能摇动。

但楚灵王却认为申无宇多虑了,他懂得的是天道,不太了解治理老百姓的道理。

他不听先知的话,继续重用公子弃疾,指望弃疾跟他同心同德、一起努力使楚国崛起于诸侯之中。前五三〇年,楚灵王亲自带兵离开国都,到千里之外的州来(今安徽凤台)去打猎,又出兵攻打徐国,威胁吴国,炫耀武力。由于灵王长久不归,楚国后方政权空虚,被楚国灭掉的蔡国旧臣们乘机说服公子弃疾和子干、子皙等人,调集军队长驱入楚,一举攻占了郢都,并把灵王的儿子全部杀死。楚灵王在众叛亲离中,只好上吊自杀。

中国古代的圣人都深深的明了因果,在学习《群书治要》的时候,我们也发现,对于善恶因果的道理,太宗李世民和魏徵都是极为重视的。

贞观七年(公元六三三年),太宗对魏徵说:"自古以来的王侯,能够自我保全的很少。都是因为在富贵的环境中长大,喜欢骄奢淫逸,不懂得亲近君子、远离小人的缘故。我想让所有的子弟,都能记住前代王侯的经验教训,作为行动的规范。"因而让魏徵辑录自古以来帝王子弟的成败事迹,取名《自古诸侯王善恶录》。太宗将这部书分别赐给诸王。此书的序言中说道:**"凡为藩为翰,有国有家者,其兴也必由于积善,其亡也皆在于积恶。故知善不积不足以成名,恶不积不足以灭身。然则祸福无门,吉凶由己,惟人所召,岂徒言哉!"** 意思是:凡诸侯君王有国有家者,他们的兴盛是从不断做善事开始,他们的衰亡也是从不断作恶引起的。所以从中可以知道，不行善不足以成就一个人的声名，不作恶不至于让自己灭亡。可是祸与福都没有定数，一个人吉凶的关键在于自己，是自己造成的，这仅仅是空话而已吗？此书编辑成后，太宗连连称好，对诸位王子说：**"此宜置于座右，用为立身之本。"** 可见太宗对善恶因果教育之重视，魏徵对善恶因果之明了。

近代著名的大德印光大师所言：**"因果报应者，世出世间圣人，平治天下，度脱众生之大权也。"** 忽视因果教育，是现代人道德滑坡的根源，若能认真学习《群书治要》中善恶、祸福的思想，明白善恶果报的道理，自然人人都不愿作恶，而乐于行善了。这一点，无论是对为政者，还是常人，都是至为重要的，更是《群书治要》精髓之所在。

第十七章

齐家治国、女德为要：《群书治要》的女德思想

女德，即女子的道德品行，女子有德则天下安。孙中山先生曾经讲过：**"天下的太平安危看女人，家庭的盛衰看母亲。"**

近代著名的道德教育家王凤仪先生则说：**"女子是世界的源头，源头清则水流清，源头浊则水流浊。"**

学习这部《群书治要》，我们看到，古人对于女子的道德教育，是非常重视的，而且指出朝政的兴衰和女德教化有着密切的联系。历代成就盛世的圣主明君，往往都有贤能女性的辅佐；而很多丧身亡国的末代君主，往往是宠爱有色无德的女人，荒淫无道，最终身灭国亡。

因此，古人教导我们"正天下，首正人伦；正人伦，首正夫妇；正夫妇，首重女德"。指出了治国、平天下，要从根本开始，从女德教育开始。

一、治国平天下，女人操一半

近代著名的大德印光大师曾经讲到："治国平天下之权，女人家操得一大半。"又曰："教子为治平之本，而教女更为切要。盖以世少贤人，由于世少贤母。有贤女，则有贤妻贤母矣。有贤妻贤母，而其夫与子之不为贤人者，盖亦鲜矣。其有欲挽世道而正人心者，当致力于此焉。"

我们学习《群书治要》，发现一个历史规律：历史上贤明的君主，往

往都有一位贤明的母亲或者太太;而历史上昏庸的君王,往往都是沉迷女色、被有色无德的女子所迷惑。中国古人讲,红颜祸水,指出没有德行的女子会败坏朝政。

在《汉书》里面讲到:

"夏之兴也以涂山,而桀之放也用末喜,殷之兴也以有娀及有莘,而纣之灭也嬖妲己,周之兴也以姜嫄及太任、太姒,而幽王之禽也淫褒姒。故《易》基乾坤,《诗》首关雎,《书》美厘降,《春秋》讥不亲迎,夫妇之际,人道之大伦也,礼之用,唯昏姻为兢兢,夫乐调而四时和,阴阳之变,万物之统也,可不慎与。"

意思是:夏朝的兴起是源于大禹娶了涂山氏为妻,而夏桀遭到放逐则是由于宠爱末喜;殷代的兴起离不开有娀氏和有莘氏,而商纣的灭亡则是由于宠幸妲己;周朝的兴起有赖于姜嫄、太任和太姒,而幽王被戎狄擒捉则是因为与褒姒淫乐。因此《易经》以《乾》、《坤》二卦为起始(乾为男,坤为女),《诗经》以《关雎》为首篇(说明夫妇是人伦之始),《尚书》赞美唐尧把两个女儿嫁给虞舜,《春秋》讽刺鲁隐公娶妻而不亲自迎娶。夫妇关系是五伦关系的根本,礼法中婚姻之事要格外谨慎而行。音律和谐,四时才能和谐。阴阳的变化,是万物成化的根本,又怎么能够不慎重呢!

魏徵在《群书治要》的序言中也指出女子的德行和国家的兴衰有着密切的联系。他讲到:

"至于母仪嫔则,懿后良妃,参徽猷于十乱,著深诫于辞辇,或倾城哲妇,亡国艳妻,候晨鸡以先鸣,待举烽而后笑者,时有所存,以备劝戒。"

意思是:那些有着贤淑女德的皇后嫔妃,以美好的修养被列入辅佐治国的贤臣之列,以后妃之德辅助君王。而那些诡计多端、祸国殃民的妇人,毁灭朝廷的美妻,她们有的如清晨母鸡先于公鸡啼鸣一样,有的像烽火戏诸侯的褒姒,各种人物时常都有出现,也都会加以记录,以劝诫后人。

魏徵在序言中讲的**"母仪嫔则，懿后良妃，参徽猷于十乱，着深诚于辞辇"**，说的正是两位贤德女子的故事。

"参徽猷于十乱"，十乱是指十个辅佐周武王治国平乱的大臣，即周公旦、召公奭、太公望、毕公、荣公、太颠、闳夭、散宜生、南宫适、文母。文母指文王之后太姒，后因以"十乱"泛指辅佐皇帝的十个有才能的人。

实际上，周朝的兴盛，是由三个贤德的女人奠定了基础的，即太姜、太任和太姒。她们是周朝三位开国先君的夫人，也称周朝"三母"，也叫周室"三母"。她们都是母仪天下的典范，辅佐和教化了开万世太平的几位君王。现在我们称女人为太太，就是从三太来的。

三太的第一位是太姜。太姜是周朝先祖太王的夫人、王季的母亲。太王就是人们所熟悉的古公亶父。古公广积善行、以仁厚待人，得到了人民的拥护。他不忍心看到百姓们受到外族的侵掠，决定迁徙。百姓们扶老携幼，纷纷追随他迁居到岐下。

太姜，是有邰氏的女儿。她端庄美丽，性情贞静柔顺，生了太伯、仲雍和王季等三个儿子。她能够以身作则教导儿子，使他们从小到大，在品德行为上都没有过失。太王钟爱王季的儿子姬昌，泰伯和仲雍为了让位给弟弟王季，以便传位于姬昌，兄弟俩一起逃到荆蛮之地，成为历史上兄弟礼让友爱的千秋佳话。这一切与母亲太姜对儿子的良好教育分不开。太姜是丈夫贤明的辅佐，她以"贞顺"的女德，成为丈夫最得力的左膀右臂，是周朝创业之时的贤德的妇人。

三太的第二位是太任。太姜的儿媳太

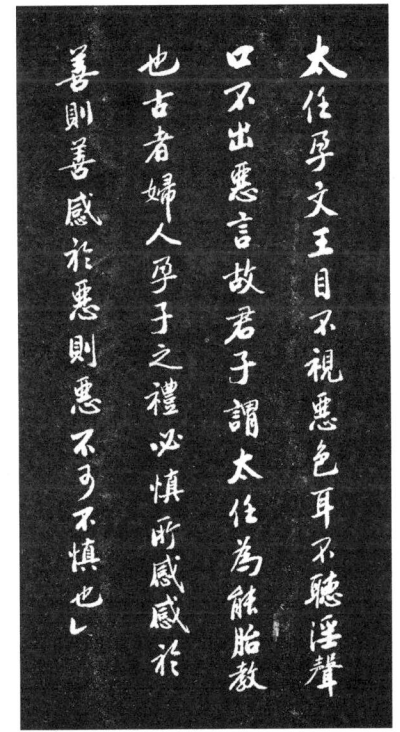

任,是挚任氏的二女儿,是王季的夫人、周文王的母亲。太任生性端正严谨、庄重诚敬,凡事合乎仁义道德才会去做。太任的夫君王季具有父亲的仁德风范,因而各地诸侯都很拥戴他。王季的事业,得力于太任的辅佐。太任非常仰慕婆婆太姜的美德,她主持后宫立身端正,使得宫廷上下有着一派肃穆祥和的正气。太任怀孕的时候,眼不看邪曲不正的场景,耳不听淫逸无礼的声音,口不讲傲慢自大的言语。睡从不歪着身子,坐也不偏斜着,站不曾跛着脚。不吃气味不正的食物,切割不正的食物不吃,摆放不正的席子不坐。所以文王生下来就非常聪明,圣德卓著,太任教他一,他就知道十。人们赞叹说,这都是太任的胎教做得好。

据《尚书》记载,文王姬昌出生后不久,有一只"赤雀",嘴里衔着丹书,飞到了文王的屋子里。丹书上说:**"敬胜怠者吉,怠胜敬者灭,义胜欲者从,欲胜义者凶。凡事不强则枉,不敬则不正。枉者废灭,敬者万世。以仁得之,以仁守之,其量百世。以不仁得之,以仁守之,其量十世。以不仁得之,以不仁守之,不及其世。"**这是文王出生时的瑞兆。由于他自幼就与众不同,因而深得祖父太王的疼爱,继承了王业的大统,并奠定了周朝八百年的基业,这与母亲太任给予的端良母教不无关系。

三太的第三位是太姒。周文王的夫人太姒,是有莘国姒姓的女儿,是周武王和周公旦的母亲。太姒仁爱和顺,贤德而深明大义。在娘家时,她的生活很俭朴,用度十分节省,对她的女老师更是恭敬。文王十分仰慕太姒的美德,亲自到渭水去迎娶她。渭水没有桥,文王把舟连结起来,造了一座浮桥,把太姒接到了彼岸,体现了他真挚的深情。太姒成为文王的夫人之后,性情仍然没有改变。她非常仰慕祖母太姜和婆婆太任的贤德,继承了婆婆完美的德行。她早晚勤勤勉勉,极尽妇道。她遵守媳妇应尽的礼数,从未有过失礼和过失,还极尽子女之孝道,经常回家探望和安慰父母。太姒能够以妇礼妇道教化天下,被人们尊称为"文母",文王治外,而文母治内。

文王的夫人太姒共生了十个儿子,包括讨伐商纣的周武王,以及巩固了周朝基业的周公旦。太姒教育孩子十分成功,使他们从小到大,都没有做过邪僻不正的事情。儿子长大之后,文王继续教导他们,从而成就了武王、周公的圣德。所以,周朝以仁德立国,享国八百年,母亲、后妃的德行起了重要的作用。

"著深诫于辞辇",这也是出自一个非常有贤德的女子。辇是指天子乘坐的车子。这是讲孝成帝的妃子班婕妤的故事。班婕妤在成帝刚刚即位的时候就被选入后宫,开始的时候是做少使,很快就深得成帝的宠爱,被封为婕妤。有一次,成帝在后宫游玩,打算和班婕妤一同乘坐车,班婕妤推辞说道:"臣妾观察自古以来的图画,发现圣明的君主身旁坐

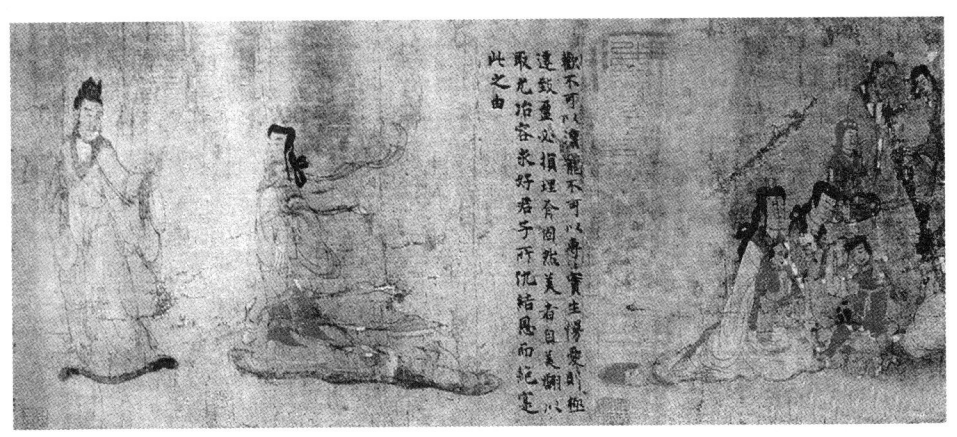

辞辇图

的都是有名的大臣,只有夏商周三代时的亡国之君身边才会有宠幸的女子,现在陛下若是与我同乘一辆车,不就和那些亡国的君主差不多了吗?"成帝认为她说的很有道理,于是就作罢了。太后听说了这件事后,高兴地说道:"古时候楚国有一位樊姬,现在又有了班婕妤。"班婕妤诵读《诗经》、《窈窕》、《德象》、《女师》等文章。每次被成帝召见或是上疏言事,都完全依照古礼而行事。鸿嘉三年,赵飞燕诬陷许皇后、班婕妤行妇人媚道,并且说她祝告鬼神,使之加祸于后宫,甚至谩骂皇上。许皇后得罪被废。孝成帝审问班婕妤时,她回答说:"臣妾我听说:'死生有命,富贵在天。'善良正直尚且还没有能得到福分,做那些邪僻之事又

想得到什么呢？假如鬼神有知，就不会接受这种丧失为臣之礼的祷告；假如鬼神无知，那么向它们祷告就不会有任何作用，所以我不做这种事情。"成帝认为她说的很有理，非常怜悯她，就赏赐给了她黄金一百斤。

二、女子法坤，柔顺为本

中国古代的圣人，都是"明德"的圣人，真正明了宇宙人生的道理。这些圣人明了宇宙人生的道理之后，就开始教化大众。圣人是如何教化大众的？就是教人向天地学习，教人顺从天地之道。真正的圣人明白天地万物是一体的，因此让人学习天地之德，从而回归自己的本性。

我们学习《周易》，《周易》的乾、坤二卦，不仅指天地、阴阳、君臣，也指男女。乾卦为男，坤卦为女。《易经·系辞上》里讲到："乾道成男，坤道成女。"意思是：男子要效法乾道，女子要履行坤德。

在《周易·坤卦》里讲到：**"地势坤，君子以厚德载物。"**意思是：大地的气势宽厚和顺，君子应效法坤卦的精神，以深厚的德行容载天下万物。在中国古代，坤德，也是讲女子的德行，女子要效法大地。中国文化讲男道女德，也就是男子要行天道，女子要显坤德。

什么是坤德？我们看大地，大地有什么特性呢？大地承载万物、接纳万物。也就是说，做女子的，要如大地般有气度，能够接纳万物，要有包容心。它安定、祥和，从不斤斤计较，只有一味的柔顺、宽容与慈爱。

在《坤卦》的象辞里还讲到：**"至哉坤元，万物资生，乃顺承天。坤厚载物，德合无疆，含弘光大，品物咸亨。"**

意思是：《象传》说：美德至极的大地啊，她配合上天开创万物，万物依靠她而得以资生，她柔顺地承接天道。大地纯厚而能够普载万物，德性包容万有而广无边界。她含育一切并使其光大,万物亨通畅达,普遍受到她的滋养。

所以,我们做女子的,应该怎么做?是要"顺承天"。做女子应该要顺从自己的丈夫、成就自己的丈夫,这需要有深厚的德行,也就是要落实五伦关系中的"夫义妇听"。女子听从丈夫,不是什么都听从,而是要听"夫义"。男子也要讲道义,如果男子不讲道义,做女子的就不能听。前面我们讲到的班婕妤就是一个很好的例子。

一个女子有坤德,就能够和谐家庭,能够成就自己的丈夫、教育好自己的孩子。如何才能够让自己拥有这种坤德呢?下手处就是谦卑!万事不敢为人先,不论在家、在外一切听从父母、丈夫的安排而无丝毫自己的意见。所谓"女子无才便是德",这不是指女子什么都不会,她们可以上得厅堂下得厨房,但从不以为自己会,再能干,也是一切听从家人的安排,永远谦卑、柔顺。故坤德是为谦德之更进一步。

中国人讲,男尊女卑。一般人提到男尊女卑,就以为是贬低女性。其实这是完全误会了我们的古人。古人讲的"男尊女卑"是什么意思?这是圣人教我们学习天地之德。《易经》讲"天尊地卑",是指做男子的要效法天,像天一样广而无私,像天一样统领万物。做女子的,要效法地,像大地一样包容万物、承纳万物。所以,做男子的,要有阳刚之气,要效法天的刚健,要自强不息;做女子的,要懂得柔顺,要效法地的卑弱、贞静,要厚德载物。所以,女子要有卑弱、贞静的德行。

我们看到,中国历史上最早的一部女德教育的教材——《女诫》里面,第一篇就是"卑弱"。一般人看到"卑弱"两个字,就以为是女子生来就地位卑微。古人不是这个意思,古人是教女子要效法大地,效法地德。你看大地,永远处在最低处,成就万物,自己不居功。做女子的也是要这样,有才而不显,有功而不居。所以女子要:**"以柔为本,以刚为刑,以清为奇,以浊为贱。"**也就是说,要懂得柔顺,要清闲贞静,这是男尊女卑的意思。所以,不学习古人的经典,往往就不能够懂得古人话语里的真实意思,反而来侮骂自己的祖宗,实际上是自己无知,不懂得先人的意思。所以古人告诉我们,人要学习,"人不学,不知道;人不学,不知义。"

三、男子主外,女子主内

中国古人常讲"男主外,女主内",这也是圣人给我们的教诲。在《周易》家人卦里面讲到:**"女正位乎内,男正位乎外,天地之大义也。家人有严君焉,父母之谓也。父父、子子、兄兄、弟弟、夫夫、妇妇,而家道正。正家而天下定矣。"**意思是:女子应当居家主内,而男人应当以处理外部事务为主,这样才符合天地阴阳的大道。家中有严正的主人,这是指父母而言的。父亲尽父亲的责任,儿子尽儿子的责任,兄长尽兄长的责任,弟弟尽弟弟的责任,丈夫尽丈夫的责任,妻子尽妻子的责任,这样家道就能端正了。家道端正了,那么天下也就能安定了。

女主内,在一个家庭里面,主内的工作可以说,甚至比男子主外的工作还要重要。主内是什么?一是管理家庭,二是教育孩子。尤其是教育孩子,是最为重要的。我们讲中国古人重男轻女,其实并非这样。实际上,女子的工作比男子的工作还要重要。如果女人贤德,就能够教育出贤德的后代;如果女子没有德行,对一个家族的传承就会有影响。所以常人讲,娶一个好媳妇,可以让一个家旺三代;娶一个坏媳妇,可以让一个家败三代。而且,养育男孩,是传承一个家族,养育一个女孩,则是影响全社会。可见古人对女德教化的重视。

在中国古代,君主负责治国,而皇后则负责后宫的教化,这两项工作都是非常重要的。如果女子没有德行,往往就会败坏朝政。

在《群书治要·后汉书》里面讲到:**"后正位宫闱,同体天王。夫人坐论妇礼,九嫔掌教四德。"**意思是:王后是宫闱正位,地位和君王一样。夫人负责讲论妇人应守的礼仪,九嫔掌管教导妇德、妇言、妇容、妇功四德。而且讲到做王妃的要**"进贤才以辅佐君子,哀窈窕而不淫其色。"**意思是:作为王妃,要能够进贤德女子来辅佐君主,忧伤找不到品德美好的女子,而不过分注重他们的容貌。

女孝经图

我们看到，古代的女子，皇后、妃子真正是做什么？是和君王一起教化天下。女子并不是要和男子一样，处理天下大事，而是教化好后宫，辅助君主。教化好后宫，其实就是在帮助君主治理天下。所以中国的古圣先王，最为重视的是教化。而对女子教化的主要内容，就是三从四德。

说道三从四德，现代人马上会说这是封建糟粕，这完全是误解了圣人的意思。"三从"是什么？"未嫁从父，出嫁从夫，夫死从子"，即所谓"三从"，这是出自《仪礼·丧服》，意思是：未出嫁的女子跟随父亲生活，已出嫁的女子跟随丈夫生活，丈夫死后跟随儿子生活。"从"字，还有辅助、帮助的意思。也就是说，做女子的要协助自己的父亲、丈夫、儿子，自己永远把功劳让给男子。"三从"是教女子守住女子的本位，效法坤德，并不是指女人是男人的附属品。

我们再看"四德"，"四德"是对女子言行举止之要求，最早出自《周礼·天官·九嫔》：**"九嫔掌妇学之法，以教九御：妇德、妇言、妇容、妇功。"** 后来东汉的班昭把"四德"发展为女性一般的行为规范。

在班昭的《女诫》中讲到：**"女有四行，一曰妇德，二曰妇言，三曰妇容，四曰妇功。夫云妇德，不必才明绝异也；妇言，不必辩口利辞也；妇容，不必颜色美丽也；妇功，不必工巧过人也。"**

古人讲"四德"，是教女子要有德行，并不是压迫女性，反而是让女性过上幸福的生活。妇德并不要求你才气聪明，但在性情、行为上要求你贞静而有羞耻感，做到合乎礼仪规范；妇言并不要求你能说会道，但要求你不道恶语，且说话时慎重思考裁择；妇容并不要求你姿色美丽漂亮，但要求你干净整洁；妇功亦不是要求你手艺过人，但要求你在做事时用心严肃，不嬉笑打诨。这些都是为人的基本道德要求，每个人都应该做到的。可见，中国古圣先贤的教育，真正是人性的教育，是至善的教育。

我们看到，《群书治要》节录不少有后妃之德的女子的故事，在《群书治要·后汉书》里面节录了两位皇后的故事，其中一位是明德马皇后，内容如下：

明德马皇后，是伏波将军马援的小女儿，永平三年，立为明帝的皇后。她正位于宫闱之后，越加谦和肃敬。能诵《易经》，爱读《春秋》、《楚辞》，尤其喜欢《周官》。常穿着厚缯做的衣服，裙子不饰花边。宫中诸位姬妃请安，远远看到她衣袍粗疏，反而认为是绫绸绉纱之类，到了跟前一看，于是笑了。皇后说："这种厚缯特别适合染色，所以用它做衣服。"六宫没有人不赞叹的。

当时刑狱连年不断，囚犯互相作证牵连，因而犯法的罪犯很多。皇后恐其中有滥用刑法的，便趁着合适的机会谈到此事，深怀恻隐之心，明帝受到感动，多有赦免。每当陪侍皇帝时，常常谈到朝政之事，多有所补益，但是从未以家族私事干预。明帝对她宠爱日益加深，自始至终不衰。

后来，明帝去世，她做了太后，自撰《显宗起居注》，在其中删减了她的哥哥马防参与医药的事。章帝问她说："黄门舅日夕供养任事将近一年，既不给他褒奖，又不记载他的勤劳，这不是太过分了吗？"马皇后说："我不想让后世人知道先帝多次亲近后宫的家人，所以不录。"章帝打算给诸舅进封爵位，也没有允许。

凡外亲有谦和本分义行的人，太后往往多对其温言劝勉，赏赐些财物。如果有人犯有细小的过错，就先给以严厉的颜色，然后再进行批评教育。对于那些车服华美不遵守法度的人，便取消他们的资格，遣送回归田里。广平、臣鹿、乐成王的车骑朴素，没有金银的装饰，太后即赐钱各五百万。于是朝廷内外从而受到感化，衣被车服规划如一，诸外家惶恐，比明帝永平之世加倍谨慎。她设置织室，蚕织于濯龙宫中，经常前往观视，当做一种娱乐活动。她平日常跟章帝谈论国家政事，教授几个幼年王子，议论经书，叙述平生，终日团结和睦。当时天下五谷丰收，太平无事，章帝于是加封三位舅父马廖、马防、马光为列侯，他们都予以辞让，希望只做关内侯领受爵号而不受封地。太后听到这样的事，说："圣人设教化，方式各不相同，是因为懂得人的情性是不同的。我日夜警惕勉励，思自降损，居不求安，食不思饱，希望能做到这样，不负先帝。所以教育开导兄弟，共同有志于此，以求瞑目之日，不再有什么遗憾。哪能想到人老了还是事不从心啊！"马廖等不得已，接受封爵后既而退职回家去了。

所以，真正有德行、有智慧的女人，懂得守住女子的本位，永远守住女子的谦卑，像大地一样地安静、祥和。在《周易》坤卦的《文言》里孔老夫子讲到：**"坤至柔而动也刚，至静而德方。含万物而化光。坤道其顺乎？承天而时行。"** 意思是：坤卦六爻皆阴，至柔，但在变动时却也显示出无比刚强。地体不动，极为安静，但生物不邪，德能方正，含养万物而德化光大。坤道至柔，承载于天而依照四时运行得当。

女子要效法坤道，就是要懂得柔顺，坤卦的阴柔无为，使万物并不感到是强有力和被动的，而是自生自长和自然演化的。大地的法则是祥和、纯正、柔顺的遵循天道，并有坚定的行动；因安静地谨言慎行，所以，行动才会方正，追随而不超越，包容而不排斥。

如果女子违背做女子之道，会出现什么样的结果？在《群书治要·申鉴》里面讲到：**"以阴乘阳，违天也；以妇凌夫，违人也。违天不祥，违人不义。"** 意思是："阴"升置于"阳"之上，是违背天道的；妻子凌驾于丈夫之上，是违背人伦的。违背天道是不祥之兆，违背人伦是不义之举。

所以，真正有德行的女子，永远把自己放在低处，懂得柔弱。

柔弱并不是软弱，《老子》里说：**"柔弱胜刚强"**，**"天下莫柔弱于水，**

而攻坚强者莫之能强。" 我们看，世界上没有比水更柔弱的东西了，水滴石穿，但是水又能攻击最强硬的东西。

我们看大地和水，都有一个共同的特性，那就是永远处在最低处，包容一切。这是古人教导女子要卑弱的真实含义。

四、女子贤德，成就明君

凡是历史上贤明的君主，背后往往都会有贤德的女子辅助。社会兴盛的时期，不仅仅是因为有明君贤臣共同治理，也往往是有贤德女子的协助。

我们来看舜帝，舜帝之所以成为一位圣王，正是因为背后有两位贤德的妻子的协助。

根据《史记》记载，上古五帝时期，有一位叫尧的帝王，国号为唐，所以也称他为"唐尧"。他有两个女儿：大的名叫娥皇，小的名叫女英，史书上常合称姐妹二人为"皇英"。

有一次，尧帝问朝里的官员："我在位已经七十年了，你们说将来谁能继承我的位置，使天下太平，百姓安乐？"

当时，主管四岳的官员一致向尧帝举荐说："民间有一个叫舜的农民，他的父亲无知而且妄为，所以人称'瞽叟'。生母去世后，后母待舜极为不善，她所生的儿子对舜也非常傲慢。在这样的家庭环境里，舜居然还能够以孝顺而远近闻名。相信他这样的人若能继位，一定能够把天下治理得很好。"

尧帝为了谨慎起见，就把两个女儿都嫁给了舜。通过观察舜在家的品行和

皇英妇道图

处理家事的态度，了解他的为人。同时又让他的九个儿子去和舜相处，考察他在外治理一方的能力。

皇英姊妹二人下嫁给舜之后，不仅没有因为自己是帝王的女儿而表现骄慢，反而更加谨慎勤俭，惟恐辜负父亲和天下百姓的期望。所以她们就和其他的农家女子一样去干那些繁重的粗活儿，服侍舜和他的父母、弟弟也是十分周到和恭敬。可见，他们姐妹虽然贵为公主，嫁至农家，也是安守本分，尽心尽力。

在皇英姐妹的精心服侍和协助下，舜对全家人更是倍加关心和爱护。他们夫妻的行为也使尧帝的九个儿子被深深地感动，不仅十分尊敬舜，而且做事也很谨慎和努力。

尧帝为了表彰舜，就赐给他许多布匹、乐器和牛羊，还修筑了米仓。此时的舜因为已经不再是平民的身份，依照礼节就不和父母同住在一起了。

舜的父亲瞽叟和弟弟象二人，原本就对舜百般地欺负和刁难，现在看到舜不仅有皇英两位贤良美丽的妻子，还有那么多的财物，瞽叟和象就起了图财害命的念头。

一次，父亲瞽叟和弟弟象叫舜去修米仓，皇英姐妹虽然知道是父亲瞽叟和弟弟象欲谋害舜的阴谋，可是为了使丈夫不失孝道于父亲，仍旧让舜去做，并且预先做好防范的准备，悄悄地对舜交代了一番。

当舜爬上米仓后，发现父亲瞽叟已经在仓下纵火焚烧米仓，他就手持皇英姐妹为他准备好的两个大斗笠，像大鹏展翅一般，从空而降，躲过了这一劫难。

眼睁睁地看到自己的阴谋未能得逞，父亲瞽叟和弟弟象二人就又绞尽脑汁，制造各种陷阱来谋害舜，甚至让弟弟象与舜同住和用酒灌醉舜等手段，都被英明睿智的皇英姐妹所化解了。

还有一次，瞽叟和象又让舜去挖深井，当井挖到已经很深的时候，瞽叟和象见舜常穿的衣服放在井旁，便料定他一定正在井下干活儿，就趁机迅速往井里填土,直到把井填实,并封上井口……

二人见大功告成,非常地高兴,弟弟象急不可待地对父亲说:"这本来是我谋划的,现在应该由我和你们共同来分家产——兄长的两位妻子和琴归我,牛羊和米仓归你们,我就住在哥哥的房间里。

当弟弟象正在舜的房间里得意地弹琴的时候,舜突然出现在他的面前,吓了他一大跳!

原来,皇英姐妹早就知道了瞽叟和象的阴谋,就让舜一边挖井,一边在井下的一侧,同时另挖了一条通向其他井口的通道。当瞽叟和象往井里填土的时候,舜就顺着事先挖好的通道,从其他井口安全地逃了出来。

皇英姐妹以其爱心和智慧,不仅多次使舜化险为夷,而且对待公爹瞽叟和小叔象,依旧是那么孝顺、恭敬和友爱。她们在家中恪尽职守,帮助舜分忧解难,同时也极大地促进了舜在事业上的顺利发展。

舜以其身体力行的道德风范,感召他所耕作的历山之地,家家学会谦恭,没有了土地纠纷;在他渔猎的雷泽湖畔,人人学会礼让,纷纷把好的位置让给老人。舜所居住的地方,一年时间,就有很多人来此定居;两年时间,变成了村镇;三年时间,成为大城邑。

这正如《大学》中所说:**"一家仁,一国兴仁;一家让,一国兴让。"** 后来,尧帝把王位放心地让给了舜。娥皇做了王后,女英做了王妃。而她们服侍和照顾瞽叟和象,仍旧同从前一样的恭敬。皇英姐妹这种谦虚谨慎、恭敬勤俭和尽守本分的举动,也成了天下女性学习的良好典范。

可见,女性的伟大,在于她拥有大地般的慈爱容忍和孕育万物的胸怀。女子不用走出家门,就能够教化天下。所以古人有训:**"王化出自闺门,家利始于女贞。"** 是说一个国家的教化出自于闺门,一个家庭的利益始于女子的贞德。

除了舜帝,中国历史上各个兴盛时期的君主,往往都有贤德的女子辅佐。例如周朝兴国,是因为背后有"三太"。实现"成康之治"的周成王,她的母亲,武王的妻子邑姜,同样也是一位贤德的女性。汉朝时期的"文景之治",这背后也有一位有德行、有智慧的女性,就是汉文帝的母亲薄太后。

薄太后是刘邦的妃子,汉文帝的母亲。汉文帝之所以能够开创"文景之治",成为一位明君,对他影响最大的就是他的母亲。

薄太后原叫薄姬,生于秦朝,

《二十四孝》之汉文尝药图

生父姓薄,原是吴人。薄姬的母亲则是魏国王族。薄姬后来成了魏王的妃子。薄姬生性淡薄,沉默寡言,崇敬老子哲学。

有一天,薄姬的母亲请算命先生给薄姬看相,算命先生说薄姬将来会生天子,也就是说她将来的儿子会成为皇帝。当时,秦始皇已过世,天下大乱,各国自立,而主要是楚汉相争。魏王本来是联合汉攻打楚,但是听到薄姬后代会是天子的预言,他改变了主意,维持中立,心想说不定魏国会统一天下,而薄姬成为皇后。

结果汉打败了楚,统一了天下,魏国亡。不久魏王去世,薄姬被送到汉宫里的织房当织女。有一天,汉高祖刘邦经过织房,看到薄姬有几分姿色,就纳她入后宫。汉高祖后宫妃子很多,薄姬被纳入后宫一年多,未得宠幸。

薄姬年少时和管夫人、赵子儿是好朋友,她们曾经誓言谁先富贵,别忘了好友。后来管夫人和赵子儿都成了汉高祖的妃子,也都被宠幸了。有一天,管夫人和赵子儿笑谈她们和薄姬三人发誓的事,被汉高祖听到,问她们笑什么,她们就把当年的事告诉了汉高祖,汉高祖听了后同情薄姬,当晚就召幸薄姬。薄姬当夜对汉高祖说:"我昨晚梦到苍龙盘踞在我腹中。"汉高祖便说:"这是显贵的预兆,让我帮你实现他。"薄姬就此有了身孕,生下一个男孩,后来被封为代王。

刘邦死后,吕后醋性大发,把刘邦喜欢的女人,都处死了,唯独没有处死薄姬。一是因为她不受刘邦的宠幸；另一方面，也是因为薄姬真正有德行，不与人争。吕后虽然很残忍，也尊敬有德行的人，所以没有动伤害薄姬和她儿子一分一毫，反而很尊敬她们母子，准予她到代国跟随儿子代王，远离长安这个是非之地。

吕后专政期间，先是折磨汉惠帝，她的亲生儿子，以致汉惠帝早死。尔后，吕后设了几个傀儡皇帝，都是年幼来路不明的小孩，稍微长大就被吕后谋杀掉。

吕后专政十五年后死去，吕氏家族权力被汉高祖的旧臣们推翻。吕氏家族被铲除后，旧臣们讨论由谁来当新皇帝？当然不可能是吕后设立的傀儡小皇帝，最后大家决定在汉高祖的现存儿子中挑选一位来继承皇位。

结果代王为最佳人选，原因是：代王心地仁厚，而且已经成年，没有太后干政的问题；而且代王的母亲薄姬，家族忠厚，为人忠厚。于是，代王被迎立为新皇帝，就是汉文帝，薄姬也就成为皇太后。

汉文帝在中国历史上是一位以"孝"著称的皇帝，在中国历史上影响深远的《二十四孝》故事里，汉文帝刘恒排第二，仅次于舜帝姚重华。汉文帝能够开创"文景之治"，和薄太后对其的教诲是分不开的。

据说，薄氏成为皇太后之后，汉文帝以皇帝之尊，仍然对母亲孝顺如初。薄太后曾经生了一场重病，辗转迁延达三年之久，俗话说"久病床前无孝子"，然而刘恒却打破了这句话。在三年之中，他每天都要看望母亲，常常衣不解带、不眠不休地陪伴在旁边，凡是御医送来的汤药，刘恒都要亲口尝过，确认无误之后，才放心给母亲喂下。文帝在位二十三年，一直都对母亲尽为子之道。公元前一五七年，文帝先于薄太后离开人世。临终时，他对于让母亲"白发人送黑发人"的"不孝"深为抱憾，反复嘱咐妻子窦皇后和儿女们一定要对薄太后尽孝。为了弥补这个缺憾，刘恒要求将自己的陵墓照"顶妻背母"的方式安置方位。两年后，薄太皇太后去世，窦太后谨遵丈夫的心愿，将婆婆落葬在刘恒霸陵的南方，仿佛刘恒背着母亲的样子。

汉文帝之所以如此孝顺，完全得益自母亲的教诲，要有贤明的君主，一定要有贤明的母亲，由此可见母教的重要。

东汉"光武中兴"时期的汉明帝，汉明帝的皇后马皇后，同样也是一位有贤德的女子。在《群书治要·后汉书》也有记载。

在《群书治要·新序》中，记载了战国时期齐宣王的王后无盐女的故事：

齐国有位女子，长得很丑，人称"无盐女"。她头像捣臼，眼窝深陷，身材高大，骨节粗壮，朝天鼻子，喉结突出，身体肥胖，头发稀疏，腰部弯曲，"鸡胸"突出，皮肤黑得像涂了漆，三十岁了，还无人收留接纳（为妻）。于是她自己去见齐宣王，对传达人员说："我就是齐国那个嫁不出去的姑娘，听说大王德行高尚，我愿意充当后宫打扫卫生的佣人。"传达人员把此事报告给宣王，当时宣王正在渐台大宴宾客，左右之人听罢，没有一个不捂着嘴笑的，都说："这真是天下脸皮最厚的女人啦！"当时，宣王却召见了她。只见她睁大眼睛，咬着牙齿，举起手来拍打着胳膊肘儿，然后说："危险哪！危险哪！"这样重复了四次。宣王说："希望听听你到底有何见教。"无盐女答道："现在大王治理的国家，西有实行连横的秦国的忧患，南有强盛的楚国与我为仇。就外部讲，有三个国家发难；从国内看，聚集着一大批奸臣，民心离散。大王四十岁了，还不给已经长大成人的儿子确定名位，不替儿子们操心，而致力于收纳众多姬妾，看重自己喜爱的人而轻忽自己应该依靠的人。一旦大王御驾归天，国家必然大乱，这是第一危险。渐台高达五层，黄金白玉，翡翠珠玑等贵重的装饰品触目皆是，而万民却疲困至极，这是第二危险。贤能之士都隐藏在山林草野之中，阿谀逢迎之徒拼命朝大王身边靠近；奸邪虚伪的人成了朝中权贵，要进忠言的人见不到大王，这是第三个危险。大王沉迷于饮酒作乐，夜以继日，歌妓和舞女毫无顾忌地在宫廷里喧闹；对外不设法与诸侯联络感情，对内不操持国家的治理，这是第四个危险。所以我说'危险哪！危险哪！'"

宣王听了，默不作声，然后喟然叹息，说："讲得真痛快啊！今天听了无盐君的话，我才明白我的危险，寡人差一点儿就要国破家亡、性命不保了。"于是立刻下令拆掉渐台，解散戏班子，黜免逢迎拍马之辈，不用华贵的器物，挑选壮士、良马，扩大兵力，充实国家府库的钱粮储备；欢迎进献直言，门第很低者也在提拔重用之列；并选择吉日良辰立太子，拜无盐君为王后。此后齐国国泰民安，都是这位丑女的功劳啊。

我们再看，唐太宗成就"贞观之治"，背后也有一位贤慧的女性，长孙皇后。

唐太宗时期，有一次，魏徵在上朝的时候，跟唐太宗争得面红耳赤，唐太宗实在听不下去，想要发作，又怕在大臣面前丢了自己接受意见的好名声，只好勉强忍住。退朝以后，他憋了一肚子气回到内宫，见了他的妻子长孙皇后，气冲冲地说："总有一天，我要杀死这个乡巴佬！"长孙皇后很少见太宗发那么大的火，问他说："不知道陛下想杀哪一个？"唐太宗说："还不是那个魏徵！他总是当着大家的面提意见，侮辱我，叫我实在忍受不了！"长孙皇后听了，一声不吭，回到自己的内室，换了一套朝见的礼服，向太宗下拜。唐太宗惊奇地问道："你这是干什么？"长孙皇后说："我听说英明的天子才有正直的大臣。现在魏徵这样正直，正说明陛下的英明，我怎么能不向陛下祝贺呢！"这一番话就像一盆清凉的水，把太宗满腔怒火浇熄了。

所以，唐太宗成就"贞观之治"，背后也有长孙皇后的一份功劳。

我们再看明朝的永乐皇帝，永乐年间是明朝社会最繁荣的时候，永乐皇帝的皇后——徐皇后也是一位贤德的女子，而且是一位饱读史书的皇后。她编写了《内训》二十篇，被列入"女四书"，还有《劝善书》一部，都颁行天下，这些文字旨在推行针对女性的教育，并宣导修德劝善，为自己、更为丈夫赢取民心。

徐皇后还曾经向朱棣要求召见大臣们的妻子。见面后她厚赐命妇们服饰金银，并对他们说："女人侍奉丈夫，并不仅仅是关心他们的衣食起居而已，应该对他们的前途事业也有所助益。朋友的劝告，不易被男人采纳，同样的话妻子来说，就容易入耳得多了。我与皇上朝夕相处，从不以私欲开口，所说的一切都以生民为念，希望你们也能以此自勉。"

古人讲："**国家将兴，必有淑哲之配，儆戒以成君子之德。**"一个国家要兴盛，一定要有贤德的女子。女子有德，就会有贤夫、贤子，从而社会道德兴盛、民风淳朴。

五、女子无德，贻害家国

国家将兴，必有淑哲之配；而国家将衰，则必有亡国艳妻。

魏徵在《群书治要》的序言里就讲到："**或倾城哲妇，亡国艳妻，候晨鸡以先鸣，待举烽而后笑者，时有所存，以备劝戒。**"

在《群书治要·典语》里面，也讲到："**三代之亡，由乎妇人。**"夏商周三代的灭亡，都是因为君王宠爱女色引起的。

夏朝是如何灭亡的？原因就是夏桀宠爱妹喜。

公元前十八世纪，夏桀发动大军，攻击位于山东省蒙阴县境的有施部落。有施部落在灭亡和屈膝之间，施部落酋长为了复仇而选择了屈膝求和，献出他们的牛羊、马匹、美女——包括酋长的妹妹"妹喜"。

妹喜有三个癖好：一是爱看人们在规模大到可以划船的酒池里饮酒；二是爱听撕裂绢帛的声音；三是喜欢穿戴男人的官帽。

史籍记载，夏桀在建造其规模大到可以划船的酒池时，首先下令处死了阻止其建造酒池的忠谏臣子关龙逢，然后"邀请"三千名饮酒高手在击鼓声中下池畅饮，结果他们中的一些人因酒醉而淹死。

因妹喜听到撕扯缯帛的声音就笑，故桀为此下令宫人搬来织造精美的绢子，在她面前一匹一匹撕开，以博得妹喜的欢心。在农业时代初期，丝绸织造业刚刚兴起，破坏这种稀有昂贵的物品，无异于暴殄。

《列女传》上说妹喜："**美于色，薄于德，乱孽无道，女子行丈夫心，佩剑带冠。**"夏桀宠爱女色，任用酷吏、诛杀忠臣，混乱败德，最终被商所灭。

同样，商朝的灭亡，也是因为商纣王宠爱女色。

根据正史的记载，纣王征伐有苏部落（今河南温县），俘获到美艳的妲己为妾，纣王非常宠爱她，为她作酒池肉林，天天与她酣饮作乐，更设炮烙之刑，使人裸体相逐，妲己于是大乐。

有一年严冬，妲己看见有人赤脚走在冰上，认为其生理构造特殊，和常人的不同，叫纣王命人将他双脚砍下来，研究那两只脚不怕寒冻的原因。有一次，妲己看见一个大腹便便的孕妇，为了好奇，不惜叫纣王命人剖开孕妇肚皮，看看腹内究竟，白白送了母子的性命。有一回妲己与纣王打赌，说自己能看清孕妇腹中胎儿的性别，于是纣王命人找来十多个快临盆的孕妇让妲己一一辨别，而后剖开每个孕妇的肚子验证，导致这十多个孕妇与胎儿死亡。妲己怂恿纣王杀死一个叫比干的忠臣，还残忍地剖腹挖心，以印证传说中的"圣人之心有七窍"的说法。

后来，武王伐纣，纣王于鹿台自焚而死，妲己亦被以祸国妖女之罪处死。

西周的灭亡也是因为周幽王宠爱褒姒。魏徵在《群书治要》序言里面讲的"待举烽而后笑者"，就是讥讽周幽王宠幸绝代佳人褒姒，朝政荒废而亡国的真实故事。

西周最后一个国君是幽王，周幽王宠爱有色无德的褒姒，西周内乱，后灭亡，最后幽王也死于战乱，这跟褒姒没有德行确有关系。当时幽王为了讨好褒姒，不惜千金博她一笑，甚至烽火戏诸侯。褒姒一天到晚不笑，幽王就想着怎么让她笑。有一个奸臣想了一个鬼点子，说咱们把烽火点起来试试。烽火就是烽火台上用狼烟点起来的火，这是京城有急，用来做军事讯号的，外面的诸侯见到要赶紧派兵救援。一般我们讲狼烟四起，就是讲有战乱。幽王他就点起了烽火，结果四路诸侯以为有战乱，担心是不是周天子出事了？立刻派兵来救援，来了之后，没有战乱，周幽王没事。褒姒在城墙上面看到了这种景象，终于笑起来了。幽王就很开心，总算笑出来了。结果诸侯的军队气得是咬牙切齿，发誓下次再有急事也不来了。后来果然遇到犬戎之乱，再点烽火时，诸侯们没人派兵了，最后不仅幽王死于乱军手中，褒姒也没有好下场。

在《群书治要·典语》也记载到，袁绍之所以被曹操打败，也和妻子没有德行、妒忌心强有关。

袁绍之妻刘氏，是一个妒忌心很强的女人。袁绍死后，尸体尚未埋葬，其五个宠妾，尽被刘氏所杀。她认为人死之后，灵魂有知，可能还会在九泉之下见到袁绍，于是剃去死者头发，涂脏死者面容，用这种办法来毁坏其形象。她的嫉妒连死人的灵魂也不放过，因此施刑于死人。恶妇之妒忌，竟然达到了如此程度！而袁绍的少子袁尚又诛杀了被杀死者的家人，以谄媚逢迎、取悦恶母，污蔑其刚刚去世的父亲袁绍，施行暴逆，忘却大义，应该被消灭。袁绍当初听从妻子的意见，打算让袁尚继承大位，又不及时做出决定。结果自己死后，两个儿子争做国君，致使整个宗族肝脑涂地，社稷变为废墟。

我们看到，这些末代君主为什么会遇到同样的困厄？表面上是因为女子，究其实质是这些君王重色轻德。从历朝历代的事实来看，如果没有三太那样有德行的女子辅佐君王，而出现像褒姒这样有色而无德的女子，结果常常就是破国亡家。我们看到，西汉后期由盛转衰，原因是什么？和汉成帝宠爱赵飞燕姐妹有很大的关系。唐朝曾经鼎盛，后来发生安史之乱，国家从此开始衰弱，也是与唐玄宗宠爱杨贵妃不无关联。

从这里我们看到，一国如是，一家当然也如是。我们要想能够家业永葆，传家久远，那就要找一个有德的女子。美色并不重要，如果把握不好，美色反而还会是淫乱之媒。除非女子真正有德，那就没关系。如果女子本身重色而不重德，甚至恃宠而骄，那往往家里就会因此出现乱相。《朱子治家格言》上就讲到：**"婢美妾娇，非闺房之福"，"奴仆勿用俊美，妻妾切忌艳妆"**，妻妾、童仆打扮得很美艳，那心思往往不会多用在家道上，就容易出现一些事端。

六、天下之害，莫过女饰

在《群书治要·傅子》里面讲到："**天下之害，莫甚于女饰。上之人不节其耳目之欲，殚生民之巧，以极天下之变。一首之饰，盈千金之资**（资原作价）**；婢妾之服，兼四海之珍。纵欲者无穷，用力者有尽。用有尽之力，逞无穷之欲，此汉灵之所以失其民也。上欲无节，众下肆情，淫侈并兴，而百姓受其殃毒矣。**"

意思是：对国家有害的，莫过于对女人的装饰打扮。居高位的人，不节制耳目的欲望，竭尽天下的奇巧，耗尽天下的奇异之物。一头的首饰，就花费千金之资；婢妾的衣服，

仕女簪发图

兼有四海的珍宝。纵欲的人欲望无穷，而百姓的物力有限。用有限的物力，去满足无穷尽的欲望，这是汉灵帝失去民心的原因。在上者欲望没有节制，下面的人肆情纵欲，荒淫奢侈之风并起，百姓就会遭殃受害。

所以，做女子的，节俭非常重要。在《群书治要·后汉书》里记载了东汉时期汉和帝的皇后，和熹邓皇后的故事。

和熹邓皇后名绥，是太傅邓禹的孙女。选入宫中为贵人，恭敬肃穆谨慎小心，一举一动都合乎法度，和帝很是嘉许并且钟爱她。到了邓皇后有病，特令皇后之母及兄弟入宫亲理医药，不限日数。皇后对和帝说："宫禁重地，而让外戚久在宫中，上使陛下蒙受宠幸私家的嘲讽，下会使贱妾落个不知足的毁谤。这样上下都受到损伤，实在是我不希望有的事啊。"帝曰："人都以多次进入宫内为荣，贵人你反以为忧，深刻地作自我检查，实在是难能可贵啊。"

每有宴会，诸姬贵人竞相修整打扮，簪珥光彩，衣着鲜明，而唯独皇后朴素无华，衣服并不加装饰。阴皇后因巫蛊事发被废，立邓为皇后。这时候四方诸侯国进贡，竞相寻求珍贵美丽的东西。自从邓皇后即位，命令

全部加以禁绝，每年只供奉纸墨而已。

《汉书》里面说道："**易着吉凶而言谦盈之效，天地鬼神至于人道靡不同之。夫女宠之兴，由至微而体至尊，穷富贵而不以功，此固道家所畏，祸福之宗也。**"

意思是：《易经》在显扬吉凶的规律时说明谦虚就会增益，盈满就会亏缺的效验，从天地鬼神以至到人没有不是如此的。受帝王宠爱的女子，她们的发迹可以由最卑下的地位一跃到最尊崇的地位，不需要立下任何功劳就能达到富贵的极点。这本来就是道家所畏惧的，是祸与福的根源啊。

所以，真正有智慧的女子，懂得涵养自己的德行，懂得谦卑。而女子有德行，才能培养教育出好的子女。所以说，齐家治国，女德为要。女子是否有德对一个家庭至关重要，对一个国家也至关重要。因此，女德不光是女子要学，男子也得学，才会知道什么是窈窕淑女，不要像幽王一样娶了一个无德的美貌的女子，最后自己丧身辱国。

第十八章

居安思危，慎终如始：《群书治要》的忧患思想

中华民族自古以来就是一个充满忧患意识的民族，忧患意识是中华传统文化的一个重要内容，也是中华民族传统的精神美德。

自古以来，忧患意识就是读书人应当培植和拥有的精神传统，它随着读书人的仕途而被带入上层社会，并深深扎根于民族文化的土壤之中。

因此，历朝历代，中国的读书人，对天下都充满了忧患意识。

晚清有一位名臣左宗棠，他有一幅自勉联："**身无半亩，心忧天下；读书万卷，神交古人。**"

北宋朝有一位学者张载，他说过一句非常著名的话："**为天地立心，为生民立命，为往圣继绝学，为万世开太平。**"他在《横渠易说·系辞上》中说："**圣人苟不用思虑忧患以经世，则何用圣人？**"圣人之学是为排除天下的忧患而立的。圣人如果不以民生为忧患，经世以除患，那么，这种圣人也是没有用的。

我们很多人都读过范仲淹写的《岳阳楼记》，它缘于一个令人愉快的消息：他的好友滕

左宗棠

范仲淹像

子京治理巴陵郡一年,"政通人和,百废俱兴,乃重修岳阳楼"。在好消息引出的这篇千古名文中,范文正公有欣喜,但更多的是"进亦忧,退亦忧"。登临岳阳名楼,面对洞庭美景,范仲淹看到的,不是湖光山色,而是深深的忧患,一句"先天下之忧而忧,后天下之乐而乐",道尽了传统中国人与生俱来的忧患意识。

忧患意识能从承平中预见危机,从有利中发现不利,未雨而绸缪,防患于未然。古代的这些圣王,都是懂得居安思危的人,我们看到,在《孟子·告子下》里说:**"生于忧患而死于安乐。"**《周易》中说:**"君子安而不忘危,存而不忘亡,治而不忘乱,是以身安而国家可保也。"**《左传》中也说:**"居安思危,思则有备,有备无患。"**

我们都知道,唐太宗在贞观初年,由于自己励精图治,又有贤臣的辅佐,成就了贞观初年的"盛世"。但是,到了贞观中期,生产有了较大发展,人民生活逐渐富裕起来,边防日益巩固,国威远扬,在一片文治武功的欢呼声中,他渐渐骄奢起来,忘记了"以民为本",特别是渐渐忘记了隋朝灭亡的历史教训,对人民作威作福起来。他不再像过去那样高兴地接受下级的意见了,在生活上渐渐奢侈的同时,还崇尚空谈,不务实际。这些魏徵是看得很清楚的,就在唐太宗越来越忘乎所以,别的大臣都噤若寒蝉的情况下,魏徵却在贞观十一年的三月到七月这五个月中,接连给唐太宗上了四疏,《十思疏》就是其中著名的一篇。

在这篇文章里,魏徵向太宗谏言:

"人君当神器之重,居域中之大,将崇极天之峻,永保无疆之休,不念居安思危,戒奢以俭,德不处其厚,情不胜其欲,斯亦伐根以求木茂,塞源而欲流长者也。凡百元首,承天景命,莫不殷忧而道著,功成而德衰,有善始者实繁,能克终者盖寡。岂取之易而守之难乎?昔取之而有余,今守之而

不足，何也？夫在殷忧，必竭诚以待下；既得志，则纵情以傲物。竭诚则胡越为一体，傲物则骨肉为行路。虽董之以严刑，振之以威怒，终苟免而不怀仁，貌恭而不心服。怨不在大，可畏惟人，载舟覆舟，所宜深慎。"

意思是：国君掌握着国家的重要职权，据有天地间重大的地位，将会推崇皇权的高峻，永远保持无休止的美善。不考虑在安逸的环境中想着危难，戒除奢侈而行节俭，道德不能保持敦厚，性情不能克服欲望，这也（如同）是砍断树根来求得树木茂盛，堵住源泉而想要泉水流远啊。（历代）所有的帝王，承受上天的重大使命，没有不处在深切的忧虑之中而治道显著，功德圆满之后德行就开始衰微了。开头做得好的实在很多，能够坚持到底的大概很少。难道是取得天下容易守住天下困难吗？当初取得天下时才能有余，现在守天下就显得才能不足，什么原因呢？因为处在深重忧患之中，一定竭尽诚心对待臣民；成功之后，就放纵自己的情感而看不起别人。竭尽诚心，就会使敌对的势力（和自己）联合；傲视别人，就会使亲人成为毫不相干的陌生人。即使用严酷的刑罚监督人民，用威风怒气来威吓他们，（人们）最终只是苟且免于刑罚，但是并不会怀念（皇上的）仁慈，表面上恭敬，而在内心里却不服气。怨恨不在有多大，可怕的是民众（的力量）。人民像能负载船只也能颠覆船只的水一样，他们能拥戴您也能推翻您的统治，这是应当深切戒慎的。

魏徵等人在编撰《群书治要》时，深怀忧患意识，节录的许多经文，都体现了他们劝谏太宗要"居安思危、慎终如始"的苦心孤诣。然而，即使如唐太宗这样贤明的君主，在晚年时期，由于贞观初年的这些贤臣相继离世，同样也犯下了不少过失，其政绩也大大不如贞观中前期。可见，要真正做到"居安思危、慎终如始"，确实是很不容易的。

一、安不忘危，存不忘亡

在《群书治要》中，居安思危的忧患思想几乎贯穿全书，在第一卷《周易》的系辞传中，节录孔老夫子的话说："**危者，安其位者也；亡者，保**

其存者也；乱者，有其治者也。是故君子安不忘危，存不忘亡，治不忘乱，是以身安而国家可保也。"

意思是："今日处境危险的人，是因为他先前安逸于他的职位上，自以为安逸，没有畏惧之心，所以导致今日之危；今日灭亡的人，是因为先前自以为自身可以长存，不存忧虑和恐惧，所以导致今日的灭亡；今日有祸乱的人，是因为自恃之前已经将国家治理好，以为就会长治久安，不存忧虑和恐惧，所以导致今日的祸乱。所以君子必须在安定的时候不要忘记危险，在存在的时候不忘记灭亡，在大治的时候不忘记祸乱，以如此的谨慎之心，才可以使自己身安而国家得以保存。

同样是在《周易》里面，既济卦里也讲到："**象曰：水在火上，既济。君子以思患而豫防之**〔存不忘亡，既济不忘未济也〕。《既济》卦：（本卦上卦为"坎"，"坎"为水；下卦为"离"，"离"为火。）"意思是：《象传》说：水在火上，居安思危之象。君子观此卦象，想到火可烧水以为饮，水或倾覆而灭火，于是考虑事成之后可能出现的祸患而采取措施，防范于未然（存在而不忘记灭亡，已经成功但不忘记还将发生变故）。

在《群书治要·尚书》里面也说道："**居宠思危，罔弗惟畏，弗畏入畏**〔言虽居贵宠，当常思危惧，无所不畏。若乃不畏，则入不可畏之刑〕。"意思是：处贵宠之位，要想到危惧，要凡事无所不畏。如果不知敬畏，就会坠入可畏之境（说的是一个人纵然处在贵宠的位置，也要时时想到背后的凶险而有所畏惧，对一切都常怀敬畏之心。如果你什么都不怕，最终必将遭到可怕的惩罚）。

《群书治要·周书》里面则说道："**不思祸，咎无日矣**〔言不远也〕。"意思是：不居安思危，离灾祸也就没有多少日子了。

《群书治要·淮南子》里记载了这样一个故事：

战国时期赵国开国君主赵襄子指挥军队攻打翟国大获全胜，赵襄子正要吃饭却面露忧色。他身边的人不解地问他："一天就攻下了两座城池，这个消息谁听了都高兴。现在您却面露忧色，这是为什么呀？"赵襄子说："江河发大水，不过三天便会退去；飓风暴雨，在一天中不过是一会儿的事。如今我们赵家的德行没有积累多少,又一天攻下两城,恐怕衰亡也就会接踵而至了吧!"孔子听到后说:"赵氏会昌盛的。"胜而有所忧,国家反而能昌盛;有小胜便沾沾自喜,很容易导致衰亡。打胜仗并不难,但要保持胜利成果却不易。贤明的君主靠这个认识来保持胜利成果,因此他给民众带来的幸福将泽及子孙。齐、楚、吴、越四国都战胜过诸侯国,然而最终都衰亡了,这是因为他们不懂得保持胜利果实的道理。只有有道德的君主才能保持胜利成果。

所以,在《论语》里面,夫子告诉我们:**"人无远虑,必有近忧。"** 告诫人们,如果没有长远的谋划,就会有眼前的忧患。在《周易》否卦里面也说道:**"其亡其亡,系于苞桑。"** 意思是:要懂得居安思危,常常以"不久将要灭亡,不久将要灭亡"这样的警句来提醒自己,以自戒慎,才能像系结在一大片丛生的桑树上那样牢固,安然无事。

二、慎终如始,则无败事

一个人要保持长久的功业,一个社会要实现长治久安,怎样才能做到?在《道德经》中,老子说道:**"慎终如始,则无败事。"** 我们做一件事情,从事情的开始,到最后都能保持和当初一样的谨慎、慎重,就不会有失败的事情。

在《群书治要·尚书》里面,也讲到:**"慎厥终,惟其始**〔靡不有初,鲜克有终,故戒慎终如其始也〕。" 意思是:慎重地结束一件事要如慎重地开始一件事一样战战兢兢。(做一事没有开始不慎重的,但很少有能够小心谨慎一直到结束的。所以这里告诫说:慎终要如慎始一样小心翼翼,做到善始善终啊。)

在《群书治要·尚书》中,伊尹告诫太甲时也说道:**"无安厥位,惟危**〔言当常自危惧,以保其位也〕。**慎终于始**〔于始虑终,于终虑始〕。" 意思是:不要自安于天子之位,要想到其危险(就是说应当常常怀着一颗危惧之心,才能守住这个位置啊。)考虑到事情的结局,那么从一开始就须谨慎!(从一开始就要考虑到结果,也为了有个好结果,所以从一开始就要慎重。)

在《群书治要·晏子》里面,晏子曾经对齐景公说道:"**能长保国者,能终善者也。诸侯并立,能终善者为长;列士并立,能终善者为师。昔先君桓公,方任贤而赞德之时,亡国恃以存,危国仰以安,是以民乐其政而世高其德,行远征暴,劳者不疾,驱海内使朝天子,诸侯不怨。当是时,盛君之行不能进焉。及其卒而衰,怠于德而并于乐,身溺于妇侍而谋因于竖刁。是以民苦其政,而世非其行,故身死胡宫而不举,虫出而不收。当是时也,桀纣之卒不能恶焉。《诗》曰:"靡不有初,鲜克有终。"不能终善者,不遂其君**(君原作国)**。**"

意思是:能够保持国家长久者,是能自始至终行善政的人。诸侯并立于世,自始至终能行善政者可为首领;众多士人并立于朝,自始至终能行善事者,可以为师。我们的先君桓公,当初任用贤才、崇尚道德之时,被灭亡的国家依靠他得以恢复,处境危险的国家依仗他得以安定;因此百姓喜欢他的政策,世人推崇他的道德。他出兵远征残暴之人,劳苦的人民不痛恨他;驱使天下诸侯去朝拜周天子,诸侯也都不怨恨他。在那个时期,盛德之君的行为也不能超过他。到他最终衰败时,懒于修德而纵情享乐,自身沉溺于女色侍从之中,谋划、决策依靠竖刁。因此,百姓被其政令所苦,世人也都责备他的行为,所以最后他死在胡宫都无人为之发丧,尸体上的蛆虫爬出门外,仍没有人收殓。按当时这种情况,即使夏桀和商纣的死亡,也没有这么糟糕啊!《诗经》中记载:"人行善政都有开始,但很少有人能坚持到底。"不能从始至终行善政的人,就不能成就其君国。

根据史书记载,齐景公年幼登基,在位五十八年,是齐国历史上统治时间最长的国君之一。亲政之初,他能够虚心纳谏。认真听取、采纳晏婴、弦张等人的建议,并放手贤臣治理国家,从而使齐国在短短的几年间由乱入治,人民生活得到了较大的改善,综合国力得到了提高。他的文治武功使齐国得以强盛一时,这些竟然成为后来田齐强大的基石。

然而,国情有所好转后,齐景公便不再从谏如流,而是采用忠臣、奸臣"两用之"。既需要晏婴、司马穰苴等忠臣为其治国安邦，又不能离开梁丘据、裔款等奸臣的阿谀奉承。

后来的齐景公贪图享乐、不顾百姓死活，厚赋重刑。不仅生活奢侈、贪杯好色、好犬马、大造宫室，甚至将百姓收入的三分之二供自己享用，致使民不聊生、怨声载道、内忧外患间却不体恤民情，坚持与晋国争夺霸主之虚名。《论语·季氏篇》中称：**"齐景公有马千驷，死之日，民无德而称焉！"**就是对景公的评价。

临终前，景公废长立幼，致使景公死后不久，陈乞乘虚发动政变，夺取了齐国朝政大权，拉开了"田氏代齐"的序幕。

在中国历史上，像齐景公这样早期励精图治、但是不能慎终如始的君主很多，像齐桓公、唐玄宗等都是如此。《诗经》里面说道：**"靡不有初，鲜克有终。"**我们看到，在历史上，真正能够慎终如始的帝王并不多。即使是唐太宗也未能做到"慎终如始"，由于社会出现了一个相对的长治久安的局面，晚年的唐太宗因此而居功自傲，时有独断专行，加之早年辅佐他的臣子大多离世，其政绩也大不如贞观初中期。

所以，在《周易》里面说道：**"不恒其德，或承之羞**〔德行无恒，自相违错，不可致诘，故'或承之羞'也〕。**不恒其德，无所容也。"**意思是：如果不能长久地保持自己的德行，就有可能会招致别人的羞辱（不能长久保持美德，自己就会违背美德、产生过失，产生过失则不足以向其问明事理，所以说就会蒙受他人的羞辱）。如果不能长久地保持德行，将无容身之地。

三、朝乾夕惕，居安思危

魏徵在《群书治要》序言开篇中讲到：**"历观前圣，抚运膺期，莫不懔乎御朽，自强不息，朝乾夕惕。"**意思是：纵观历代古圣先王，凡是顺乎天意、承受期运，成为帝王的，登上帝位后无一不是小心谨慎，畏惧得如同用腐朽的缰绳驾驭马一般。（他们）每天都努力向上，永不停息，终日勤奋谨慎，不敢懈怠。

我们看到，历史上凡是有成就的帝王，无一不是勤于政事、朝乾夕惕、时刻充满忧患意识的人。而那些末代的君主，大多缺乏忧患意识。

在《群书治要·贾子》里面，贾谊曾经把君主分为三种类型，一种是"先醒者"，事前就能够悟出国家治乱兴亡的原因；一种是"后醒者"，出现危急时能够自我反省，转危为安的；一种是"不醒者"，即使到了危亡的时刻都不知道自我反省的人。

《群书治要·贾子》里面说道：**怀王问于贾君曰："人之谓知道者为'先生'，何也？"对曰："此博号也。大者在人主，中者在卿大夫，下者在布衣之士。乃其正名，非为'先生'也，为'先醒'也。"彼世主未学道理，则嘿然惛于得失，不知治乱存亡之所以然，忙忙犹醉也。而贤主者学问不倦，好道不厌，慧然先达于道理矣。故未治也，知所以治；未乱也，知所以乱；未安也，知所以安；未危也，知所以危。故昭然先寤乎所以存亡矣，故曰"先醒"，譬犹俱醉而独先发也。故世主有先醒者，有后醒者，有不醒者。**

意思是：梁怀王询问贾谊说："听人说得'道'者，可称为'先生'，这是为什么呢？"贾谊回答说："这是一个宽泛的称号。其最高者可以是君主，其居中者可以是卿大夫，其最下者可以是布衣之士。至于其正确的名称，并非称为'先生'，而应称为'先醒'。"那些世俗的君主没有学过道理，就对得失问题浑浑噩噩，不懂得治乱存亡的根本原因，茫茫然就像喝醉了酒一样。而贤良的君主学、问不倦，喜欢研究"道"且从不厌烦，以其聪明首先懂得了治国道理。所以，在天下未太平时，就已经知道如何实现太平；在天下未动乱时，就已经知道为什么将要动乱；在天下未稳定时，就已经知道如何实现安定；在国家未出现危急时，就已经知道为什么会出现危急。所以能清楚地首先悟出国家存亡的原因，故而称为"先醒"（先醒悟者）。就像大家都醉酒时，他自己先醒酒。因此世世代代的君主，有先清醒的，有后清醒的，还有不清醒的。

贾谊分别举了三个例子来说明：

从前楚庄王和晋国人打仗，取得了很大的胜利，返回的路上经过申侯封邑，申侯给庄王送上饭菜，直到中午，庄王仍然未吃。申侯上前请罪，庄王感叹说："这不是你的罪过。我听人说，一个君主如果是贤君，且有好老师指导，就可以称王；如果君主德才属于中等，且有好老师指导，就能称霸；如果君主德才属于下等，而且群臣还不及他，就会灭亡。如今我是个下等的君主，群臣又不及我。我听说，每个朝代都会有贤能人才。天下有贤才，而我却偏偏得不到。像我这样的人，还吃什么饭呢？"所以说，庄王战胜了大国，以其信义使诸侯顺从，却因为整天忧虑得不到优秀人才辅佐，连饭也吃不下去，这可以说是明智的君主。这就是所谓的事先懂得存亡之理，此即"先醒的人"。

从前宋昭公逃亡国外，到达边境时，感叹说："唉，我知道我为什么被迫逃亡了。自我受命称王后，专门服侍我的就有几百人，所有的人都把我恭维成圣明君主，在朝廷内外都听不到我的过错，我走到今天正是这个原因。我受点困厄是应该的。"宋昭公从此从内心深处反省自己的言行，白天学习道理，晚上就进行讲解，两年后，好的名声传了出去，宋国人迎接他回去并且恢复君位，终于成为一个贤良的君主，死后被追称为昭公。宋昭公被迫逃亡了，才明白自己逃亡的原因，这就是"后醒的人"。

从前虢国的君主非常骄纵并自我夸耀，讨好亲戚贵族，谏臣被诛杀或赶走，导致政治混乱，老百姓不服。晋国前来进攻，虢君被迫出逃，走到沼泽地带，说："我渴了，想喝一点水。"驾车者送上清酒。又说："我饿了，想吃一点饭。"驾车者又送上加有姜桂的碎干肉和高粱制的干粮。虢君高兴地说："这是怎么来的？"驾车者回答："已经储藏很长时间了。"虢君问："为什么要储藏这些食品呢？"回答说："为了准备您出逃时路上饥饿用的。"虢君说："你难道知道我要逃亡吗？"回答说："我知道。"虢君问："你知道，为什么不谏诤呢？"回答说："您喜欢谄媚的，厌恶说真话的，我愿意规劝，就怕性命不保。"虢君脸色一变，立刻发怒。驾车者道歉说："我说的话确有点过头！"虢君问："我被迫逃亡，到底是什么原因呢？"驾车者说："您不知道，您之所以逃亡，是因为您太贤能。"虢君说:"贤能,是人们生存的保障,我却被迫逃亡,是什么原因呢?"回答说:"举天下的国君都无德无才,嫉恨您一人贤良,所以您只好逃亡。"虢君开心地说:"哎!当个贤良的人,就要受这么大的苦难吗?"于是步行进入山中,又饥又困倦,便头枕驾车者的膝盖而睡去。驾车者用土块取代自己之膝,抽身离去。虢君于是饥饿而死,被野兽吃掉了。这是已经逃亡了,仍然不明白存亡的原因,这就是不觉醒的例子。

一个人,遇到困境并不可怕,可怕的是不知道反省遇到困境的原因,不懂得自我反省。因此,中国古圣先贤给我们一个非常重要的心法,就是"行有不得,反求诸己",一切要从自己身上找原因。

我们现代人,对于古圣先王这些治国平天下的道理,知道的已经不多了,导致很多人人生遇到危机,而常常找不到危机的原因,也听不进别人的意见,就和那位不醒的虢君一样,最终国亡身灭仍然还是迷惑颠倒,实在可悲。

四、功成业就,守之以谦

《群书治要》这一部书,是古圣先王教导我们修身、齐家、治国、平天下的宝典,真正按照古圣先王的教诲去做,我们的家庭一定兴旺,企业一定发展,社会一定太平。然而,当我们功成业就以后,如何守业呢?

我们学习《周易》,《周易》里面有六十四卦,每卦有六爻,六十四卦中,唯独谦卦六爻皆吉。

在谦卦彖辞里面孔老夫子讲到:**"天道亏盈而益谦,地道变盈而流谦,鬼神害盈而福谦,人道恶盈而好谦。**

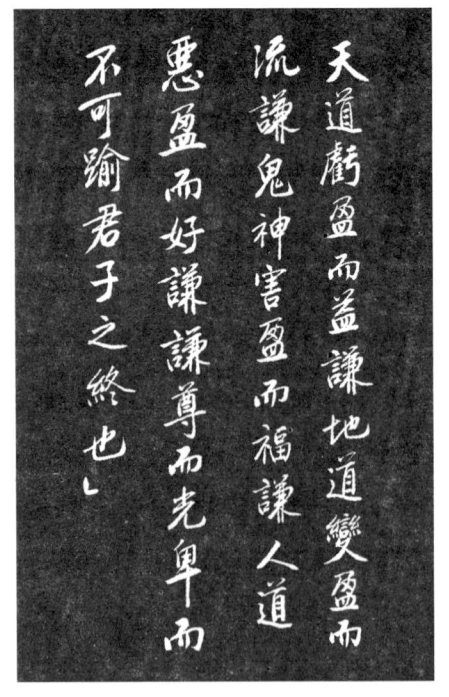

谦，尊而光，卑而不可逾，君子之终也。"

意思是：天的规律是亏损盈满者，补益谦虚者；地的规律是变易盈满者，充实谦虚者；鬼神的规律是危害盈满者，施福谦虚者；人道的规律是憎恶盈满者，喜爱谦虚者。谦虚的人处在尊高之位，道德会更加光明，处在卑下之位，其德行人们也难以超越。只有君子才能够保持谦德至终啊！

在《群书治要·周易》里面还讲到："**劳谦，君子有终，吉。**"子曰："**劳而不伐，有功而不德，厚之至也。语以其功下人者也。德言盛，礼言恭。谦也者，致恭以存其位者也。**"意思是："有功劳而无比谦逊，君子能够一直这样做，就能获得吉祥。"孔子说："有劳苦不自我夸耀，有功绩而不自己认为有功，这是敦厚到了极点啊！这是告诉君子，立了功也要甘于人下。道德以盛大为根本，礼节以恭谨为根本。所谓谦逊，就是达到至诚地恭谨而得以保持地位啊。"

在《群书治要·体论》里面说道："**凡趣舍之患，在于见可欲而不虑其败，见可利而不虑其害，故动近于危辱。昔孙叔敖三相楚国，而其心愈卑，每益禄而其施愈博，位滋高而其礼愈恭。正考父伛偻而走，晏平仲辞其赐邑。此皆守满以冲，为臣之体也。**"意思是：大凡进退、取舍时的忧患，就在于遇到自己想要的便不考虑其失败的后果，遇到对自己有利的便不考虑其造成的危害，所以常常面临危险与耻辱。昔日，孙叔敖三次出任楚国宰相，但在其心中却把自己看得更加低微；每次增加俸禄，其施舍便更加广泛；爵位不断提高，其礼节却更显恭敬。正考父曲体弯腰走路，晏平仲不接受所赐食邑。这都是因谦逊而保持知足的心态，是为臣的根本。

保持谦逊的美德，不仅是为臣者的根本，为君者同样也要有谦逊的美德。

在《群书治要·孔子家语》中记载到：孔子在瞻仰鲁桓公的庙时，看到庙中有一个倾斜易覆的器皿。孔子向守庙人问道："这是什么器具？"守庙人回答说："这可能就是叫做'宥坐'的器物了。"孔子说："我听说过'宥坐'这种器具，里面空时就倾斜，装东西适中时就端正，装满时就倒了。贤明的君王用此来警戒自己，所以放置在座位旁边。"他回头对学生们说："试往里面装水。"水灌进里面，达到容器一半时就直立，装满时就倾倒。孔子非常感叹地说道："哎呀！万物中有哪一个是装满了却不颠覆的呢？"子路上前来说道："能不能问一下，想要保持装满却不倾倒，有办法吗？"先生说："**聪明睿智，守之以愚；功被天下，守之以让；勇力振世，守之以怯；富有四海，守之以谦。此所谓损之又损之之道也。**"

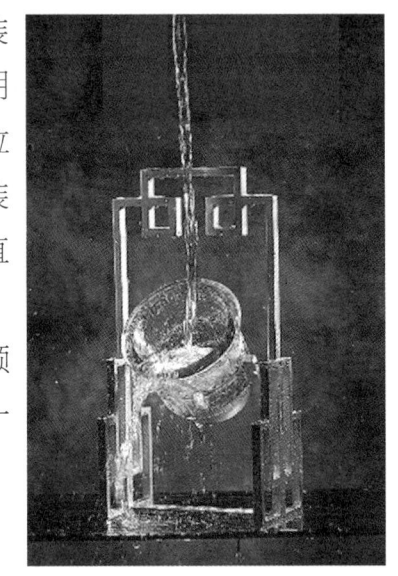

宥坐之器

意思是："聪明能干又有智慧，就要用愚笨的姿态来保持；功盖天下，就要用谦让的姿态来保持；勇力震撼当世，就要用胆怯的姿态来保持；拥有四海的土地财富，就要用谦逊的姿态来保持。这就是所说的'谦退再谦退'的方法。"所以，唯有谦虚能够让人保持终身。

《群书治要·尚书》里面讲到："**满招损，谦受益，时乃天道**〔自满者人损之，自谦者人益之，是天道之常〕。"意思是：自满会招致损害，谦虚会得到益处，这是天下至理。（骄傲自满的人会受到众人的厌弃或攻击，谦卑恭敬的人会得到众人的拥戴和帮助，这是天道啊。）

《群书治要·尚书》里面还讲到："**皇天无亲，惟德是辅；民心无常，惟惠之怀**〔天之于人，无有亲疏，惟有德者，则辅佐之。民心于上，无有常主，惟爱己者，则归往之〕。**为善弗同，同归于治；为恶弗同，同归于乱。尔其戒哉！**"意思是：上天从来不会偏爱谁，只佑助贤德之人；民心也不是固定不变的，只归顺那些仁慈宽厚的君主（上天对人没有亲疏之别，谁有德它就保佑谁。在百姓的心中，也没有固定不变的君主，谁爱护他们，他们就归向谁）。行善政的方法不同，但结局都是天下大治；做坏事的方式不同，但结局都是国家动乱。你可要当心呀!

《群书治要》中古圣先王治国平天下的原理、原则和方法,均是历经数千年考验的智慧结晶,是中国传统文化的精华,是我们每一个人修身齐家的至宝。学习的关键,就是要有一颗谦卑的心,印光大师讲:"**一分恭敬得一分利益,十分恭敬得十分利益。**"真诚的恭敬心,从哪里生起? 就是从谦卑中来。我们真正以谦虚之心,恭敬地向古圣先贤学习,就能得到真正的受益。

第十九章

如何学习和落实《群书治要》

《群书治要》一书，作为中华文化的精粹集成，其包含的古圣先贤治国理政的理论和方法，均是历经数千年考验的智慧结晶。老祖宗的经典一直代代留传，中华民族也在朝代的兴衰更替中不断前行。回顾历史，我们深深的感到，每一个朝代的盛世，都有同样的经验，每一个朝代的灭亡，也都有同样的教训。《群书治要》一书，不仅涵盖了古圣先贤的治国大道，也总结了历朝历代治国理政的经验与教训。其中既有升平之世社会发展进步的丰富经验，也有衰乱之世的深刻教训以及由乱到治的经验智慧；既有当事者对时势的分析陈述，也有后人对前人得失的评论总结。可以说，在中国的史籍书林之中，《群书治要》不仅蕴涵了古圣先王的治国理政之道，也提供了历代明君贤臣和昏主奸臣的正面与反面的治国案例。

学习这一部《群书治要》，我们深深感到，中国历朝历代的盛衰兴亡，有一个根本的规律：**社会兴盛，往往是道德教化得以推行，先王之道得以落实、中华文化走向繁荣之时**。从西汉的"文景之治"、"汉武极盛"到东汉的"光武中兴"，从唐朝的"贞观之治"到"开元盛世"，从明朝的"永乐盛世"到清代的"康乾盛世"，无一不是如此。这些"盛世"也有一个共同的特性：国家统一、经济繁荣、政局稳定、社会安定、国力强大、文化昌盛。"盛世"，这是结果，透过这些盛世的背后，我们不难看到成就"盛世"都有共同的经验：**这些盛世，都是因为君正臣贤，落实先王之道，推行道德教化而成就的**。比如："文景之治"，文帝、景帝以孝著称，崇尚道家思想；汉武帝独尊儒术；光武帝提倡儒学；唐太宗为学习先王之道而编辑《群书治要》；到唐玄宗时期，更是精通儒释道三教经典，亲自注解《孝经》、《老子》；明成祖更是大力推行伦理、道德、因果的教育，推行儒释道三家教育；"康乾时期"整理《四库全书》和《大藏经》。所以每一个盛世的崛起，其背后都是文化的崛起，教化的大行。

同样，我们看到，每一个朝代的末期，虽然衰亡之路各不相同，然而，也有一个共同的特征：先王之道废弃，道德教化衰弱，奢侈之风兴起。正如《群书治要·中论》中所说："**凡亡国之君，其朝未尝无致治之臣也，其府未尝无先王之书也。然而不免乎亡者，何也？其贤不用，其法不行也。苟书法而不行其事，爵贤而不用其道，则法无异于路说，而贤无异于木主也。**"意思是：大凡亡国之君，其朝中不见得没有能使国家大治的臣子，其府中不见得没有古代先王留下的典籍，然而却终未免其亡国，这是为什么？是因为其贤臣不能得到任用，其先王的治国之道不能推行。如果学习先王的治国之道却不按照其道来治理政事，赐位给贤臣而又不采用贤臣的治理之法，那么，先王之法便无异于路边闲话，而贤臣也无异于木制的神位一样空有其名。

孔老夫子在《孔子家语》中讲到："**文武之政，布在方策。其人存，则其政举；其人亡，则其政息。**"意思是：周文王和周武王施政之道，都记载在竹简和木牍上面。当他们在位的时候，他们的教化就能施行；他们去世了，他们的教化也就灭亡了。

今天，当全世界人还在苦于为化解人类冲突、谋求世界和平、缓解气候危机而找不到方法时，中国的古圣先贤早已经在几千年前告诉了我们：身修而后家齐、家齐而后国治、国治而后天下平。《群书治要》是祖宗智慧的精华，是齐家治国的瑰宝。然而，要想得到真实利益，最重要的，今人必须真正认识传统文化，对古圣先贤的教化断疑起信，真正落实《群书治要》、落实古圣先王的教诲，才能从中受益。

一、真诚恭敬，千古之学

学习圣贤的教诲，最重要的一个态度是"敬"。

《群书治要·尚书》中讲到："**敬戒无虞。**"要恭敬地对待前人的训诫，方可免于犯错。《礼记》开篇讲到："**毋不敬。**"对一切人、事、物没有不恭敬的。《论语》论敬凡十九章，有二十一字，可见孔门对于敬的重视。"敬"为西周立国精神，所谓"**戒慎恐惧，小心翼翼**"；"**战战兢兢，如临深渊，如履薄冰**"。《诗·小雅·小旻》史佚（周初史官）有言曰："**动莫若敬，居莫若俭，德莫若让，事莫若咨。（即国情咨文之咨，旨在咨商民意）**"这四句话是千古传诵的名言。程子曰："**敬之一字，聪明睿知，皆由此出。**"程子教人以敬为本，然后心定理明。

我们要知道，古圣先贤的教诲，是从真心本性中流露出来的，一字一句，往往蕴含着无量的深意，如何才能体会到古圣先贤的真实意？惟有真诚恭敬。一分真诚恭敬你能体会一分，二分真诚恭敬你能体会二分，十分真诚恭敬你能体会十分。没有真诚恭敬你什么都体会不到，在言语里听不懂，在文字上也看不懂；有真诚恭敬心，才能听到言外之音，这就是我们一般人讲的悟处。

什么是诚？敬之极致谓之诚，诚乃敬之透彻深至。曾国藩先生在读书笔记里给"诚"下了个定义："**一念不生是谓诚。**"不起心不动念、不分别、不执着这是诚。起心动念，胡思乱想，诚意没有了，你什么都得不到。

这种真诚恭敬的学习态度，《群书治要》的编撰者萧德言是一个很好的榜样。

史书记载，"**德言博涉经史，尤精《春秋左氏传》，好属文。**"到了晚年，萧德言更加勤勉、笃志于经学，从早到晚，废寝忘食，完全入了迷。每当打开《五经》阅读前或讲授时，必先沐浴洁身，梳整衣冠，焚香端坐，他的妻子时不时会埋怨说："整天如此,你不累吗?这么大的年纪了,何必这样自己折腾自己呢?"萧德言回答说："经书是先圣流传下来的言教,面对先圣的言教就如同面对先圣一般,怎么可以惧怕劳累呢?"后来太宗知道了,非常赏识萧德言如此恭敬慎重的态度,认为他足以训导后学,为儒者之楷模,为士人之法则,便命萧德言以经书教诲开导晋王李治,也就是后来的唐高宗。正是因为萧德言对古圣先贤的教诲存有如此的恭敬之心,才编撰出这样一部旷世经典。

二、信而好古,解行相应

孔老夫子在《论语》里面讲到:**"述而不作,信而好古。"**我们知道,夫子是圣人,这两句话是他做学问的态度。述而不作是什么?没有创造、没有发明。信而好古,是他完全相信古圣先贤的教诲,一生所学的、所修的、所教的、所传的,全是古圣先贤所讲的东西,没有自己的。我们现代人能信吗?非但不能信,反而是怀疑,现代科学的发展教人要怀疑。然而,学习圣贤之道,一旦怀疑就什么也学不到了。

中国古人,一直注重对古圣先贤的学习,认为只有通过学习和总结历史,借鉴和运用历史经验,才能不断向前发展。

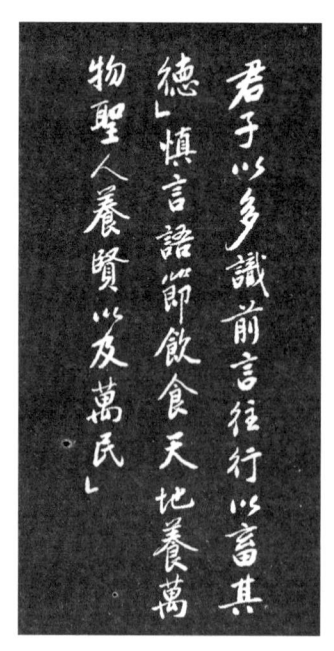

《群书治要·周易》说道:**"君子多识前言往行,以蓄其德。"**意思是:君子要牢记古人的嘉言懿行,来蓄养自己的德行。

《群书治要·尚书》中则说道:**"学古入官,议事以制,政乃弗迷。"**意思是:先学习古训,然后方可做官治理政务,并依据古代的典章制度来议事,这样政事就不会迷乱。

在《群书治要·汉书》中还讲到:**"鄢谚曰:'不习为吏,视已成事。'又曰:'前车覆,后车**

诚。'夫三代之所以长久者，其已事可知也。夫存亡之变，治乱之机，其要在是矣。"意思是："俗话说：'不熟悉做官之道，看看以往官吏所做的事情就明白了。'又说：'前边车的颠覆，就是后边车要吸取的教训。'夏、商、周三代之所以长久的原因，从他们以往的行为就可以了解了。国家存亡的变化、治乱的机运，其关键就在这里呀！"

这些都是教我们要对古圣先王的教诲生起信心。古人讲："**信为道元功德母**"。学习《群书治要》，要真正得到利益，这里面最重要的一个因素，就是要对古圣先王的这些教诲生起信心。信心是修学成就的根源，是修积一切功德之母。"五常""八德"里面都有信字，可见信之重要。所以中国古人讲学问之道四个字"信、解、行、证"。

现代人，往往对古人的教诲很难生信，常常是带着批判的眼光、怀疑的眼光去读圣人的书，以为随着科技的发展一定看得比前人远。如果是这种进化论，充其量也只是一种庸俗的进化论，为什么这么说？我们举几个例子：中国有这么多的哲学家，有谁能写出一本书如同老子的《道德经》？虽然只有几千言，但是被翻译成这么多语言，被这么多人研究；中国有这么多的军事学家，又有谁能写出《孙子兵法》？所以我们只要随便举几个例子就明白了，其实前人的智慧我们后人是很难超越的。为什么？在《论语》上有一句**"工欲善其事，必先利其器"**，意思是：工匠要想把桌子打造好，工匠的工具必须是锋利的。同样的，人要认识客观世界，认识他人，想要认识得彻底、客观，我们认识的工具，即我们的心，必须是清净的。我们用湖水来比喻，当湖面上风平浪静的时候，我们能清楚的看到水中的倒影；当湖面有一点波纹时，我们就看到了扭曲的倒影；当有很大的波纹时，我们就什么也看不到了。这比喻我们的心有了波涛，就是我们大喜大悲的时候，这个时候对事物做出的判断肯定是不客观的；当心有了一些小的波纹，这时对外界的歪曲不是那么严重，但是也不是如实；只有当我们的心恢复到水平如镜的时候，我们对客观世界的认识才是如实的。为什么我们现在的人智慧没有古人高？就是因为我们现在的定力不如古人了，我们的心不如古人清净了，我们大风大浪的时候太多了。用四个字形容现代人的状况——心浮气躁。

有了信心，还要能够"解"。"解"是真正读懂古人的文字，明白古人所讲的这些道理。中国古人很有智慧，了解语言最多三十年一个变化，因地方不同带来的语言变化也是一个原因，所以把语言和文字脱开，发明了文言文。后人只要花两年的时间，学会一两千个字，几千年以上的书也能读懂。外文就不同了，譬如英文，现在已经一、二十万字，还在不断地发展下去。一百多年前的外文古书，现在人就已经看不懂了，非要专家研究不可。中国文字就不同了，中国文化宝库可以用一把钥匙打开，就是文言文。由于"五四"以来的"白话文"运动，现代人文言文功底都比较薄弱，所以现在我们学习《群书治要》正好是补上这一课。

更重要的是"行"。《论语》开篇讲"学而时习之"，"习"是实践、落实。也是《中庸》里讲的"笃行"。我们落实一分，对圣贤之道的理解就会加深一分，最后做到解行并进。我们真正把圣贤之道完全学明白了，完全落实了，那就"证"得了圣贤境界，真正到达圣贤所说的那个境界。这里面最重要是要向内求，就是《大学》里讲的"格物"，格除自己的物欲。我们学习这一部书，不是为自己升官、不是为自己发财，而是要像张载讲的

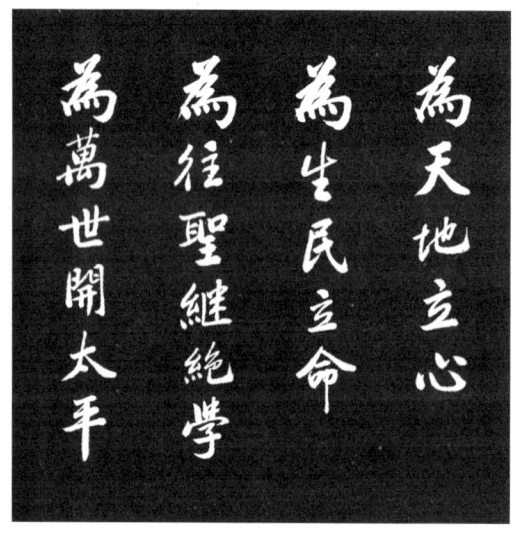

"为天地立心，为生民立命，为往圣继绝学，为万世开太平"，所以首先要为自己立心、为自己立命，自己先学习圣贤之道，不是学知识，而是真正完全落实，放下自己的烦恼、习气，平天下先"平"自己。

三、以古鉴今，古为今用

我们学习古圣先贤的教

诲，还有重要的一点，就是要审时度势，通达时变。在《周易》随卦中讲到："**随时之义大矣。**"意思是：我们要审时度势，依据时势而行。既不能开历史的倒车，也不能做不切实际的空想。要将古圣先贤的教诲和现前的人、事相结合，做到知古鉴今，古为今用。

在《群书治要·史记》中讲到："**前事之不忘，后事之师。**""**是以君子为国，观之上古，验之当世，参以人事，察盛衰之理，审权势之宜，去就有序，变化应时，故旷日长久，而社稷安矣。**"意即"过去的经验教训不可忘记，那是以后做事的借鉴。"因此，君子治国要考察上古，验之当代，参照人情事理，从而了解兴盛衰亡的道理，根据时势的变化而采取合宜之策，取舍有序，治道变化顺应时代，所以才能历时长久，国家才能安定。

在《群书治要》中，魏徵等人在节录经文时也讲到，学习古圣先王的治国之道，尤其在具体制度和治国举措上，要依据时势的变化而有所变化。

《群书治要》节录了《典语》中的内容："**政有宜于古而不利于今，有长于彼而不行于此者。风移俗易，每世则变。故结绳之治，五帝不行；三代损益，政法不同；随时改制，所以救弊也。《易》曰：'随时之义大矣哉！'**"意思是：为政之道常有适宜于过去，却不利于现在的；有在彼地发挥了长处，在此地却难以实施的情况。这是因为风俗习惯有所变迁，每更换一个朝代，都会发生变化。所以，结绳记事时期的治理之道，五帝不推行；夏、商、周三代（体制）也是有增有减，政令法规不尽相同。随时代的变化而改变，这是为了补救一些弊端。《易经》曰："跟随时代的变化而变化，意义很重大啊！"

在《群书治要·崔寔政论》中也讲到："**济时救世之术，岂必体尧蹈舜，然后乃治哉？期于补绽决坏，枝拄邪倾，随形裁割，取时君所能行，要厝斯世于安宁之域而已。故圣人执权，遭时定制，步骤之差，各有云设，不强人以不能，背所急而慕所闻也。**"意思是：拯救时世的方法，难道一定要照搬尧、舜的做法才能天下安定吗？只要能补好破的，取掉坏的，支好倾斜的，按照实际情况裁决，采取当时君主所能实施的去做，关键在于使天下得到安宁就行了。所以圣人掌握权柄，按其所处的时代制定规章，区别情势缓急，各有其不同的措施，而不勉强做办不到的事，或不顾当务之急而去追慕耳闻的古代政事。

可见，我们学习古圣先王之道，并不是要事事效法前人，而是要懂得通达时变，不能够食古不化。

在中国历史上，就有这样一位食古不化的改革家——王莽。

在《群书治要·桓子政论》中讲到："**王翁嘉慕前圣之治，而简薄汉家法令，故多所变更，欲事事效古，美先圣制度，而不知己之不能行其事。释近趋远，所尚非务，故以高义退致废乱，此不知大体者也。**"意思是：王莽赞美、仰慕前世圣人之治，而鄙薄汉朝法令，所以许多汉家法令被变更。而想事事效仿古人法则，以前世圣人的制度为美，但不知道自己是推行不了先圣之事的。舍近代而求远古，所崇尚的不是当朝要务，所以终于由推崇先圣高义而沦落到衰败动乱。这叫不识大体。

根据历史记载，王莽登位后推行之新政，大抵都是仿照周朝的制度，如屡次改变币制、更改官制与官名、以王田制为名恢复井田制，把盐、铁、酒、币制、山林川泽收归国有，都是不停恢复西周时代的周礼模式。可是古今风俗不同，环境各异，源于古制的新法，未必一切都合时合宜。这些新政都不符合当时的社会现状，所以推行失败，自属历史必然。从这个角度看，王莽事事复古，脱离现实，最终走向失败。

实际上，王莽的失败不仅是在不能通达时变这一点上，更为重要的是没有真正掌握圣贤治国之道，他一心想恢复古制，却违背了"建国君民，教学为先"的原则，而且其自身的德行、智慧、能力都不足够推动这样一场变革。在《群书治要·桓子政论》中多处节录与王莽相关的文字，讲到："**维王翁之过绝世人有三焉：其智足以饰非夺是，辨能穷诘说士，威则震惧群下。又数阴中不快己者。故群臣莫能抗答其论，莫敢干犯匡谏，卒以致亡败，其不知大体之祸也。**"指出王莽的过错超过世人的有三点：

他的智谋足以颠倒是非，辩争才能足以诘难士大夫，其威严足能震摄下属。他又经常暗算不合自己心意之人。所以群臣没有人能抗辩他的谬论，没有人敢冒犯他而匡正谏诤，最终导致他灭亡失败，这就是不懂大体的祸患。而且，《桓子政论》还指出王莽以刑杀人，将人活活毒死。王莽失败的教训，更说明我们学习古圣先王的教诲，最重要的是学其根本，要学习古人以道德仁义为本的存心，而不是学一些表面功夫。我们真正能够以道德仁义来治身，自己能够对先圣通达明了后，才能很好地让其适应于当代，达到经世致用的目的。如果不能把古圣先贤的教诲落实在自己身上，只是将圣贤之学作为"术"来应用，则毫无利益，而且是与古圣先贤的教诲背道而驰的。

所以，我们学习古圣先贤的教诲，要懂得务本，**"君子务本，本立而道生"**。《群书治要·文子》中讲到：

"治国有常，而利民为本；政教有道，而令行为右。苟利于民，不必法古；苟周于事，不必循俗。故圣人法与时变，礼与俗化；衣服器械，各便其用；法度制令，各因其宜，故变古未可非，循俗未足多。诵先王之书，不若闻其言；闻其言，不若得其所以言；得其所以言者，言弗能言也。故'道可道者，非常道也；名可名者，非常名也'。故圣人所由曰道，所为曰事。道由金石，壹调不可更；事犹琴瑟，曲（曲原作每）**终改调。故法制礼乐者，治之具也，非所内以为治也。"**

意思是：治国有常理，利民为根本；政治教化有规律，以令行禁止为上。如果有利于百姓，就不必效法古人；如果措施合于事宜，就不必顺从旧俗。所以圣人的法度与时代一起变化，礼仪同风俗共同演化；衣服和用具，以使用方便为准则；法律、制度、政策和命令，各适其所宜。所以改变古人的做法未必招来非议；顺从旧俗不足以称誉。读古代圣王的书，不如听他说的话；听他的话，不如得到他说这些话的根据；知道了他所以说这话的根据，就可讲那说不出的道了。因此《老子》说"可指明之道，不是常道，因为道不言自明；可以确定的名称，不是常名，因为常名不可界定"。所以圣人所依据的称为道，所做的称为事。道如金石乐器一样，音律调定后就不能再更改了；事情好像琵琶一样，每曲终了就要重新调整。法律、制度、礼仪和音乐，都是政治的工具，并不是治理国家的根本。

我们学习《群书治要》，就是要学习《群书治要》里面的治国之道、齐家之道、修身之道，自觉按照《群书治要》揭示的历史规律和历史发展的辩证法来实际应用，并不是要在行事制度上完全效法古人，而是要做到以古鉴今，古为今用。真正做到**"博学之，审问之，慎思之，明辨之，笃行之"**，这样才能在我们认识和处理现实问题中发挥《群书治要》应有的积极作用。

中华文化是中华民族先祖在这片土地上创造的最灿烂的文化，正是这种优秀的文化，使得中华民族一直走在世界的前列。但最近一百多年来，西方的侵略，战乱，灾荒和各种运动斗争，尤其是最近几十年来自西方的污染，使中华传统文化到了灭绝的边缘。于是，很多人将这一百多年中国的落后贫穷归罪于中国传统文化，一直到今天，还有许多人认为，中国传统文化是中国近代贫穷落后的根本原因，认为传统文化不如西方文化。但是纵览中国数千年历史，我们发现在大部分时间里，中国都是远远走在世界其他国家前面的，传统文化不仅没有阻碍中国发展，相反，继承与发展传统文化是推动民族团结、国力强盛的重要因素。实际上，在中国历史上，文化的兴盛总是伴随着社会的兴盛一同出现。

我们认真研究历史会发现，但凡传统文化得到普及、伦理道德得到重视、先王之道得到落实的时代，社会一定是走向兴盛；而在传统文化不被重视、传统的伦理道德被忽视、先王之道被废弃的时代，往往是社会走向衰落的开始。

在《群书治要·崔寔政论》中讲到：**"凡天下之所以不治者，常由人主承平日久，俗渐弊而不寤，政浸衰而不改，习乱安危，怢不自睹。或荒耽嗜欲，不恤万机；或耳蔽箴诲，厌伪忽真；或犹豫歧路，莫适所从；或见信之佐，括囊守禄；或疏远之臣，言之贱废。是以王纲纵弛于上，智士郁伊于下，**

悲夫!"意思是：大凡国家得不到治理的原因，多是由于君主承继太平之世已久，风气日渐变坏也不觉察，政治逐渐腐败也不变革，习惯于混乱，安于现状，逸乐而看不到危机。有的荒淫奢侈，不考虑国家大事；有的不听忠言劝告，满足虚伪，忽视真诚；有的在歧路徘徊，不知何去何从；有些是被信任的大臣，只求中饱私囊，保住俸禄；有些是被疏远的臣子，因地位低微，谏言被弃而不用。于是，国法松弛于上，有识之士忧忡于下，真是可悲啊!《群书治要·崔寔政论》这一段所说的种种现象，其产生的根源在于治国者完全违背了古圣先王治国的常道啊!

因此，在《群书治要·政要论》中讲到："**凡国无常治，亦无常乱，欲治者治，不欲治者乱。后之国土人民，亦前之有也；前之有亦后之有也，而禹独以安，幽厉独以危，斯不易天地、异人民，欲与不欲也。**"可见，一个国家，没有永久的稳定，也没有永久的混乱，真想治理好国家的就可以实现安定，不想治理好国家的就会出现混乱。后世的国土、百姓也是前代就有的；前代所拥有的国土、百姓也是后世所拥有的。然而，大禹偏能因之而安定，幽王、厉王却偏偏因之而陷入危机。天地没有更换而人民却大不相同，这是真想安定与不想安定的问题。

有人说，二十一世纪是中国人的世纪，实际上应该说是中国传统文化的世纪。随着中国国力的增强，在世界上越来越受到重视，然而，我们也应看到："当今世界正处在大发展、大变革、大调整时期，世界多极化、经济全球化深入发展，科学技术日新月异，各种思想文化交流、交融、交锋更加频繁，文化在综合国力竞争中的地位和作用更加凸显，维护国家文化安全任务更加艰巨，增强国家文化软实力、中华文化国际影响力要求更加紧迫。"

要维护国家文化安全、增强国家文化软实力、加强中华文化在国际上的影响力，根本在于复兴中华传统文化。复兴中华传统文化，其实质是要落实古圣先王以道德仁义治国的"王道"思想，而《群书治要》正是教我们落实古圣先王以道德仁义治国的治世宝典。因此，这一部书，对每一个现代人来说,都有着十分可贵的现实意义。作为高级领导干部,从《群书治要》中,可以学到治国理政的大道;作为地方官员,从《群书治要》中,可以学到从政教民的智谋;作为企业家,从《群书治要》中,可以学到经营企业的韬略;作为普通民众,从《群书治要》中,则可以学到修身齐家的方法。

范仲淹曾说:"居庙堂之高,则忧其民;处江湖之远,则忧其君。"古人云:"国家兴亡,匹夫有责。"《周易》上说:"君子居其室,出其言,善则千里之外应之,况其迩者乎?居其室,出其言不善,则千里之外违之,况其迩乎?"《群书治要》是中华先祖留给我们的宝贵财富,是每一个现代人安身立命的法宝,是修身、齐家、治国、平天下的智慧结晶,不仅能够解决我们的人生问题,更能够解决当前各种社会问题,化解社会的各种矛盾。只要我们将《群书治要》的精神在自身上落实,真正修好身,就一定能收到身心和谐、家庭和谐的效果,进而实现和谐社会、和谐世界。正如当代一位大德所说:二十一世纪,是中国人的世纪,是中国文化的世纪,是《群书治要》的世纪。《群书治要》果能落实,定能和谐中国,和谐世界。

最后,让我们共同以明朝吕坤的话共勉:"以圣贤之道教人易,以圣贤之道治己难。以圣贤之道出口易,以圣贤之道躬行难。以圣贤之道奋始易,以圣贤之道克终难。"

让我们共同来好好学习老祖宗的教诲,学习《群书治要》,从自己开始落实,和谐身心、和谐家庭,进而和谐社会、和谐世界。

中华文化大讲堂 系列图书目录

"治要"系列丛书

序号	书名	著者	开本	定价
1	《群书治要》考译	（唐）魏征等	大16K	298.00
2	《群书治要》译注（全二十八册）	（唐）魏征等	大32K	420.00
3	《群书治要》译注（精装全十册）	（唐）魏征等	大16K	980.00
4	群书治要（原文版）	（唐）魏征等	大16K	128.00
5	《群书治要》360	（唐）魏征等	大32K	15.00
6	品读《群书治要》	刘余莉	大16K	32.00
7	《群书治要》心得	萧祥剑	大16K	32.00
8	《群书治要》五十讲	萧祥剑	大16K	49.80
9	国学治要（全八册）	张文治	大16K	320.00

王凤仪伦理思想丛书

序号	书名	著者	开本	定价
1	王凤仪讲人生	王凤仪	大16K	32.00
2	王凤仪诚明录	王凤仪	大16K	29.80
3	王凤仪嘉言录	王凤仪	大16K	29.80
4	王凤仪言行录	王凤仪	大16K	29.80
5	王凤仪笃行录	王凤仪	大16K	29.80
6	来自山沟的大智慧	以志	大16K	58.00
7	王凤仪年谱与语录	王凤仪	大16K	48.00
8	王凤仪性理讲病录	王凤仪	大16K	29.80
9	家和万事兴	王元五	大16K	29.80

钟茂森儒释道讲座丛书

序号	书名	著者	开本	定价
1	《孝经》研习报告	钟茂森	大16K	29.80
2	《朱子治家格言》研习报告	钟茂森	大16K	25.00
3	《弟子规》研习报告	钟茂森	大16K	18.00
4	《太上感应篇》研习报告	钟茂森	大16K	18.00
5	《十善业道经》研习报告	钟茂森	大16K	18.00
6	找寻中国精神	钟茂森	大16K	25.00
7	《了凡四训》研习报告	钟茂森	大16K	25.00
8	细讲《大学》	钟茂森	大16K	25.00
9	钟博士讲解《弟子规》	钟茂森	大16K	22.00
10	钟博士简讲《孝经》	钟茂森	大16K	22.00
11	细讲《论语》	钟茂森	大16K	23.80
12	细讲《论语》2	钟茂森	大16K	23.80
13	窈窕淑女的标准	钟茂森	大16K	29.80
14	中国精神	钟茂森	大16K	10.00
15	《文昌帝君阴骘文》讲记	钟茂森	大16K	108.00
16	母慈子孝	钟茂森	大16K	19.80
17	赵良玉钟茂森母子讲演录全二册	赵良玉 钟茂森	大32K	16.00

女德教育系列丛书

序号	书名	著者	开本	定价
1	女四书•女孝经	（清）王相	大16K	18.00
2	女子德育课本	蔡振绅	大16K	18.00
3	窈窕淑女的标准	钟茂森	大16K	29.80
4	《女四书》白话解	沈朱坤	大16K	15.00
5	齐家治国 女德为要	陈静瑜	大16K	26.00
6	《女四书•女孝经》译注	（清）王相	大16K	26.00
7	《教女遗规》译注	陈宏谋	大16K	32.00

童蒙养正系列丛书

序号	书名	著者	开本	定价
1	五种遗规	（清）陈宏谋	大16K	58.00
2	民国老课本（全五册）	沈颐、戴克敦等	大16K	75.00
3	《养正遗规》译注	（清）陈宏谋	大16K	32.00
4	《弟子规》图说	（清）李毓秀	大32K	6.00
5	德育课本（全四册）	蔡振绅	大16K	128.00
6	言文对照小学集注	（宋）朱熹	大16K	32.00

深入经藏系列丛书

序号	书名	著者	开本	定价
1	《阿弥陀经》白话解释	黄智海	大16K	20.00
2	《观无量寿佛经》白话解释	黄智海	大16K	20.00
3	《普贤行愿品》白话解释	黄智海	大16K	20.00
4	《心经·金刚经》白话解释	黄智海等	大16K	20.00
5	《无量寿经》白话易解	净空法师	大16K	20.00
6	《地藏菩萨本愿经》白话解释	胡维铨	大16K	20.00
7	四大高僧说佛	弘一大师等	大16K	168.00
8	改过修善、惜福积福——《太上感应篇》讲记	净空法师	大16K	26.00
9	改造命运、心想事成——《了凡四训》讲记	净空法师	大16K	26.00
10	印光法师文钞全集	印光法师	大16K	168.00

其他经典

序号	书名	著者	开本	定价
1	张居正讲《大学 中庸》	(明)张居正	16K	24.00
2	张居正讲《论语》	(明)张居正	16K	32.00
3	张居正讲《孟子》	(明)张居正	16K	42.00
4	《中华文化大讲堂》第一辑	诚敬和	16K	32.00
5	《中华文化大讲堂》第二辑	诚敬和	16K	32.00

6	《中华文化大讲堂》第三辑	诚敬和	大16K	32.00
7	悦心集	（清）雍正	16K	29.80
8	企业人的道德修养	慧祥	大16K	25.00
9	《论语》讲要	李炳南	大32K	36.00
10	文白对照曾国藩家书全编（全四册）	（清）曾国藩	大16K	198.00
11	言文对照《古文观止》	宋晶如	大16K	48.00
12	人生宝典	和谐	大16K	29.80
13	曾文正公全集（全二十三册）	（清）曾国藩	大32K	698.00
14	曾国藩传	蒋星德	大16K	29.80
15	中华传世经典藏书（第一辑）全十册	王应麟等	小64K	100.00
16	家和宝典	刘光启	大16K	29.80
17	踏对人生的脚步	蔡礼旭	大16K	25.00
18	纳兰词笺	（清）纳兰性德	大32K	29.80
19	建立理智的人生观	蔡礼旭	大16K	22.00
20	曾文正公家书（繁体竖排）	（清）曾国藩	大16K	78.00
21	老人言	净空法师	大16K	29.80

联系方式

电　话：010 — 65407420　　13911578809　　网　　址：www.zhwhdjt.com